LE CONGRÈS DE 1916

DE LA

Ligue des Droits de l'Homme

COMPTE RENDU STÉNOGRAPHIQUE

1er et 2 Novembre 1916

1° *Les Conditions d'une Paix durable;*

2° *Mesures pratiques à prendre d'urgence contre l'Alcoolisme;*

3° *Les Victimes de la guerre (veuves, orphelins, blessés, malades et mutilés; réparation des dommages dans les régions envahies).*

PARIS

LIGUE DES DROITS DE L'HOMME & DU CITOYEN

1, Rue Jacob, 1

1917

N° 281

LE CONGRÈS DE 1916

DE LA

LIGUE DES DROITS DE L'HOMME

Ligue Française pour la Défense des Droits de l'Homme et du Citoyen

LE CONGRÈS (1916)

Le Congrès de la Ligue des Droits de l'Homme s'est tenu à Paris le 1er novembre 1916, salle du Musée Social, rue Las Cases, 5.

PREMIÈRE SÉANCE

(1er Novembre, matin)

La séance est ouverte à 9 h. 55.

Allocution de M. Ferdinand Buisson

M. Ferdinand Buisson, président de la Ligue. — Citoyennes, citoyens, chers collègues. L'usage veut que nos Congrès soient ouverts, au nom du Comité Central, par le Président qui a eu l'honneur de vous convoquer. C'est pourquoi je suis pour un instant à cette tribune.

Au moment où nous nous réunissons dans un sentiment très profond, très grave, non seulement de nos droits, mais de nos devoirs, la première pensée qui nous vient à tous, n'est-il pas vrai, c'est que nous ne sommes pas au complet : il nous manque beaucoup et des meilleurs parmi ceux que nous avions coutume de voir à nos côtés. Ils sont loin d'ici, pour remplir héroïquement leur devoir ; aussi suis-je sûr que notre assemblée, d'un mouvement unanime, voudra que la première manifestation, avant même d'aborder notre ordre du jour, soit le vote d'une motion que je vous demande la permission de vous soumettre :

Le Congrès de la Ligue des Droits de l'Homme,

Au moment d'aborder son ordre du jour,

Songeant avant tout aux milliers de citoyens français qui, depuis vingt-sept mois, tiennent tête sans fléchir à une injuste et formidable agression,

Salue la nation armée qui a fait ce prodige et la glorifie de n'avoir reculé devant aucun sacrifice pour sauver la civilisation ;

S'incline avec un pieux respect sur la tombe de ceux qui sont morts pour faire vivre des peuples libres ;

Et, adressant à nos combattants du front et de l'arrière, chefs et soldats, ainsi qu'à ceux des armées alliées, l'hommage de la reconnaissance nationale, atteste que tous ensemble ont bien mérité de leurs patries et de l'humanité.

(Applaudissements unanimes.)

Permettez-moi de mettre aux voix cette motion pour qu'elle soit communiquée, si vous l'approuvez. *(Adopté à l'unanimité.)*

Au moment d'entamer le travail pour lequel nous sommes réunis, rendons-nous bien compte de l'objet que nous poursuivons. Une double question se pose tout naturellement. D'abord, pourquoi cette réunion ? Ensuite, dans quel esprit va-t-elle se tenir ?

Pourquoi cette réunion ? — Pour servir le pays, pour faire l'œuvre qui représente notre part de collaboration à la défense nationale, pour remplir un devoir envers la France et envers la République.

Ah ! si la Ligue des Droits de l'Homme était une académie savante ou un comité de juristes, on pourrait lui dire : Attendez, après la guerre nous reprendrons ces débats qui demandent la paix et la tranquillité d'esprit. Mais la Ligue des Droits de l'Homme est beaucoup moins et peut-être un peu plus qu'une société de spécialistes. C'est une association ou, mieux encore, une fédération d'associations dont tous les membres ont cette unique prétention de s'intéresser comme citoyens à la chose publique. Prétention modeste, direz-vous. Non, certains la jugent presque révolutionnaire. Il y a encore en France beaucoup de gens qui n'aiment pas le contrôle indiscret de tous sur les affaires publiques. Ils sont d'avis de laisser faire chaque service: c'est aux pompiers d'éteindre l'incendie, au Parlement de faire les lois, au gouvernement de gouverner, et aux autres de se tenir tranquilles.

C'est précisément le contraire que nous avons pensé. A nos yeux, la démocratie est, par définition, un régime dans lequel tous s'intéressent à la vie de la nation dans son ensemble et dans ses détails. Nous ne sommes pas loin de croire qu'on pourrait mesurer le progrès d'une démocratie par la réponse à cette simple question : Combien y a-t-il de gens dans ce peuple qui se mêlent de ce qui ne les regarde pas ? (*Très bien ! Applaudissements.*)

Et, s'il en est ainsi dans la paix, combien plus encore dans la guerre ! C'est pourquoi nous sommes ici vibrant à l'unisson de la Patrie, comme des Français qui sentent vivement leur part dans les émotions nationales, ne veulent pas un instant l'omettre, la réduire ou l'ajourner. (*Applaudissements.*)

De là cette réunion générale, la première que le Comité Central ait pu matériellement convoquer depuis le commencement de la guerre.

Dans quel esprit et dans quelles conditions pourra-t-elle se tenir?

Est-il besoin de dire que ce sont les circonstances mêmes qui nous ont dicté le choix des sujets dont nous nous entretiendrons. Nous ne pouvions avoir qu'un programme de guerre.

Nous y avons inscrit deux questions spéciales qui sont celles de l'heure présente. D'abord la question des orphelins, puisque leur Journée coïncide avec notre

Congrès. Des orphelins nous ne séparons pas les veuves, les familles victimes de la guerre, et ainsi s'ouvre l'immense et cruelle question de la réparation des dommages. Votre Comité Central a largement étudié cette question. Mais je n'ai pas besoin de vous dire que nous ne sommes pas des législateurs et qu'ici non plus vous n'allez pas être des législateurs. Vous êtes ici pour poser des principes, pour indiquer des tendances. pour marquer clairement des directions générales. Ce n'est pas le texte des articles que nous discuterons, c'est sur l'esprit de la loi à faire que vous vous prononcerez.

La seconde question est aussi d'actualité en temps de guerre, celle de l'antialcoolisme; c'est la lutte contre un fléau qui, en tout temps. dans tous les pays, est grave, mais qui, à l'instant où nous sommes, est pour notre pays une question de vie ou de mort, tant elle peut avoir d'influence sur les opérations militaires elles-mêmes. A l'heure où nos héros donnent généreusement leur vie pour la France, il ne faut pas que du seul fait de l'alcoolisme la France coure un danger mortel. (*Applaudissements.*)

Voilà les deux questions spéciales. Il vous en reste une autre, c'est la grande question, la question générale, celle qui est dans tous les esprits, dans tous les cœurs. Il s'agit des conditions de la paix. Mais de quelle paix? Il n'y en a qu'une vraie, c'est la paix organisée de manière à durer, la paix humaine et définitive qu'aucun impérialisme ne pourra briser.

L'étude de cette question, nous l'abordons, citoyens, comme doivent le faire tous les Français, non pas avec des illusions, non pas avec des rêves de grandeur militaire ou des arrière-pensées de conquête. Nous l'abordons avec le sentiment que nous assistons à un événement sans précédent dans l'histoire de l'humanité, un événement atroce. Cette guerre a été bien définie l'autre jour, c'est un assassinat de l'humanité. (*Vifs applaudissements.*)

Je ne crains pas d'emprunter à un socialiste allemand ce jugement. Hélas ! le monde entier est là pour le con-

firmer. Eh bien! nous pensons qu'il y aurait quelque
chose encore pire que cet assassinat, ce serait que, par
une paix fausse et perfide. par une paix faite à contre-
sens, cet assassinat devienne une nécessité périodique
(*Très bien! très bien!*), ce serait qu'après les horreurs
et les atrocités de cet attentat inouï à la civilisation,
nous en soyons réduits à nous dire qu'il faudra recommencer et recommencer encore, et c'est ce malheur
suprême que nous vous demandons d'essayer, pour
votre part, de conjurer à tout prix. (*Vifs applaudissements.*)

Est-ce à dire que nous avons la folie d'entrer ici dans
le détail du traité de paix que nous ne sommes pas
chargés de faire? Nous n'allons pas jouer au législateur,
ni au plénipotentiaire, ni au diplomate. Nous allons
essayer de dire, selon notre conscience de Français et
selon notre raison d'hommes libres, ce qu'il faut que
soit la paix pour que la guerre n'en puisse pas renaître
fatalement. (*Applaudissements.*) Après un très beau, très
franc et très lumineux rapport de notre cher ami Séailles
(*Applaudissements*), le Comité Central vous propose un
projet de résolution qui tranche par sa netteté avec
toutes les précautions de ceux qui veulent se ménager
je ne sais quelle porte de sortie. Il vous dit ouver-
tement: la solution à poursuivre, c'est la fin, non pas
de cette guerre, mais de toutes les guerres. Il faut, au
moment même de la victoire des alliés, aller droit au but.
Le but. c'est l'institution d'un nouvel ordre de choses,
d'un nouveau monde international. (*Applaudissements.*)
Nous savons très bien les critiques qui pleuvront sur
nous, de droite et même de gauche. Qu'importe? Nous
n'hésitons pas à proclamer notre foi, disons mieux notre
certitude. Il faut que l'humanité soit enfin sauvée du
retour à la barbarie. Elle ne le sera que si, à la fin de
cette guerre, il y a un vainqueur, mais un vainqueur
qui commence par se vaincre lui-même (*Applaudissements*). un vainqueur qui use de sa victoire, non pour
lui seul et pour son peuple, mais pour le bien de l'humanité, un vainqueur assez sûr de lui pour franchir

résolument le seuil des temps nouveaux, entraîn:
après lui, qu'ils le veuillent ou non à l'heure présen
tous les peuples, les amis, les alliés, les neutres,
demain peut-être les ennemis. (*Très bien ! Vifs appl*
dissements.)

Cette solution, c'est la seule qui en soit une, tou
les autres ne sont que des expédients éphémèr(
Toutes font renaître plus terribles que jamais l'im
rialisme armé, la paix armée, tout ce qui a fait
malheur du monde et la fatalité même du cataclysn

Une chose vraiment stupéfiante, citoyens, c'est qu'
exposant ce plan d'avenir, nous semblions à beauco
de nos compatriotes des hallucinés qui poursuiv(
une chimère. Ils vont bien être obligés de conven
d'ici peu, que nous ne faisons que répéter ce que dis(
déjà les chefs des Etats alliés Nous pourrions lire i
et j'espère qu'on vous relira les déclarations et de ch
du Gouvernement anglais, et de chefs du Gouveri
ment français, et de plusieurs autres de leurs allié
tous ces hommes d'Etat, qui ne sont pas des illumin(
tranchent le débat comme nous, tous concluent q
cette guerre doit se terminer par l'installation de
régime nouveau que nous avons le courage, nous, d'ε
peler de son nom : la Société des Nations. (*Applaud*
sements répétés.)

Que dis-je ? Ce ne sont pas seulement les gouveri
ments alliés de 1916 qui parlent ainsi. Nous n＊ faisoı
citoyens, — il faut nous le rappeler avec humilité, - q
reprendre ce qui a été proposé, étudié, élaboré et vc
il y a bientôt dix ans à La Haye par 32 Puissances sur ؛
Et les seules Puissances qui ont fait avorter le proj
celles qui ont la responsabilité des événements pı
sents, hélas ! et de toutes leurs conséquences, ce so
précisément les Etats centraux contre lesquels no
avons maintenant à relever la grande idée de l'arbitra
international obligatoire, universel et sans réserves.

Eh bien ! citoyens, ce qui n'a pas été fait à La Ha
parce que l'Allemagne l'a empêché, nous espéro:
maintenant que cela sera fait, parce que les Alli

l'imposeront. Et c'est ce vœu que nous allons, avec toute la sincérité dont nous sommes capables, étudier tous ensemble. non comme une utopie, mais comme une réalité depuis longtemps reconnue nécessaire, comme la réalité libératrice qui sera la réalité de demain. (*Vifs applaudissements.*)

Nomination du Bureau

M. Ferdinand Buisson. — Après ces explications sur le travail préparatoire du Comité Central, il me reste maintenant à vous prier de vouloir bien procéder, suivant la règle, à la constitution de votre bureau et commencer les travaux qui doivent remplir notre session.

M. Henri Guernut, secrétaire général. — Il faut que l'Assemblée désigne elle-même son président. (*On crie: Moutet !*)

M. Ferdinand Buisson. — Je mets aux voix le nom du citoyen Moutet comme président.

(*Adopté à l'unanimité.*)

M. Moutet, député, président de la Section de Lyon. — Nous allons compléter le bureau, si vous le voulez bien, par la nomination de quatre assesseurs. Peut-être pourrions-nous choisir les présidents des Fédérations.

M. Guernut. — Nous avons, ici, dans la salle : MM. Huet, du Calvados ; Baylet, de la Gironde ; Vieu, de l'Hérault ; Boisdé, de la Vendée ; Corcos, de la Seine ; Cabanac, des Landes.

M. Moutet. — Je mets ces noms aux voix. (*Adopté à l'unanimité.*)

J'invite les collègues désignés à prendre place au bureau.

Allocution de M. Moutet

M. Moutet. — Mes chers collègues, je vous remercie de l'honneur que vous me faites en m'appelant à présider vos débats.

Au moment où vont s'ouvrir nos délibérations, n'est-il pas vrai que notre pensée à tous se reporte au dernier

Congrès que nous avons tenu dans la cité française de
Lille? Deux ans se sont écoulés, deux années pleines
de souffrance, de douleur, et aussi de fierté, mais ces
deux années ne nous ont pas fait oublier les moments
que nous avons passés, alors que nous ne nous doutions
pas de ce qu'allait être le lendemain du Congrès et de ce
qu'allaient devenir ceux-là mêmes qui en avaient été les
organisateurs et les artisans. C'est un pieux devoir pour
nous de nous rappeler que l'organisateur du Congrès de
Lille fut le citoyen Jacquet. (*Vifs applaudissements.*) Il
nous a montré qne le courage civique qui fleurit dans
la Ligue des Droits de l'Homme peut conduire les membres de notre Association jusqu'au martyre lorsque les
circonstances l'exigent, et chacun de vous aura gravées
dans le cœur les paroles que je relisais dans notre
Bulletin; elles manifestent évidemment la volonté et la
pensée qui pourraient être celles de chacun de nous et
que Jacquet a exprimées de la façon suivante :

« J'ai agi selon la loi de ma conscience, dans la pléni-
tude de mes droits et de mes devoirs de citoyen français.
Je ne regrette rien de ce que j'ai fait et je ne crains pas
la mort. » (*Vifs applaudissements.*)

Ces paroles de Jacquet sont propres à nous encourager
à continuer dans la voie que nous nous sommes tracée
et où nous travaillons depuis déjà de longues années.

Lorsque nos souvenirs se reportent sur le Congrès de
Lille, d'autres événements viennent immédiatement à
notre pensée. Nous savons que la défense de cette grande
cité avait été confiée à l'un de nous; il avait compris
son devoir militaire en citoyen et, j'ose le dire, en révolutionnaire, qui n'admet pas qu'on puisse abandonner
un coin de territoire sans avoir énergiquement résisté
et sans avoir défendu une partie du patrimoine national
sur laquelle l'eunemi ne doit pas mettre le pied : je parle
du général Percin. (*Applaudissements répétés.*) La nation
a méconnu sa volonté, son énergie, et n'a eu pour lui,
en dehors de ceux qui le connaissent, qu'ingratitude et
qu'injustice. (*Très bien! Longs applaudissements.*)

On lui a marchandé, à lui qui avait fait son devoir de

citoyen, la justice qui lui était due, et ce n'est pas une belle page de l'autorité gouvernementale que celle de l'histoire de Lille et du général Percin. (*Vifs applaudissements.*) Qu'au moins, au milieu de nous, notre collègue, injustement frappé par l'abominable calomnie, insuffisamment défendu par ses supérieurs et par le Gouvernement (*Très bien ! très bien !*), trouve la justice que lui doivent et que lui rendront dans l'avenir tous les citoyens de notre pays. (*Vifs applaudissements.*)

Je me rappelle aussi que l'issue de ce Congrès de juin 1914 fut peut-être la dernière visite collective que des Français rendirent à la Belgique et à la ville de Bruxelles. Je me rappelle cet ardent foyer démocratique au sein duquel nous avons été reçus par ces libéraux, par ces socialistes belges qui allaient nous montrer eux aussi ce qu'étaient des citoyens conscients de leur liberté et résolus à la conserver. Quelques jours après, ce n'était plus la visite d'hommes épris de justice qui allait venir en Belgique, c'était la ruée abominable de l'Allemagne, après la violation la plus odieuse des traités, qui allait écraser ce petit peuple et lui faire payer cher l'effort tenté pour conserver sa liberté et son honneur. Ce sont des enseignements pour nous et je devais à cette Assemblée de rappeler brièvement ces pages de l'histoire de la Ligue des Droits de l'Homme. Le livre de notre histoire n'est pas fermé, et je suis convaincu qu'aujourd'hui vous écrirez une page digne de celles que vous avez écrites déjà dans le passé.

Je remercie le Comité Central d'avoir organisé ce Congrès, de s'être rendu compte que la démocratie ne pouvait vivre que par la liberté. Nous l'avons bien vu quand, en pleine guerre, on a voulu gouverner ce pays par des méthodes qui ne pouvaient pas être les nôtres ; en réalité on le menait à sa perte, et c'est le peuple qui a sauvé la République, c'est la démocratie qui a sauvé la France. (*Applaudissements.*)

Aussi, loin de redouter la liberté, et dans les circonstances les plus tragiques de notre vie nationale, nous allons lui faire confiance. Peut-être donnerons-nous ainsi, une fois de plus, une leçon à des gouvernants trop timides qui redoutent les mœurs de la liberté et se figurent qu'ils sont d'autant plus forts, qu'ils ont d'autant plus d'autorité, qu'ils se privent du conseil de l'opinion et des discussions libres des citoyens. (*Très bien ! Applaudissements.*) Nous ne pensons pas, au contraire, que la force des gouvernants se trouve dans le fait qu'ils sont livrés à leurs seules lumières, voire à leur seul génie. (*Très bien !*) Nous croyons que la collectivité éduquée d'un pays comme le nôtre a plus de génie que le cerveau du plus grand de nos hommes d'Etat (*Très bien ! Applaudissements*), et que celui ci ne sera qu'un faible le jour où son principal mérite ne sera pas précisément de penser comme tout le monde. Ce qui fait la force d'une démocratie, c'est cette communauté de sentiments et de pensée librement exprimés.

C'est ce que nous allons faire ici en abordant les problèmes les plus difficiles, les plus délicats, ceux qu'il n'a pas été possible de discuter publiquement parce qu'on a eu peur de la discussion publique. J'ai plus de confiance dans le bon sens de mon pays. Je crois qu'il peut, avec son tempérament. avec sa passion de liberté, avec l'esprit de critique qui existe en chacun de ses citoyens, aborder librement l'étude de ces questions, et je suis bien certain qu'il trouvera la juste solution, la juste réponse à y faire. Notre Président, tout à l'heure, vous indiquait dans quelles conditions nous allions délibérer. Il s'agit pour nous de maintenir les vraies traditions de notre pays, qui sont des traditions révolutionnaires et démocratiques ; il s'agit pour nous d'indiquer exactement quel est le sentiment de tous ceux que nous représentons ici. Nous le ferons, j'en suis convaincu, dans le calme, avec la dignité, avec la réflexion nécessaires à l'époque où nous vivons plus qu'à toute autre. Je fais confiance aux membres de cette Assemblée pour qu'elle conserve à tout moment, quelle que soit la passion qui animera chacun de nous, la dignité nécessaire, la tenue indispensable.

Je suis certain que, si nous arrivons à délibérer ainsi avec ordre et avec calme, nous pouvons formuler l'opinion générale de notre pays, empêcher que ne soit déformé cet idéal au nom duquel nes millions de héros se sont levés, pour lequel ils combattent et meurent chaque jour; nous montrerons que nous sommes dignes de la victoire. parce que nous ne croyons pas notre pays capable d'en abuser. Après avoir été énergique dans la lutte, le pays saura se montrer modéré dans le succès et la Ligue des Droits de l'Homme, rappelant les principes pour lesquels nous nous défendons, pourra ainsi lui indiquer l'orientation vers laquelle il est nécessaire qu'il marche. (*Vifs applaudissements.*)

Nomination des Commissions

M. Moutet. — Nous allons donc, maintenant, citoyens, prendre la suite de l'ordre du jour et procéder à la nomination des commissions.

M. Guernut. — Je ne vois guère qu'une commission à élire, mais je ne sais pas comment l'appeler. Si vous le voulez bien, nous l'appellerons : la commission.

Sur chacune des questions inscrites à l'ordre du jour, le Comité Central vous a soumis un projet et les sections vous en apporteront d'autres. Quel que soit celui qu'on choisisse, il est vraisemblable qu'on le modifiera. Or, il peut arriver, il arrivera, mes chers collègues, que, dans l'improvisation de certains amendements, un mot ne sera point à la place qui est la meilleure, une phrase adoptée ne s'accordera point, avec une parfaite exactitude, avec une phrase également adoptée. Il importe, je crois, que nous aboutissions à un texte clair, d'une précision souveraine, présentable aux juges les plus sévères, digne de la Ligue et digne de vous.

Je vous demande donc de constituer une commission à cet effet. Lorsque vous aurez adopté un projet article par article, vous vous arrêterez ; la commission se réunira, l'examinera de près, et s'il y a, ici ou là, quelques défectuosités de forme, elle vous les signalera, elle vous suggèrera des corrections heureuses, et alors seulement vous vous prononcerez sur l'ensemble à titre définitif.

Je demande à notre Président de mettre aux voix le principe de cette commission, un peu exceptionnelle, de coordination et de mise au point et je vous prie de désigner des délégués.

M. Moutet. — Je pense qu'il faudrait peut-être élargir le mandat de la commission et ne pas se borner à faire d'elle une commission de simple redaction. Il serait bon, par exemple, de ne pas voter de texte important sur lequel un débat aurait eu lieu, sans avoir renvoyé ce texte à la commission. Dans le double esprit indiqué par Guernut et par moi, je crois que nous pouvons composer cette commission de neuf membres.

M. Guernut. — Les statuts en demandent sept.

M. Boyet (Section du 3ᵉ arr. de Paris). — Il ne serait pas nécessaire que les délégués à cette commission soient nommés dès maintenant. Vous allez instituer des discussions; il est probable que des tendances se feront jour au cours de ces discussions; il sera juste, équitable, d'envoyer à la commission des résolutions un nombre de délégués proportionnel aux tendances qui se seront manifestées. Je propose de ne nommer les délégués qu'à la fin des discussions.

Un Délégué. — C'est une commission de rédaction qu'on nous propose d'élire, ce n'est pas une commission des résolutions.

M. Guernut. — J'ai peur de n'avoir pas été clair. Si, dans la suite du débat, il apparaît plusieurs tendances et que vous vouliez tenir compte et des unes et des autres, peut-être en effet sera-t-il nécessaire de nommer finalement une commission des résolutions. Mais à l'heure qu'il est, cette nécesssité ne s'impose pas. Attendons. Je vous demande seulement, dans un intérêt de clarté, une commission de rédaction. Je crois que nous sommes d'accord.

M. Pillet (de la Section de Lyon). — En ce cas, il n'est pas nécessaire d'une commission de neuf membres; il suffit de deux membres. (*Bruit. Exclamations.*)

M. Guernut. — Je vous propose de désigner deux membres du Comité Central et de choisir cinq membres dans le Congrès. (*Cris : Aux voix! Aux voix!*)

M. G. Mauranges, avocat à la Cour (Section du 14e arr. : quartiers Petit-Montrouge, Santé, Montparnasse). — Je regrette de retenir l'attention du Congrès sur une question de forme, mais j'ai conscience que la commission demandée par Guernut sera inutile. (*Bruit.*) En effet, nous aurons besoin d'une commission pour faire un travail qui sera véritablement celui d'une commission des résolutions. Elle pourra en même temps jouer le rôle d'une commission d'élégance littéraire, selon le vœu de Guernut. Point n'est besoin de deux commissions. (*Cris : Aux voix!*) Vous savez très bien ce qui se passe dans les Congrès. Vous ne pouvez pas limiter par avance le rôle d'une commission et en faire un simple instrument de correction. Elle cherchera forcément à empiéter sur le rôle du Congrès, et ce sera, en réalité, une commission des résolutions. Nommons donc, si vous voulez, une commission des résolutions, mais seulement quand nous connaîtrons les sentiments du Congrès.

Un Délégué. — Je crois que vous voulez faire appel aux capacités. Comment pouvons-nous les connaître? Je vous fais la proposition que la rédaction soit renvoyée et confiée au bureau et au Comité Central.

M. Moutet. — Je mets aux voix la nomination d'une commission instituée dans les conditions indiquées par notre Secrétaire général.

(*L'épreuve est douteuse.*)

On va voter par assis et levés.

(*Cette seconde épreuve donne une majorité au principe de la commission.*)

M. Moutet. — Je vous prie de m'envoyer sept noms pour faire partie de cette commission de rédaction.

M. Guernut. — Le Comité Central désigne Ferdinand Buisson et Gabriel Séailles. (*Adopté.*)

Puis les noms de MM. Oscar Bloch, Lhermitte, Baylet, Corcos, Ruyssen sont adoptés.

M. O. Deguise, député de l'Aisne. — Je demande la parole au sujet de cette commission. (*Exclamations. On crie : l'ordre du jour !*)

Rapport moral

M Moutet. — L'ordre du jour appelle le rapport moral de la Ligue des Droits de l'Homme. Je vais donner la parole à Guernut.

Notre collègue Guernut fait remarquer que vous avez tous reçu le rapport. Ceux d'entre vous qui auront des observations à présenter les feront.

Quelqu'un demande-t-il la parole sur le rapport moral ? Je le mets aux voix.

(*Adopté à l'unanimité.*)

Rapport financier : abonnement obligatoire des membres des bureaux

M. Moutet. — L'ordre du jour appelle le rapport financier, par M. Alfred Westphal. Même observation que pour le précédent rapport. Quelqu'un demande-t-il la parole ? (*Cris: Non! aux voix !*)

M. Alfred Westphal, trésorier général de la Ligue. — Je voudrais faire une simple remarque à l'assemblée à propos de l'abonnement des bureaux des sections au *Bulletin officiel.*

C'est une simple formalité à accomplir. Il suffira d'ajouter à l'article 37 des statuts le paragraphe suivant : « Les membres des bureaux des sections et des fédérations sont abonnés d'office au *Bulletin* ».

Voulez-vous mettre cela aux voix ?

M. Dardet (Section du 15e arr. de Paris). — Je vais faire une proposition ferme. Il est inadmissible qu'il n'y ait que le président et les membres des bureaux des sections qui soient abonnés obligatoìrement au *Bulletin*. C'est un devoir pour tous les ligueurs d'être abonnés au *Bulletin*. qui est précieux, tel qu'il est compris, pour la propagande. Je demande qu'on prenne une décision identique à celle qui est appliquée dans toutes les associations sérieuses Je citerai notamment celle des P.T.T. où nous sommes obligatoirement abonnés au *Bulletin*. Qu'on nous réclame une augmentation de cotisation dans laquelle sera compris l'abonnement au *Bulletin*, mais il est inadmissible qu'il y ait seulement les membres des bureaux qui y soient abonnés, qu'il n'y ait que ceux-là qui soient au courant de ce qui se passe. Ce serait en faire les propriétaires des sections, et cela ne peut pas être, à moins que l'on admette que, seuls, ceux qui pourront le payer seront membres des bureaux, ce qui paraît discutable.

Un Délégué. — Cette question est grave et mériterait d'être étudiée à part.

M. Alfred Westphal. — Je vous demande de la trancher tout de suite. Elle a fait l'objet de nombreuses discussions dans plusieurs Congrès. Je voudrais certes, comme vous, que tous les membres de la Ligue soient abonnés au *Bulletin*, mais mon expérience m'a appris à borner mes ambitions. Je demande simplement à ce que les membres des bureaux, eux au moins, soient abonnés.

M. Deguise. — Si l'on veut étendre à tous les membres de la Ligue l'obligation d'être abonnés au *Bulletin*, cela implique qu'ils ont tous les mêmes droits dans la Ligue. Or, tout à l'heure, j'avais demandé la parole et j'y reviens par ce détour. Ayant trop de besogne, je n'accepterais pas, pour ma part, au cas où on m'en ferait l'honneur, d'être dans la commission de ce Congrès ; mais il y a autour de nous des militants, des citoyens, des citoyennes, dont la place aurait été bien marquée au sein de cette commission. (*Exclamations.*)

M. Moutet. — Permettez-moi de vous faire observer que vous revenez sur une question tranchée.

M. Perrin a la parole.

M. Perrin (Section du 8ᵉ arr. de Paris). — Je renonce à mon tour.

M. Gaston Bing (Section du 2ᵉ arr. de Paris). — La motion présentée par notre collègue tendant à rendre obligatoire, pour tous les membres des Comités, l'abonnement au *Bulletin officiel* n'aurait pas tous les bons résultats qu'il en espère. Les sections ont souvent bien de la peine à constituer leur comité ; elles y parviendraient encore bien moins avec l'abonnement forcé, car beaucoup de nos collègues se déroberaient à cet honneur coûteux. J'appuie la proposition de notre Trésorier général qui, étant plus limitée, me paraît plus efficace. Il ne s'agit plus que d'abonner de droit les membres du bureau ; ceux-ci étant moins nombreux, il sera facile aux sections de prendre sur leur budget la somme nécessaire à ces abonnements.

M. Moutet. — Je suis saisi d'une proposition de clôture. Que ceux qui sont d'avis que la discussion soit close, lèvent la main !

(Adopté à l'unanimité, moins 3 voix.)

M. Moutet. — Je mets aux voix l'abonnement obligatoire pour tous les membres des bureaux des sections et des fédérations.

(Adopté.)

Un Délégué. — Je veux parler des conséquences de ce vote. Si les membres des bureaux opposent à cette décision la force d'inertie et refusent de s'abonner, quelle sera la sanction ?

M. Alfred Westphal. — J'entends que quelques-uns de nos collègues protestent contre une nouvelle charge qui serait imposée aux membres de leurs bureaux.

Je suis tout à fait d'accord avec eux et je m'empresse
de préciser les choses sur ce point. Le paiement du prix
de l'abonnement sera laissé à la libre initiative de ces
abonnés d'office. Et chaque fois qu'ils estimeront que
cette nouvelle charge leur pèserait un peu trop, c'est la
section qui sera débitée en compte du montant de leur
abonnement Il ne pourra donc y avoir de ce chef ni froistitle
sement, ni malentendu, et le but sera atteint.

M. Moutet. — La discussion est close sur ce point.

M. Clérisse (Section de La Plaine Saint-Denis). —
Voilà deux fois que je donne mon nom; on essaie d'é-
touffer ma voix. (*Exclamations.*)

Une certaine catégorie de membres de la Ligue ne
regarderont pas à dépenser trois ou quatre fois plus,
mais dans les milieux de travailleurs, où on tire sur le
budget, on ne peut pas subir l'obligation de souscrire
à un abonnement. (*Bruit.*) Dans ma section, on va protester.

M. Moutet. — La proposition est votée. On ne rou-
vrira pas la discussion. (*Bruit.*) Vraiment, est-ce que
cela vaut la peine de se passionner à ce point ?

Transformation du "Bulletin officiel"

M. Alfred Westphal. — Messieurs et chers collègues,
la deuxième question qui fait l'objet de mon rapport
est celle du journal. Vous savez qu'il y a longtemps que
nous avons le désir de voir le *Bulletin* se transformer en
un journal périodique. Quelques-uns de mes collègues
ont été surpris de la forme que j'avais donnée au deuxième
paragraphe de mon rapport où je disais que c'est précisément parce que j'avais combattu de toutes mes forces
ce projet, que j'étais d'autant mieux placé pour le défendre aujourd'hui ! (*Rires.*) Il n'y a pas de quoi rire, c'est
tont à fait à propos, tout à fait normal! (*Nouveaux rires.*)
Tant que je ne croyais pas que la Ligue pût trouver
les ressources nécessaires, j'ai combattu ce projet, parce

que, avant tout, la Ligue doit vivre. Aujourd'hui, l'importance de la Ligue, la solidité de son crédit moral comme de son crédit financier, permet de penser que nous pourrons trouver des ressources suffisantes pour assurer cette transformation. Je reprends donc aujourd'hui le projet qui a été toujours le nôtre, dont nous avons toujours ardemment souhaité la réalisation, mais que nous ne pouvions jusqu'ici réaliser.

Sur l'utilité d'un journal, il est inutile, n'est-ce pas? que j'insiste. Vous êtes tous d'accord pour penser que, dans un moment si grave de notre histoire, il serait plus que jamais nécessaire que la Ligue des Droits de l'Homme eût un organe à elle, où elle puisse dire librement ce qu'elle veut dire et ce qu'elle doit dire. Sans doute, il faudra trouver des ressources. J'espère que nous en trouverons. Je voudrais trouver, en concours extraordinaire, la somme nécessaire pour assurer la vie de ce journal pendant trois ans, car ce n'est qu'au bout de ce temps-là, je crois, qu'il pourra vivre par ses propres ressources, et il ne faut pas avoir de surprises. Si nous n'arrivons pas à réunir les fonds nécessaires, nous renoncerons alors à cette transformation.

Ce que je vous demande ici, ce n'est pas de voter aujourd'hui qu'il va être créé demain un journal, mais simplement. exactement, d'autoriser le Comité Central, par une autorisation formelle, à transformer eventuellevent le *Bulletin* en journal périodique, s'il peut le faire avec sécurité et sans courir une aventure financière. (*Vifs applaudissements.*)

M. Moutet — Quelqu'un demande-t-il la parole? Je mets la proposition aux voix.

(*Adopté à l'unanimité.*)

Rapport de la Commission de contrôle

M. Moutet. — L'ordre du jour appelle le rapport de la commission de contrôle.

M. Fabien-Thibault (rapporteur de la commission de

contrôle), avocat à la cour. — Je crois que tout le monde a lu mon rapport. Si on a des explications à me demander, je suis prêt à les donner.

M. Moutet. — Quelqu'un demande t-il la parole ? Je mets aux voix le rapport.

(Adopté à l'unanimité.)

Règlement de l'ordre du jour

M. Moutet. — Nous arrivons à la discussion de la première question de l'ordre du jour : « Les conditions d'une paix durable ». Il n'est pas douteux, je crois, que cette question sera de beaucoup celle qui intéressera le plus le Congrès et qui entraînera les plus longues discussions. Néanmoins, pour le bon ordre, il faut que l'ordre du jour entier soit examiné. Il faut donc, d'ores et déjà, que nous fixions des limites à nos délibérations.

J'estime que la dernière limite que nous puissions fixer c'est demain soir à 4 heures, afin que nous puissions envisager la question de l'alcoolisme entre 4 et 7 heures, la question des victimes de la guerre étant examinée dans une séance de la soirée. Je pense que, dans ces conditions, nous pourrons épuiser notre ordre du jour et aboutir complètement.

M. Pillet. — Est-ce qu'on ne pourrait pas, d'ici midi, régler une question ?

M. Georges Mauranges. — Je demande au Congrès d'intervertir cet ordre et de mettre la première question en dernier lieu. Personne ne peut songer ici à diminuer le temps qui convient pour discuter à fond la question des conditions d'une paix durable. Il faudrait que l'alcoolisme et la réparation des dommages de guerre vinssent immédiatement en discussion et fussent liquidés d'ici midi. Il n'y aura pas de débat la-dessus, car il y a des rapports qui répondent à l'esprit unanime de la Ligue.

M. Gaston Moch (Section de Neuilly-sur-Seine). — Je demande un tour de faveur pour la question que le Président vient de déclarer la plus importante, car aujourd'hui c'est jour férié et beaucoup d entre nous ne pourront venir demain. Je demande que cette question, la plus importante, soit traitée aujourd'hui et le plus complètement possible. (*Très bien.*)

M. Guernut. — Le Comité Central vous demande de régler l'ordre du jour de la façon suivante : ce matin, renouvellement du Comité Central et les victimes de la guerre ; a partir de cet après midi, les conditions d'une paix durable. (*Très bien !*)

M. Gaston Moch. — Je n'ai plus à insister après la déclaration de M. Guernut ; je voulais éviter que la question la plus importante soit mise en discussion demain soir.

M. Moutet. — Nous allons procéder au renouvellement du Comité Central et nous envisagerons ensuite immédiatement la question des victimes de la guerre. Cet après-midi nous discuterons : Les conditions d'une paix durable. Êtes-vous de cet avis ?

(Adopté à l'unanimité).

Renouvellement du Comité Central

M. Moutet. — Je donne la parole à M. Herold, vice-président de la Ligue, sur la question du renouvellement du Comité Central.

M. A.-Ferdinand Herold. — Je ne veux retenir votre attention que quelques minutes. Nous nous sommes plusieurs fois posé, au Comité Central, la question du renouvellement. En effet, depuis les élections de 1914, nous n'avons procédé à aucune élection des membres du Comité Central. La question était très délicate. Il nous a semblé que, dans les conditions actuelles, il était impossible de procéder à des élections nouvelles. D'abord, tous ceux de nos amis qui sont restés dans les

régions envahies ne peuvent pas prendre part au vote.
Il y aurait, en quelque sorte, un manque d'égard envers
eux à procéder à des élections dans les circonstances
actuelles. Puis, dans les autres régions, beaucoup de
sections sont désorganisées actuellement, vous le savez
tous aussi bien que moi, et, même dans les sections
organisées, il y a beaucoup de membres absents. Je
connais des sections où la majorité des membres est
absente. Dans ces conditions, renouveler le Comité
Central était risquer de fausser entièrement le vote.

D'ailleurs, en se décidant à ne pas procéder à des
élections nouvelles, le Comité Central n'a fait que suivre
l'exemple qui a été donné dans la plupart des associations. Je fais partie pour ma part de beaucoup d'associations, d'ordres très divers ; vous êtes évidemment à
peu près tous dans mon cas. Vous savez que les associations sont très rares où l'on a procédé, soit à un
renouvellement partiel, soit à un renouvellement intégral
des comités directeurs. Mais ce ne sont pas seulement
des exemples pour ainsi dire privés que nous avons
suivis, nous avons, en somme, imité ce qui a été fait
par le gouvernement français lui-même, car il a été
décidé que jusqu'à la fin des hostilités on ne procèderait
à aucune élection. Vous savez qu'actuellement, il y a un
tiers du Sénat, il y a tous les conseils municipaux, il y
a la moitié des conseils généraux qui fonctionnent en
vertu de prorogations de mandats, au delà du terme fixé
légalement.

Un Délégué. — Il n'y a que le personnel gouverne-
mental qui est renouvelable. (*Rires.*)

M. A.-Ferdinand Herold. — Il nous a semblé qu'on
pouvait imiter cet exemple. Il valait mieux agir comme
on a agi en France que d'agir comme l'a fait, par exemple, le roi Constantin, envers qui un des griefs des alliés
est d'avoir fait procéder à des élections qui ne pouvaient
pas être sincères, car elles avaient lieu en pleine mobilisation.

Voilà les quelques explications que le Comité Central
a cru devoir vous donner sur la conduite tenue jusqu'ici.

C'est à vous de décider ce qu'il devra faire désormais. (*Applaudissements.*)

M Th. Ruyssen, professeur à la Faculté des lettres de l'Université de Bordeaux (Section de Bordeaux). — Citoyens, je crois, et je me fais l'interprète d'un très grand nombre de camarades de province et de Paris, que, dans les circonstances actuelles, il n'y a rien de mieux à faire que d'approuver l'attitude prise par le Comité Central depuis le début de la guerre, de lui donner jusqu'à la fin des hostilités un mandat de confiance, et de proroger ses pouvoirs (*Applaudissements.*) Il y a pour cela deux raisons : d'abord, un argument de fait. Beaucoup de nos camarades mobilisés sont absents ; d'autre part, beaucoup de sections, décapitées et amoindries, n'ont pu renouveler leurs bureaux depuis le début de la guerre. Dans ces conditions, nous ne pouvons nous considérer comme investis d'un mandat absolument normal par nos camarades.

Mais il y a une autre raison raison morale celle-là, qui l'emporte de beaucoup à mon sens. A aucun moment, depuis que la Ligue existe, le Comité Central n'a mérité davantage notre confiance. (*Applaudissements répétés.*) Il suffit pour s'en convaincre de lire les pages du petit *Bulletin* que vous recevez et qui, dans son impression serrée et menue, montre l'activité déployée par la Ligue depuis le commencement de la guerre. Jamais, je puis le dire, son autorité n'a été plus grande dans les sphères gouvernementales ; elle n'a pas toujours obtenu tout ce qu'elle demandait, mais elle a été, sans défaillance, le défenseur le plus écouté de la liberté d'agir, de critiquer et de penser en France, elle s'est employée à cette tâche avec un dévouement et une autorité qui s'imposent à tous. Je vous demande, en conséquence, de proroger, jusqu'à la fin des hostilités, les pouvoirs du Comité Central. (*Vifs applaudissements.*)

M. Moutet. — Je mets aux voix la proposition de prorogation jusqu'à la fin de la guerre des pouvoirs du Comité Central. (*Adopté à l'unanimité.*)

Les Victimes de la Guerre

M. Moutet. — Je donne la parole à M. André Gouguenheim sur la question des « victimes de la guerre ».

M. Gouguenheim. avocat à la cour, secrétaire général
de la Fédération des Ardennes. — Mes chers collègues,
je ne m'attendais pas à prendre la parole ce matin. Je
m'attendais même à ne pas la prendre du tout, parce
que la question qui vous est soumise, et qui est extrêmement vaste, a été examinée par le Comité Central de
telle façon que vous en avez été avisés par le *Bulletin* (1) et que vous avez connu, non seulement la résolution que le Comité Central avait votée, mais encore
les discussions qui se sont engagées sur cette question
au Comité Central.

Puisque j'ai cependant le redoutable honneur de
prendre la parole et le redoutable honneur, aussi, d'être
désigné par le Comité Central pour soutenir, de mon
rapport, les vœux qu'il a présentés, je voudrais pouvoir
m'acquitter de ma tâche aussi brièvement, mais d'une
façon aussi précise que possible.

Il me semble, en effet, qu'il n'y a pas de question
qui nous amène plus au cœur de la bataille, plus au
cœur de la misère et des souffrances que la question
qui vous est soumise actuellement. En reprenant, en le
modifiant, le mot d'un poète, on pourrait dire qu'en
étudiant la question de la réparation des dommages due
à toutes les victimes de la guerre, nous marchons tout
vivants dans un rêve... d'horreur. Il n'y a pas, je crois,
de choses plus tristes, qui vous empoignent plus le
cœur, que de songer à ce défilé qui se produira, hélas !
au jour même de la victoire, des veuves en deuil, des
orphelins, des blessés de la guerre, et de ceux qui ont
vu dévaster le pays où ils sont nés. Et c'est à ce cor-

____

(1) *Bulletin Officiel* 1915, pages 209 et 405.

tège lamentable que nous devons nous mêler, pour vivre avec lui quelques brefs, mais torturants'instants.

Eh bien ! on peut dire, citoyens, que le Comité Central a abordé ces questions dans un esprit qui est l'état d'esprit de la France même, de la démocratie surtout. Voici, en effet, citoyens, les conditions dans lesquelles le Comité Central a compris son œuvre. Le Comité Central a pensé qu'avant même de songer à la réparation des dommages matériels, il convenait — au seuil de la question de la réparation — de s'incliner d'abord devant les veuves ; de s'incliner devant les vieux parents, que la mort soit du mari, soit du fils a plongés à la fois dans le deuil et dans la misère. Et c'est ainsi que dans l'ordre — je ne dirai pas chronologique des faits — mais dans l'ordre moral des faits, le Comité Central a commencé par examiner quelle était la situation qu'il convenait de faire aux familles des soldats morts à la guerre.

Qu'on me permette ici d'ouvrir une parenthèse, et, sans vouloir le moins du monde attaquer l'œuvre législative, qui en ce moment s'élabore dans notre Parlement, de faire remarquer que ce n'a pas été cet ordre logique et moral que le Parlement a suivi. Lui, au contraire, avant d'aborder la question des pensions aux familles des soldats morts à la guerre, a commencé par examiner s'il ne convenait pas d'accorder aux propriétaires la réparation des pertes de loyers qu'ils auraient subies. Simple contraste, simple trait que je voudrais rendre aussi léger que possible...

Le Comité Central a donc d'abord examiné la question des pensions aux familles des soldats morts à la guerre. Vous me permettrez, citoyens, de remettre sous vos yeux, non pas le préambule des vœux qui ont été votés par le Comité Central, mais le texte même, précis, net et formel, que le Comité Central a formulé dans ses vœux:

Le Comité Central émet le vœu que, par des modifications aux articles 19 et suivants de la loi du 11 avril 1831, le législateur :

1° Reconnaisse non seulement à la veuve, mais encore à

chaque enfant légitime ou reconnu, un droit à pension distinct de celui de la mère, et prenant naissance au jour même de la mort du mobilisé;

2° Qu'il attribue également une pension aux parents nécessiteux, dont le mobilisé était déjà ou était appelé à être le soutien légal;

3° Que la compagne non mariée, justifiant d'un assez long temps de vie commune, puisse être, en certains cas et sous certaines garanties, assimilée à la veuve.

Ai-je besoin, citoyens, de vous démontrer combien sont exacts, combien sont justes, combien sont inspirés par une morale supérieure les principes mêmes que la Ligue a posés? Ne croyez pas, cependant, que la Ligue ait posé ainsi des principes qui soient unanimement acceptés. Non! Le Comité Central a fait preuve, dans cette question comme dans toutes les autres, d'une hardiesse dans les principes de moralité, qui n'est pas commune. Hélas! c'est ainsi, citoyens, que, dès le début de mes observations, j'ai à vous faire remarquer ceci : le droit de la veuve était fixé par une loi de 1831, laquelle n'avait, jusqu'à cette catastrophe de 1914, subi aucune modification. Et vous serez tout à l'heure stupéfiés, lorsque nous en arriverons à préciser la question et à vous dire quel est le taux dérisoire de la pension accordée, soit aux veuves, soit aux blessés de la guerre; vous serez stupéfiés, dis-je, de constater qu'il a fallu qu'une catastrophe comme celle-ci éclatât pour qu'enfin le législateur s'aperçût qu'il était impossible de reconnaître, d'une façon plus cruelle, le sacrifice total ou partiel fait pour la défense de la patrie. (*Vifs applaudissements.*) Je n'ai pas besoin, citoyens, de vous dire qu'il est logique, n'est-ce pas, que le vieux père ou la vieille mère qui va être privé de son soutien reçoive une pension! Eh bien! cela n'existe pas. En vertu de la loi de 1831, qui nous régit encore actuellement, les ascendants n'ont pas droit à une pension.

Vous voudrez certainement vous joindre au Comité Central pour demander que la modification qu'il sollicite soit apportée à la législation qui fixera, enfin, le droit des victimes de la catastrophe.

Je n'ai pas besoin, non plus, d'insister longuement sur la nécessité de mettre sur un pied d'égalité, autant que possible, et suivant, d'ailleurs, la moralité de la personne qui tient au foyer la place d'une femme légitime, pour que vous admettiez le droit de la compagne au même titre, sous certaines conditions, évidemment, que la mère légitime des enfants ou que la femme légitime.

Le deuxième vœu du Comité Central, sur cette importante question, est le suivant :

Que la mort du soldat confère un droit à pension, qu'elle soit causée directement ou indirectement par la guerre, si elle est survenue par le fait ou seulement à l'occasion du service militaire.

Très importante question, parce que, en vertu des dispositions de la loi de 1831, laquelle nous régit encore à l'heure actuelle, lorsque la mort du soldat vient à se produire, même sous les armes, même pendant la mobilisation, il faut que celui qui sollicite la pension établisse qu'il y a une relation directe de cause à effet entre le service militaire, le service commandé et la mort, la blessure ou la maladie. Or, n'y a-t-il pas quelque chose d'étrange et de choquant, au moment où la nation armée tout entière est sous les armes, à venir demander aux veuves d'établir, préalablement à leurs droits, que leur mari est bien mort des suites d'une blessure qu'il a reçue, ou des suites d'une maladie qu'il a contractée au service de la patrie ?

Vous voudrez encore sur ce point vous associer au vœu du Comité Central.

Enfin le Comité Central, et nous en aurons fini avec la question des pensions aux veuves, émet le vœu que :

Des taux uniformes de pension soient établis sans tenir compte de la situation de fortune du soldat ou des gains du mobilisé.

Citoyens, il ne faut pas croire que cette troisième partie du vœu ne laisse pas place à des discussions. Au contraire, des discussions très importantes pourraient se produire sur cette troisième partie du vœu. Le Comité Central a émis ce vœu pour deux raisons. D'abord pour une raison d'ordre moral devant laquelle, j'imagine, tout le monde s'inclinera. Le Comité Central a estimé que c'était en vertu de l'accomplissement d'un devoir moral que le soldat meurt pour la patrie, et alors il n'a pas voulu qu'on aille rechercher dans le passé quelles étaient les conditions d'existence de ce soldat ; il a voulu que le soldat, mort pour la patrie, qu'il ait été à la veille de sa mort ou de son incorporation, l'ouvrier qui travaille dans l'usine, le cultivateur qui travaille dans les champs ou le grand savant qui travaille dans son laboratoire, il a voulu que, la dette étant la même, la France s'inclinât devant lui et qu'elle donnât à sa veuve les mêmes moyens, les mêmes ressources, comme elle lui donne la même gratitude. (*Applaudissements répétés.*)

Un Délégué. — Réduisez les soldes et pensions des officiers ; il y a une exception pour eux.

M. André Gouguenheim. — Il y a une deuxième raison, une raison de fait, une raison de logique et d'ordre qui a amené le Comité Central à formuler, sous la forme que vous connaissez, la troisième partie du vœu.

Le Comité Central avait bien pensé qu'il aurait peut-être été possible de faire, en matière d'allocations de pensions, soit qu'il s'agisse des veuves, soit qu'il s'agisse de soldats blessés ou mutilés, application, en cette matière, des mêmes principes qui sont appliqués, par exemple, en matière d'accidents du travail en vertu de la loi de 1898. Vous savez, n'est-ce pas ? quelle est la base de cette loi sur les accidents du travail ? La réparation est forfaitaire ; elle est équivalente à la moitié de la diminution de capacité soufferte par l'ouvrier à la suite de l'accident. Ceci nous aurait amenés à rechercher quelle était la situation de fortune du mobilisé, ou plutôt ses revenus professionnels, à la veille de la mobilisation, et à accorder à sa veuve une pension proportionnelle à ce que son mari gagnait au jour qui a précédé la mobilisation. Nous n'avons pas voulu le faire. Nous avons pensé qu'il était impossible. tant au point de vue moral que matériel, de créer une différence entre ceux qui avaient été, en quelque sorte, la personnification idéale de la défense nationale, et nous avons pensé qu'il fallait mettre tout le monde sur le pied d'égalité. (*Vifs applaudissements.*)

Après les veuves de la guerre, les orphelins ! Ici, — notre vénéré Président me permettra de le dire, — c'est avec une attendrissante douceur. avec amour, qu'il a tourné ses regards vers ceux que la guerre a si cruellement atteints. Je n'en veux pour exemple qu'une phrase. Je la détache du rapport qui a été fait sur cette question des orphelins de la guerre et de la « tutelle nationale ».

Voici comment s'exprime le vœu, où il m'a plu de trouver la pensée et la plume de M. Ferdinand Buisson :

Il faut, à côté de l'action des pouvoirs publics, celle des particuliers et des associations. Leur participation est indispensable pour ajouter aux actes officiels les libres manifestations d'un sentiment de reconnaissance publique et d'une affectueuse sollicitude. Il n'y aura vraiment adoption au sens humain du mot que si l'on sent l'âme de la nation enveloppant ces enfants d'une tendresse quasi maternelle.

Et c'est vrai ! (*Applaudissements.*) C'est en s'inspirant de cette haute, pure et rayonnante idée que le Comité Central a formulé un système qu'il me suffira de vous exposer en quelques mots seulement, tant il est à la fois moral et logique.

Le Comité Central a émis le principe, que nul ne contestera, que la Patrie a contracté une dette envers ceux qui ont été victimes de la guerre, et notamment envers ceux qui, aujourd'hui, sont privés par les horreurs de la guerre de cette immensité de tendresses que contient

le cœur d'un père. C'est en se plaçant sous l'égide de ce
principe que le Comité Central a pensé qu'il convenait
que la nation se substituât au père absent et il a imaginé
de créer une adoption nationale en faveur de l'orphelin ;
adoption nationale qui implique pour nos concitoyens,
car nous ne nous payons pas de mots et ne nous con-
tentons pas de poser des principes, qui implique un
double devoir : d'abord d'être, à l'égard de ces enfants,
qui seront les pupilles de la nation républicaine et
démocratique, un devoir de tutelle, c'est-à-dire de direction ; ensuite, nous avons envers ces enfants — auxquels
nous joint non pas un lien du sang, mais un lien presque
équivalent et quelquefois supérieur de reconnaissance,
— un devoir d'amitié et d'affection. La tutelle nationale
n'entraîne pas, d'ailleurs, seulement le devoir de conseil
et d'assistance morale ; elle implique aussi le devoir
d'assistance matérielle, l'obligation de pourvoir à leur
entretien.

Au surplus, citoyens, l'idée du Comité Central était
si juste, elle correspondait si exactement à la pensée
affectueuse que la France tout entière professe pour les
orphelins de la guerre, que le Sénat, à peu de chose
près, nous donnant, je crois, presque entièrement satisfaction, a adopté une loi où nous nous plaisons à reconnaître les principes posés par la Ligue des Droits de
l'Homme. Prochainement soumise aux délibérations de
la Chambre, cette loi qu'elle ratifiera sera de nature à
nous donner entière satisfaction. Elle nous permet
d'espérer que la France, généreuse pendant la guerre,
restera généreuse au lendemain de la victoire. (*Vifs
applaudissements.*)

A côté de la veuve, à côté des orphelins, il reste encore deux catégories de victimes. Il y a encore ceux qui
ne sont pas morts sur les champs de bataille, mais qui
y ont laissé une partie de leur vie, qui y ont laissé un
membre, qui y ont laissé la vue, qui y ont perdu, en
somme, presque toutes les raisons qui rendent la vie
agréable ou seulement tolérable.

Eh bien! à l'égard des blessés de la guerre, quelle

est donc la législation qui était en vigueur jusqu'à c(
derniers temps ? A l'heure même où je vous parle,
législation qui est toujours en vigueur, c'est toujou:
la fameuse loi de 1831 créée au moment où la natic
armée n'existait pas, au moment où la France n'ava
à son service qu'une armée de mercenaires ou de mil
taires de carrière. Vous voyez donc qu'il est indispe:
sable de revenir sur cette loi de 1831.

Sur ce point : en ce qui concerne les pensions au
blessés et malades, il me semble que je ne pourra:
pas mieux vous démontrer la logique que le Comi'
Central a apportée, dans la rédaction de ce vœu, que :
ne pourrais pas non plus mieux vous démontrer combie
il est souhaitable que son vœu soit réalisé, qu'en plaçar
sous vos yeux le chiffre des pensions dérisoires acco
dées actuellement et qui seront accordées jusqu'à (
qu'un nouveau régime se substitue à l'ancien, aux d(
fenseurs de la Patrie qui ont perdu soit un membr(
soit deux membres, soit totalement la vue. Voule:
vous me permettre de faire passer ces chiffres rapid(
ment sous vos yeux?

Je passe rapidement, juste pour vous faire voir qu
les divers échelons ne sont pas proportionnés les un
aux autres. Un simple soldat, 975 francs ; un généra
de division, 12.600 francs. (*Exclamations : c'est ur
honte!*) Il est bien certain qu'à l'égard du général d
division, nous sommes tenus par une loi (*Mouvemeni
divers.*) Devant le général de division aussi. Nous devon
quand même nous incliner...

Un Délégué. — Pourquoi donc?

M André Gouguenheim. — Attendez. Nous avon
un général qui vient de perdre entièrement la vue, qui
perdu deux membres.(*Bruit*). Attendez, nous allons discu
ter. Si je n'avais pas été frappé moi-même de l'énorme e
inadmissible différence qui existe entre la pension ac
cordée à un simple soldat : 975 francs, et celle accordé
à un général de division : 12.600 francs. je ne vous aurai
pas fait le rapprochement de ces deux chiffres. Donc

j'en suis frappé, mais je tiens à dire, car la Ligue des
Droits de l'Homme ne sortira certainement pas de la
légalité, pas plus sur ce point que sur d'autres, je tiens
à vous dire que, vis à vis des généraux de division,
comme des capitaines, comme des lieutenants, nous
sommes tenus par les termes d'une loi qui est un contrat :
ne le déchirons pas! (*Très bien!*) Ce ne sont pas des
chiffons de papier. Mais quand nous avons reconnu
qu'une erreur a été commise, une erreur misérable, à
l'égard de là démocratie, nous avons le devoir de relever
cette erreur et d'empêcher qu'elle persiste aussi criante,
et même nous avons le devoir de rechercher qu'elle ne
soit plus criante du tout. En somme, à l'égard du soldat
nous demanderons l'augmentation de la pension et nous
ferons disparaître, autant qu'il sera possible, la différence que je vous signalais tout à l'heure, tout en tenant
compte cependant qu'entre un simple soldat et le général
de division, il y a une quantité d'échelons que la loi a
créés, que nous ne voulons pas créer, nous, mais que
nous sommes obligés de respecter, parce que la loi qui
existe est applicable. (*Mouvements divers; quelques protestations.*) Nous ferons disparaître les injustices et nous
n'en créerons pas de nouvelles.

Un Délégué. — Mais la loi est modifiable.

Un autre Délégué. — Pas pour supprimer des droits
acquis.

M. André Gouguenheim. — Mais, je le demande,
qu'elle soit modifiée!... Il y a des réalités sur lesquelles
nous pouvons causer. Nous aurons une quantité de gens
à convaincre, il faut donc que nous ayons des arguments. Combien touche un soldat pour l'amputation
d'un membre ou la perte absolue de deux membres:
750 francs, et le général de division : 10.500 francs.
Pour la perte d'un membre, un simple soldat: 600 francs;
un général de division: 7 175 francs Vous voyez donc
qu'il y a là une œuvre formidable qui incombe au Parlement. Elle ne nous incombe pas à nous. Il ne peut
sortir du Congrès que l'expression d'un vœu, mais ce

vœu, citoyens, doit déterminer une volonté unanime de faire disparaître ces différences choquantes et d'établir aussi une loi qui soit humaine et juste. (*Vifs applaudissements.*)

Un Délégué. — À chacun selon ses besoins.

M. André Gouguenheim. — Je ne m'appesantirai pas davantage sur les blessés de la guerre. J'arrive enfin, et j'ai peut-être quelque mérite à les avoir mis en tout dernier lieu, aux réparations des dommages causés par la guerre aux habitants des régions envahies. Nous avions fait, tout à l'heure, cette différence : d'une part les dommages moraux, les dommages physiques, de ceux devant lesquels l'unanimité se fait ; d'autre part les dommages matériels. Ah ! des dommages matériels ne peuvent pas et ne doivent pas avoir dans notre esprit, à nous, ligueurs, la même importance que la réparation des dommages moraux, c'est une affaire entendue ; mais il y a tout de même, en ce qui concerne la réparation des dommages matériels causés par la guerre, une nécessité qui ne vous échappera pas, et que vous voudrez bien examiner avec moi, aussi rapidement que possible. Il y a différents principes autour desquels nous devons nous grouper pour obtenir que la loi, qui créera ou édictera la réparation des dommages matériels causés par la guerre dans les régions envahies, soit non pas une loi mal faite, mais une loi bien faite, inspirée par les principes du droit et de la justice.

Eh bien ! citoyens, en ce qui concerne la réparation des dommages causés par la guerre, le Comité Central a élaboré et a voté une motion qui, disons-le à l'honneur du Comité Central, a été à la fois approuvée par le pays tout entier et par la Chambre elle-même ; mais, hélas ! lorsque la Chambre a acclamé les principes que le Comité Central avait posés dans sa motion, elle n'a pas pensé que, quelques minutes après — quand elle discuterait les articles — elle oublierait les principes et n'aurait acclamé que des mots ! Et alors, citoyens, je suis bien obligé de dire que, si j'ai été frappé d'admiration par le

défilé de députés de tous les partis qui sont montés à
la tribune et ont déclaré solennellement que le droit
à la réparation intégrale des dommages mobiliers et
immobiliers devait être accordé aux pays envahis, je
suis frappé de cet autre fait que, si ce défilé impres-
sionnant a eu lieu à la tribune, il s'est traduit, au moment du vote, par l'oubli. soit total, soit partiel, de ce
qu'on avait déclaré solennellement. C'est un phénomène
qui, paraît-il, se produit au Parlement. (*Sourires.*) Je
puis vous affirmer que ce n'est pas un phénomène qui
se produit au Comité Central ; quand il a posé un article 1ᵉʳ disant que les victimes auront droit à la réparation intégrale, il n'oublie pas dans le 2ᵉ, ni dans le 50ᵉ,
les principes posés en tête de sa déclaration.

Le Comité Central a eu le courage et l'énergie de dire :
la réparation doit être intégrale ; elle ne doit pas être
une source d'enrichissement, mais une source de réparation totale, complète. Pourquoi ? Parce que la nation
a contracté, vis-à-vis des régions envahies, vis-à-vis de
ces régions dévastées, vis-à-vis de ces régions qui ont
sacrifié à la fois leurs immeubles, leurs terres, leurs
usines… et leurs cœurs pour la défense de la patrie, vis-
à-vis de ces régions qui ont barré la route à l'invasion
en se mettant, poitrine découverte — bouclier de vies
et de richesses — devant l'ennemi, la nation a contracté,
dis-je, une dette sacrée. Elle doit l'éteindre, elle doit la
payer, cette dette, par principe de solidarité. Autre chose :
la Ligue n'a pas oublié que la législation de la Révolution, la législation. fille des événements les plus pathé-
tiques, les plus grandioses, — après ceux que nous
vivons — de l'Histoire française, est souvent, presque
toujours, sinon toujours, la législation de la justice et
du bon droit ! Et, alors, se reportant à la loi de 1792, le
Comité Central y a découvert les origines mêmes du
principe que nous soutenons aujourd'hui. Disons-le :
nous sommes restés conséquents avec nous-mêmes ;
nous sommes allés puiser aux sources du droit humain
les principes que nous posons aujourd'hui. (*Vifs applaudissements.*) La loi de 1792 s'exprime dans les termes

qui ont été rappelés dans la motion votée par le Comité
Central. Le Comité Central a tenu, en effet, à rappeler
que le 31 juillet 1792, en d'admirables termes qui s'ap-
pliquent aux circonstances actuelles, le principe de
solidarité avait été posé dans le texte que voici :

Si, dans une guerre dont l'objet est la conservation de la
liberté, de l'indépendance de la constitution française, tout
citoyen doit à l'Etat le sacrifice de sa vie et de sa fortune,
l'Etat doit, à son tour, protéger les citoyens qui se dévouent à
sa défense.

Voulant donner aux nations étrangères l'exemple de la fraternité qui unit les citoyens d'un peuple libre et qui rend commun
à tous les individus du corps social les dommages causés à l'un
de ses membres…, l'Assemblée pose le principe de la responsabilité nationale…

Croyez-vous, citoyens, qu'il y ait beaucoup de passages d'une loi moderne qui soient capables de prendre
nos cœurs comme ce passage de cette loi de 1792? Peut-on
à la fois trouver une expression plus juste, plus reten-
tissante dans les consciences, que ces mots dont je viens
de vous donner lecture? C'est là que le Comité Central
est allé chercher ses directives. C'est cette loi dont il
souhaite le vote.

Et alors, passant maintenant non plus à des considérations d'ordre général, mais pratique, je vous indique
tout de suite que le Comité Central a déclaré que, pour
rendre aux pays envahis la prospérité économique qu'ils
connaissaient avant la catastrophe de la guerre, il était
indispensable que le remploi des biens fût obligatoire
en principe en matière d'immeubles et d'établissements
industriels et commerciaux, sauf à examiner les espèces,
qui seraient soumises à la juridiction, qui aura le pouvoir de déclarer que le remploi peut ou doit ne pas avoir
lieu.

Remploi obligatoire, pourquoi? Parce que, je vous le
dis en quelques mots, il est indispensable que la fortune
économique, que la valeur nationale de telle région se
retrouve au lendemain de la guerre, et parce qu'il ne

faut pas qu'au lendemain de la guerre, ces pays dévastés ne connaissent plus que la misère et la pauvreté; parce qu'il est indispensable que, dans ce pays, après l'ouragan, la population ouvrière qui n'aurait plus de débouchés ne soit réduite à émigrer; parce qu'il est nécessaire qu'après la victoire. les Ardennes, la Somme, le Nord, ces pays où l'industrie est prospère, ne connaissent pas. après la richesse, la pauvreté déplorable, qui retentirait sur le corps social tout entier. (*Applaudissements.*) Enfin, citoyens, le Comité Central a posé le principe que la réparation devait être intégrale, qu'il s'agisse d'immeubles ou de meubles. Le Comité Central a pensé qu'on devait le même respect à la fortune mobilière qu'à la fortune immobilière.

Je ne crois pas que ce soit là l'énoncé d'une idée unanimement admise. Si vous prenez, à ce sujet, le vote de la Chambre, vous constaterez que la réparation est totale pour les immeubles et qu'elle n'est que partielle pour les meubles, encore que le principe de la restauration intégrale ait été posé C'est de la logique, peut-être, mais ce n'est pas la nôtre. Faire une différence dans le traitement appliqué aux meubles et celui appliqué aux immeubles, c'est perpétuer — qu'on ne s'y méprenne pas — cette vieille idée du moyen-âge et de l'ancien régime : l'immeuble est propriété noble; le meuble est propriété roturière ! Je regrette pour nous, descendants de la Révolution de 1789, pour nos assemblées délibérantes issues de régimes libres, qu'elles aient recueilli ce principe. (*Vifs applaudissements.*)

Une dernière observation en ce qui concerne la réparation des dommages matériels. La Ligue des Droits de l'Homme a pensé qu'il importait que l'évaluation des dommages matériels causés soit aux meubles, soit aux immeubles, fût assurée par les soins d'une juridiction inaccessible aux coteries politiques, insensible aux intérêts de clocher, source d'iniquité dans les jugements rendus. C'est pourquoi le Comité Central a émis cette idée, dont les parlementaires s'inspireront quand la loi fera retour du Sénat à la Chambre, qu'en l'espèce ce soit le Tribunal civil, juridiction de droit commun, qui soit juge de ces questions. Voici le vœu :

Le Comité Central émet le vœu qu'une loi : 1° proclame dette nationale la réparation intégrale des dommages causés par la guerre ; 2° attribue aux tribunaux de droit commun compétence pour fixer les indemnités dues aux sinistrés.

Je résume d'un mot, maintenant, l'œuvre totale du Comité Central en ce qui concerne la reparation des dommages matériels causés par la guerre. Il a posé un principe ; il l'a rigoureusement observé, et, au moment où il s'est agi de donner son avis sur la juridiction qui aura la délicate mission d'évaluer les dommages causés par la guerre et de juger les autres points litigieux, il a voulu placer ce tribunal dans les hauteurs les plus sereines ; il a essayé tout au moins de le faire placer loin des erreurs et des faiblesses. Il appartiendra à la sagesse du Parlement de maintenir ce tribunal arbitral à cette hauteur.

J'en ai terminé. En toute sincérité, quand j'évoque le souvenir de l'homme que j'ai le plus aimé: Francis de Pressensé ; quand je songe à ce qu'il voulait que fût la Ligue, je puis dire qu'il approuverait l'action du Comité Central de la Ligue, qui a continué à être, pendant la guerre, ce qu'elle sera encore à la paix, le commencement, peut-être même la fin de l'organisation d'une conscience nationale et démocratique. (*Applaudissements répétés.*)

M. Georges Lhermitte, avocat à la Cour (Section du 9ᵉ arrondissement de Paris). — C'est un rajeunissement pour moi que de venir parler un peu de la loi de 1831. Il y a longtemps que, pour ma part, j'ai soulevé le problème que nous a exposé si nettement et si joliment notre ami Gouguenheim. C'était au lendemain de la loi de 1898. J'ai fait campagne, et je crois même avoir été poursuivi pour avoir demandé qu'on appliquât à nos poilus de l'époque (en temps de paix, cela n'avait pas la même importance qu'en temps de guerre) le principe de la loi de 1898 sur les accidents du travail. Je suis donc d'accord, aujourd'hui avec le Comité Central pour demander la revision de la loi de 1831.

Sur les principes qui ont été posés et sur leur application, il y aura certainement lieu à discussion; mais, dès maintenant, je voudrais qu'aujourd'hui, prenant texte justement du principe posé, on arrivât à formuler une protestation très nette, très énergique, sur la façon dont la loi de 1831 est appliquée.

Avant d'entrer à la caserne, on passe un conseil de revision. Vous avez là des garanties. Une commission, présidée par le Préfet ou un de ses représentants, vous examine et vous déclare bon pour le service. Sans doute, quelquefois, elle s'inspire un peu des petites querelles électorales ou locales, et vous êtes déclaré à tort mauvais ou bon pour le service. Mais ce sont là des exceptions.

Quand, au contraire, vous avez été gravement blessé sur le champ de bataille et que vous passez devant un conseil de réforme, c'est une toute autre affaire. Alors vous n'avez plus ces mêmes garanties. Vous passez purement et simplement devant une commission composée exclusivement de majors. Et c'est l'autorité militaire seule qui décide en dehors de toute espèce de contrôle civil.

Je demande donc que, dans la loi nouvelle, on assure aux citoyens victimes de la guerre ou de la caserne les mêmes garanties. Blessés, infirmes, ils ont plus que jamais besoin d'être protégés. C'est pourquoi j'estime que le contrôle civil en matière de réforme s'impose au même titre qu'il existe en matière de revision. Ce contrôle, vous l'avez prévu, mais il n'est pas indiqué. Je vous demande de le faire.

Je parle au nom de la 9e section, et j'ajoute : nous sommes d'accord avec le Comité Central sur les principes posés par lui pour la réparation des dommages aux victimes de la guerre au point de vue civil, même sur la question du remploi.

M. André Gouguenheim. — Je réponds d'un mot très

bref à Lhermitte. Le Comité Central s'est inspiré du principe exposé par Lhermitte : dans une partie de sa motion, il a déclaré qu'à l'avenir, il convenait, pour que le jugement rendu par un conseil de réforme fût juste et qu'il offrît toutes garanties, que la personne blessée ou malade comparaissant devant un conseil de réforme eût le droit de se faire accompagner d'un médecin civil qui servirait, en quelque sorte, de contrôleur de la décision rendue par la commission de réforme.

M. Georges Lhermitte. — Ce n'est pas suffisant !

M. André Gouguenheim. — Nous n'avons pas pu jusqu'à présent aller plus loin. Je demande à Lhermitte de présenter une motion écrite.

M. Georges Lhermitte. — Je la déposerai à 2 heures.

M. Reeb (Section de La Plaine-Saint-Denis). — Je suis cheminot. On a apporté ici des barêmes d'indemnités pour les soldats. Nous aussi, nous sommes soldats. Je vois, tous les jours, de mes camarades tomber de maladie après avoir fait des 28 à 30 heures de machine.

On ne dit jamais rien ; on ne se plaint pas dans nos rangs, et pourtant, il y en a qui sont tombés au champ d'honneur ! Personne n'en cause. Pourtant, Amiens, Calais, Lille, Longueau ont eu leurs martyrs, victimes des taubes et des projectiles ennemis. La majorité étaient des ligueurs. Personne n'en cause ici : nous sommes oubliés ! (*Vives protestations. Cris : non ! non !*)

On parle de celui qui tombe parmi les soldats par maladie, afin de lui donner une rente ou de secourir ses orphelins. Nous autres aussi, nous tombons malades d'exténuation, de fluxions de poitrine. Qui va soutenir ces victimes du devoir et aussi nos orphelins ? Personne, car la Compagnie n'a pas prévu l'augmentation de sa caisse de secours pouvant indemniser les victimes d'un surmenage occasionné par la guerre.

Si nous n'avions pas nos camarades les poilus, il y a longtemps que les cheminots seraient morts de faim.

Il y a une question que je voudrais connaître : c'est comment vont être payés les cheminots qui ont eu des accidents occasionnés par la guerre, qui ont eu un membre amputé ou qui ont été tués.

Un Délégué. — Par application de la loi sur les accidents du travail.

M. Reeb. — Je vous demande de vous occuper des cheminots et de la réglementation de leur travail. (*Applaudissements.*)

M. Mancini (Section de Toulouse). — Je serai très bref en raison de l'heure avancée. Je voulais montrer au Congrès le danger que fait courir en province la cléricaille à la République, mais après l'intervention du citoyen Baylet, je ne pourrais rien dire de mieux que lui.

Maintenant, dans le rapport très complet de Me Gouguenheim, il me semble qu'il y a une lacune : il ne parle pas des réformés N° 2. Or, ces soldats sont dignes du plus grand intérêt. On les liquide la plupart sans pension. Je pourrais vous citer des faits qui se sont produits dans le département de la Haute-Garonne. Un aliéné, après avoir été interné plusieurs fois, a été renvoyé dans ses foyers sans pension. Je vous demande si la République peut supporter de telles iniquités et je prie le Comité Central de vouloir bien intervenir énergiquement au sujet de cette affaire et d'autres semblables. (*Applaudissements.*)

M. Baudouin (Section de Rouen). — Citoyens, deux mots seulement.

La section de Rouen s'est préoccupée d'une condition particulière dans laquelle se trouvent, dans la législation actuelle, certaines des victimes de la guerre. Je n'ai absolument qu'à souscrire, et de tout cœur, à ce qui a été dit ici par M. Gouguenheim; c'est le sentiment de ma section ; et je m'en voudrais d'allonger une séance qui, déjà, dure trop, par d'inutiles félicitations. Mais au cours de la discussion de cette question de réparation des dommages de guerre, en ce qui concerne les pensions à faire aux veuves et orphelins, plusieurs idées ont été soulevées qui, sans doute, seront jugées par vous dignes d'attention. Un de nos amis, lorsqu'il s'est agi d'étendre le bénéfice des pensions aux compagnes non mariées, brutalement nous a dit: « Mais ne craignez-vous pas de constituer alors, en quelque sorte, une prime au concubinage ? »

Un Délégué. — Qu'est-ce que cela peut vous faire?

M. Baudouin. — Ne craignez-vous pas qu'après la guerre la vie reprenne avec une ardeur terrible, avec le réveil de tout ce qui, pendant l'épreuve, a pu l'animer de passions mauvaises? Ne craignez-vous pas que la fièvre de débauche continue par l'attrait du plaisir, la recherche morbide de ce que la vie peut présenter de séductions variables suivant la mentalité des gens?

Il ne faut pas sourire!

Un Délégué. — On ne donnera pas de prime à ce moment-là.

M. Baudouin. — Ne craignez-vous point, lorsqu'il s'agira de remariage, que, si la veuve y perd le bénéfice de sa pension, elle préfère parfois ne pas se remarier?

Elle pourra trouver, si elle est libre, une nouvelle situation, se refaire un foyer. Mais combien de jeunes veuves, sous l'emprise d'une famille cupide, sous la contrainte, renonceront au mariage !

Un Délégué. — C'est prévu par les réserves faites.

M. Baudouin. — Mais si cette situation se trouve réalisée, n'y aurait-il pas à craindre que la famille qui, après tout, est le fondement de la société, ne se trouve atteinte?

Nous nous sommes mis d'accord sur une proposition dont je vais vous donner lecture, et qui semblerait réserver à cet égard les droits légitimes de la femme et donner, surtout, aux enfants, le maximum de sécurité dans l'avenir.

Nous demandons que la pension accordée à la veuve d'un militaire ne garde le caractère viager qu'en cas de

hon remariage de la veuve. (*Bruit ; mouvements divers.*)
Laissez-moi achever !.

Si la veuve qui se remarie a des enfants, le bénéfice
de la pension serait reversé sur ceux-ci jusqu'à la majorité ; si elle n'a pas d'enfants, la pension viagère serait
remplacée par un capital une fois versé, qui pourrait
être équivalent, par exemple, à quatre ou cinq annuités.
De cette manière, la femme qui voudrait de nouveau
fonder une famille, pourrait, sans compter avec les
intérêts sordides, disposer d'une maigre dot, sans
doute, mais d'un secours ultime qui lui permettra de
se mettre indépendamment et dignement en ménage.

Pour les enfants, cela constituerait ainsi un titre
précis à la pension, de façon à ce que, si la tutelle maternelle devenait insuffisante ou dangereuse, la nation
puisse, alors, intervenir pour faire réserver au bénéfice de l'enfant ce que le législateur lui aura personnellement destiné. (*Applaudissements.*)

M. Isoard (Section de Vence). — La section que je
représente m'a chargé de prier le Congrès de faire des
démarches instantes auprès des législateurs pour faire
modifier les réformes n° 2, qui sont vraiment abracada-
brantes et scandaleuses pour toute la France.

Nous avons eu, dans notre région, des cas vraiment
cruels de militaires réformés n° 2. n'ayant pas la force
d'atteindre leur domicile, et mourant en descendant du
train. Il y a là des faits qui crient vengeance. Les majors
ne seraient-ils pas capables de reconnaitre l'état d'un
malade ? Il y a des cas connus de toute notre région
qu'il n'est pas permis de qualifier, tellement ils sont
scandaleux. Il faut que le Congrès s'élève contre cette
situation et demande, coûte que coûte, de profonds
changements dans la réforme n° 2. qui n'en est pas une,
mais une véritable cruauté. C'est tout simplement le
renvoi dans leurs foyers de poids morts dont les
familles ne peuvent supporter le poids ni l'entretien.

Nous avons vu des cas typiques. Un militaire ayant
fait ses trois ans de service a été, dans la Somme, lancé

dans l'espace par l'explosion d'un obus. Son épine
dorsale intéressée n'offrait pas de blessure apparente ;
après avoir été traîné pendant un an et demi dans les
hôpitaux militaires, où, entre parenthèses, on lui a fait
souffrir tout ce que l'on peut imaginer, il a été renvoyé
chez lui sans secours, plié en deux, incapable de tout
travail. Il appartient à une famille de fermiers, c'est un
de nos camarades ; le père est au front depuis le début
des hostilités ; il y a, en outre, quatre enfants au foyer.
Malgré toutes nos vives instances — et nous ne nous
sommes pas lassés — nous n'avons rien pu obtenir, si
ce ne sont de petits secours de 25 francs donnés par
le préfet et de 50 francs donnés par le gouverneur de
Nice. Est-ce digne de la France de traiter ainsi des
militaires qui se sont sacrifiés pour tout le monde, eux
qui n'avaient rien à défendre ?

Un autre, après dix-sept mois de service, a été renvoyé chez lui comme poitrinaire ; mais on a attendu le
moment fatal, puisque, à la descente du train, ses
parents, qui étaient venus, pour le fêter et le choyer,
n'ont reçu presque qu'un cadavre, et on a dû demander
une civière pour l'emporter chez lui, où il est mort,
quelques heures après son arrivée, des suites de son
séjour dans les tranchées. Eh bien ! aujourd'hui, il nous
est absolument impossible, malgré tous les certificats
que nous produisons, d'obtenir une pension pour cette
veuve ; j'en ai même saisi le Comité Central. J'attends
encore la réponse. Il y a des atrocités qu'on ne peut
souffrir davantage, et, dans un esprit humanitaire, nous
devons nous élever avec énergie contre de tels agisse-
ments.

Je ne demande plus qu'à ajouter un petit mot sur les
poitrinaires. On les renvoie chez eux ; cela constitue
un danger très grand, personne ne l'ignore. Ces poitrinaires arrivent dans leurs foyers, chez des familles plus
ou moins bien logées ; ils n'ont pas un sou de secours,
pas même ce qui est donné aux hôpitaux pour les
soigner. Ce sont des poitrinaires qui auraient pu vivre
longtemps encore et recouvrer même la santé, si on leur

avait accordé les secours nécessaires. Il faut, pour eux, de la suralimentation qu'ils ne trouvent pas dans les familles pauvres et malheureuses. C'est donc une barbarie que de les renvoyer ainsi dans de pareilles conditions. Je demande que la Ligue des Droits de l'Homme s'élève contre cette façon de procéder ; je demande aussi que ces malades soient soignés de droit dans des maisons spéciales pour que les autres membres de leur famille soient au moins préservés de la contagion du mal impitoyable qu'ils portent avec eux.

Je voudrais encore que ce qu'on a dit tout à l'heure pour les retraites s'étende aussi aux vieux parents. Certes, la femme mariée a droit à une retraite, mais si cette femme quitte le domicile des vieux parents, que reste-t-il à ceux-ci ? Rien, parce que la femme emporte avec elle tout ce que la loi lui accorde. De grâce, que ceux-ci ne soient pas abandonnés ; qu'ils soient, au contraire, secourus dans toute la mesure du possible. Je crois que ces questions méritent bien, de la part du Congrès, une sérieuse et particulière prise en considération. (*Applaudissements.*)

Comme suite aux observations qui précèdent, qu'il me soit permis de présenter les vœux ci-après :

1° Que tout citoyen, ayant été trouvé bon pour le service militaire au cours des différents examens médicaux auxquels il aura été soumis, ait droit à la pension ou secours que lui vaut son état, sans qu'il soit tenu de fournir la preuve d'avoir contracté la maladie au service, laissant à l'Etat le soin de prouver le contraire ;

2° Que des secours raisonnables soient accordés à tout militaire renvoyé dans ses foyers pour raison de santé, afin de l'aider à se rétablir ;

3° Que les malades des voies respiratoires soient sérieusement soignés dans des établissements spéciaux et aux frais de l'Etat ;

4° Qu'une retraite soit accordée au père et à la mère du soldat mort pour la patrie, en rapport avec les secours qu'ils obtenaient de lui avant la mobilisation ;

5° Que les orphelins obtiennent jusqu'à leur majorité une pension personnelle, individuelle et indépendante de celle de leur mère.

Une voix. — La clôture !

M. Moutet. — Je mets aux voix la clôture après les deux orateurs inscrits. (*Bruit, protestations; plusieurs délégués réclament comme ayant demandé la parole.*)

Un délégué. — Je demande le renvoi de la discussion.

M. F. Buisson. — Je demande que nous terminions la question de la réparation des dommages de guerre. Nous sommes d'accord sur tout ce qui a été dit. Nous répondons au délégué qui nous a entretenu des réformés n° 2, que tous les désirs qu'il a exprimés figurent dans les vœux du Comité Central. Nous ne pouvons pas y donner une plus complète adhésion.

Devant le Parlement, sans doute, nous n'avons pas encore triomphé, mais cela ne dépend pas de nous. Tout ce que le Congrès peut faire, c'est de nous enjoindre — et nous ne demandons pas mieux — de faire de nouvelles démarches pour faire aboutir la réforme urgente, si humaine, qu'il a réclamée.

M. H. Guernut. — Le Comité Central vous demande de remettre à demain la suite de cette discussion, après l'examen des conditions d'une paix durable. (*Adopté.*)

La séance est levée à 12 h. 25.

DEUXIÈME SÉANCE

(1er Novembre, après-midi)

La séance est ouverte à 14 h. 35.

M. Moutet. — J'ai reçu la dépêche suivante :

Le Comité Yougoslave représentant les Serbes, les Croates et les Slovènes soumis au joug de l'Autriche-Hongrie, reconnaissant pour ce que la Ligue a déjà fait pour la défense de ses co-nationaux persécutés, salue le Congrès de la Ligue des Droits de l'Homme en exprimant l'espoir que, dans les décisions du Congrès pour la paix durable, sera contenu aussi le postulat de la destruction de la monarchie absolutiste et criminelle des Habsbourg, permettant aux peuples asservis d'acquérir leur liberté. Le Comité soussigné espère, plus particulièrement pour ce qui concerne les Yougoslaves, que leur volonté nationale sera respectée et qu'il leur sera permis de s'unir librement à leurs frères de Serbie. Cette reconstitution de droit apporterait la paix durable dans les Balkans et dans l'Adriatique, en constituant en même temps une barrière infranchissable contre la cupidité de l'impérialisme allemand.

Pour le Comité Yougoslave :
D^r DE GUILLI.

(Applaudissements.)

L'ordre du jour appelle la question suivante : « Les Conditions d'une Paix durable ». Il y a quarante orateurs inscrits. (*Exclamations.*) Je donne la parole à M. Alexandre pour la lecture d'un contre-projet.

Contre projet de M. Alexandre

M. Alexandre (Section de Chaumont). — Au seuil de ce débat sur les Conditions d'une Paix durable, j'ai l'honneur, au nom d'un certain nombre de mes collègues et au mien, de déposer un projet de résolution précédé d'un exposé des motifs que je vais me permettre de vous lire :

Les Membres soussignés de la Ligue des Droits de l'Homme prennent l'initiative d'exposer à leurs Collègues, réunis en Congrès, les considérations qui suivent :

> « Du haut de son tribunal, la Raison condamne absolument la guerre comme voie de droit. Elle fait de l'état de Paix un devoir immédiat. »   KANT.
>
> *(Essai sur la Paix perpétuelle — 1795)*

CHERS COLLÈGUES,

Les gouvernements alliés proclament que, s'il faut poursuivre jusqu'au bout la lutte actuelle, c'est uniquement afin qu'à l'avenir les différends ne soient plus tranchés par la violence. Ils attestent ainsi que la force victorieuse, quand elle a beaucoup tué, n'a encore rien prouvé ni rien résolu. Mais, après avoir reconnu que la guerre n'est toujours qu'une voie de fait, jamais une voie de Droit, ils repoussent pour le présent conflit toute autre solution qu'une solution par la force.

Il y a là une contradiction. Comment les esprits libres ne la voient-ils pas ?

Vous voulez le triomphe de l'arbitrage ? Vous avez foi en l'arbitrage pour résoudre demain tous les litiges ? Pourquoi donc n'y recourez-vous pas dès aujourd'hui ?

Craindriez-vous avec M. Lloyd George que cet appel n'apparût comme un signe de défaillance ? Le recours au droit ne saurait être un geste de faiblesse. Ce n'est pas défaillir que rester en tout temps fidèle à sa cause. Et la cause des gouvernements alliés, s'ils sont sincères, est la cause même de l'arbitrage.

Aussi bien le droit varie-t-il avec le temps ? Aurions-nous pour aujourd'hui du jugement impartial que nous avions la fierté de réclamer en prenant les armes ? En sommes-nous tombés jusqu'à faire dépendre notre bon droit de l'issue de quelques batailles ?

Hier, l'arbitrage au-dessus de tout. Demain, l'arbitrage au-dessus de tout. Mais aujourd'hui, alors que s'égorgent vingt millions d'hommes pacifiques, au-dessus de tout : la violence. L'arbitrage est tenu en réserve pour des temps meilleurs.

Pour les uns, l'arbitrage ne peut s'appliquer à d'aussi vastes et d'aussi graves litiges. Ils oublient qu'ils brisent ainsi tous ces espoirs de « Paix durable » et de « Tribunal international » par lesquels une génération d'hommes se laisse tout entière entraîner dans la mort.

D'autres, plus doctement, demanderont avec mépris par quels moyens nous obtiendrions l'exécution d'un accord conclu par voie d'arbitrage, puisque le gouvernement allemand, par grâce spéciale, trahit tous ses engagements. Il est trop facile de leur répondre que tout traité de paix présentera le même risque et, qu'au reste, s'ils espèrent y échapper par un système de » sanctions internationales «, rien ne les empêche de faire de ce système une des conditions de paix immédiatement soumises à l'arbitrage.

On dira plus justement qu'une Nation libre n'a pas le droit, surtout après d'immenses sacrifices, d'accepter la mise en discussion de son existence et de son indépendance.

Mais il se trouve précisément que l'arbitrage exclut cette discussion, car tout arbitrage s'exerce, par définition, entre des nations libres et égales en droit. Ainsi, avant tout débat, le droit à l'existence et à l'indépendance absolue des nations alliées se trouverait admis et définitivement garanti. Tout arbitrage, déclare la Convention de La Haye, a pour base « le respect du Droit ». Pour les Empires du Centre, le seul fait d'accepter une procédure de droit les obligerait à abandonner par avance toute prétention arbitraire sur le territoire ou la liberté d'un quelconque des pays alliés, envahis ou non envahis.

L'arbitrage apparaît donc comme assurant aux Alliés la plus profonde et la plus durable des victoires, la seule à laquelle devraient aspirer les champions du Droit.

Que si les Empires du Centre le repoussaient, ce refus n'apporterait-il pas à la cause des Alliés une aide nécessaire et sans prix ?

Soit qu'il réussisse, soit qu'il échoue, l'arbitrage reste, pour les Alliés, la meilleure de leurs armes et la plus digne.

Pourquoi donc, dans toute proposition d'arbitrage, s'acharne-t-on à découvrir une manœuvre allemande ? C'est, dit-on, que l'Allemagne serait trop heureuse aujourd'hui d'accepter un arbitrage par crainte de plus grands revers ; elle ne s'y résignerait, d'ailleurs, que provisoirement, jusqu'à la prochaine occasion de revanche. Mais s'il en était vraiment ainsi, qu'y pourrions-nous ? Serait-elle donc plus sincère le jour où, selon vos rêves, nous l'aurions fait capituler sans condition ? Depuis quand un peuple vaincu s'est-il par là trouvé convaincu ? Tout au plus la force brutale est-elle bonne pour mutiler ou pour

asservir temporairement une nation. Si c'est là ce que vous
proposez, alors, il faut vraiment vaincre ou mourir. Mais si
vous ne voulez, au contraire, qu'une « victoire du Droit », si
votre seul but est d'établir en Europe une entente profonde
et durable, cette victoire et cette entente ne pourront se réaliser
entre les nations en guerre autrement qu'entre les individus en
litige, c'est-à-dire par des jugements impartiaux, et non par le
miracl de quelques nouveaux coups de force.

On s'indigne à l'idée que la France irait implorer la paix.
« Quel outrage à la mémoire de tant de héros tombés pour la
Patrie ! » (M. Briand). On oublie que c'est pour une patrie juste
que sont tombés tous ces morts. Et la justice inflexible impose
à toute nation en guerre, quelles que soient ses chances de victoire, de se déclarer constamment prête à démontrer son bon
droit face à face avec son adversaire, sur un autre terrain
que celui du carnage. Réclamer l'arbitrage, c'est, tout en continuant à se battre, provoquer l'adversaire sur cet autre terrain, — c'est avoir l'orgueil de le vaincre autrement que par
le canon, — c'est, au-dessus du choc des forces, maintenir,
pour sa part, la réalité et la supériorité du Droit. Celui qui
provoque l'arbitrage n'implore pas la paix : il requiert justice.

L'arbitrage que nous demandons n'a donc, à aucun degré, le
caractère d'un expédient. Et ce n'est, malgré l'apparence, ni la
longueur du conflit, ni l'incertitude du résultat, ni le désir de
sauver des millions d'êtres humains, qui font de l'arbitrage
un devoir immédiat pour les nations en guerre. S'il s'impose
sans délai, c'est qu'à tout moment d'un conflit, quelle que soit
la situation des armées en présence, l'arbitrage reste la seule
voie droite, le seul procédé juste et honnête pour sortir de l'état
de guerre et rétablir la paix.

On évoque les morts pour les faire protester contre une paix
précaire, contre « *une paix de guerre.* » Mais, s'il n'y a eu jusqu'ici que des paix précaires, c'est précisément — selon la parole
de Proudhon — parce qu'elles n'ont été toutes conquises qu'à
la pointe de l'épée.

Il n'y aura de « *paix durable* », il n'y aura de vraie paix, que
celle fondée sur un jugement incontestable, et, par conséquent,
sur un arbitrage. Seul, l'arbitrage peut, à l'heure actuelle,
pacifier réellement l'Europe et la sauver de la ruine. Il faut
une paix intègre à une guerre de héros.

On agite devant nous le spectre d'une « *paix allemande* ».
Mais si ces mots ont un sens, la seule paix allemande, la
paix prussienne, ce serait une paix de Francfort, la paix du

lriomphateur, la paix humiliante ipar capitulation. Certes, ce n'est pas pour cette paix vaine et néfaste, ce n'est pas pour cette *paix par la force* que nos hommes sont morts.

Ce que les Alliés doivent exiger, c'est, pour la première fois dans le monde, une *paix par le Droit,* c'est-à-dire par l'arbitrage.

Nous demandons à la Ligue des Droits de l'Homme de s'inspirer de ses propres principes ; c'est à elle qui, depuis près de vingt ans, préconise avec une irréductible fermeté le recours au droit pour tous les conflits qu'elle a chaque jour à résoudre, d'affirmer que la guerre actuelle n'échappe pas à la règle commune, et que, seule, la procédure juridique de l'arbitrage apportera la paix équitable et définitive qu'attend la conscience des hommes.

La Ligue des Droits de l'Homme, fidèle aux principes pour la défense desquels elle s'est constituée le 4 juin 1898 ;

Convaincue que, seule, la procédure rigoureusement juridique de l'arbitrage peut résoudre l'effroyable conflit qui a provoqué la mort de plusieurs millions d'hommes et qui menace d'entraîner la ruine totale de la civilisation européenne ;

Prend acte des déclarations des hommes d'Etat de l'Entente, qui, tous, reconnaissent la nécessité d'instituer dans l'avenir, afin d'éviter le retour d'une catastrophe semblable à la guerre actuelle, un tribunal d'arbitrage permanent, auquel devront être obligatoirement soumis, désormais, les contestations d'ordre international de quelque nature qu'elles soient ;

Emet le vœu que les gouvernements alliés prennent, dès maintenant, l'initiative de soumettre à un arbitrage le conflit qui a déterminé la guerre mondiale.

> Mme SÉVERINE, membre de la Ligue des Droits de l'Homme ; Michel ALÉXANDRE, président de la section de Chaumont (Haute-Marne) ; Oscar BLOCH, président de la section Monnaie-Odéon (Paris, VIᵉ) ; GUÉTANT, vice-président de la section de Lyon ; MERRHEIM, membre de la Ligue des Droits de l'Homme ; Mathias MORHARDT, ancien secrétaire général, membre du Comité Central, etc., etc.

Discours de M. Th. Ruyssen

M. Th. Ruyssen. — La commission qui vient de se réunir a pris une mesure qu'on pourra considérer comme draconienne. Elle a résolu de limiter à 15 minutes le temps accordé à chaque orateur. J'avais, je l'avoue, escompté des limites moins rigoureuses. Ayant l'honneur de représenter une des Fédérations les plus importantes et les plus actives de la Ligue, j'espérais qu'un peu plus de temps aurait pu être consacre à l'exposé de l'ordre du jour qu'elle m'a chargé de soutenir devant vous. Et voici que, à la suite de la communication qui vient de vous être faite, bien loin d'être tenté de me restreindre à l'exposé qui m'a été confié, je me sens appelé par un devoir impérieux à répondre d'une façon tout a fait improvisée aux paroles qui viennent d'être prononcées devant cette assemblée.

Avant de monter à cette tribune, je ne connaissais que vaguement la déclaration qui vient d'être lue. Cette déclaration est signée de noms qui nous sont sympathiques et elle éveille en nous un sentiment intime de trouble profond, en particulier lorsque ces propos sont entendus par les oreilles d'hommes et de femmes qui, depuis vingt ans, se consacrent à la cause de l'arbitrage ; et il y en a beaucoup dans cette assemblée.

On vient nous demander d'instituer une discussion entre la France et l'Allemagne sur le terrain du droit. Comme partisan ancien de l'arbitrage, comme pacifiste obstiné, qui ne craint pas d'arborer une fois de plus son drapeau, je demande au Congrès d'y regarder à deux et à trois fois avant d'accepter ce projet.

Je demande en tou e amitié aux amis qui, dans les plus nobles et les plus patriotiques intentions, ont rédigé cet e déclaration, je leur demande s'ils n'ont pas méconnu, en parlant de l'arbitrage, ce qui me paraît la condition fondamentale, essentielle, de l'arbitrage lui-même : l'arbitrage suppose que l'on se p ace de part et d'autre, sur le terrain du droit. (*Très bien ! Applaudissements.*)

M. Fourcade (Section du 12ᵉ arr. de Paris). — L'Allemagne ne respectera jamais le droit.

M. Moutet. — Les interruptions en appellent d'autres ; je prie nos camarades de s'en abstenir.

M. Th. Ruyssen. — Nous sommes en guerre et l'ennemi est à 80 kilomètres de Paris. Mais qu'est-ce donc que la guerre, sinon la suspension du droit? Et vous voulez qu'en pleine guerre, quand notre sol est foulé par cet ennemi avec lequel la Convention disait déjà que la France ne doit pas pactiser, vous voulez que nous lui proposions l'arbitrage! (*Applaudissements.*) Voilà, je crois, l'erreur profonde qu'avec les plus purs, les meilleurs desseins du monde nos amis commettent. Fidèle au principe de l'arbitrage, je demande qu'on maintienne à celui-ci son caractère véritable. Je crois l'arbitrage excellent et juste, lorsque la paix se trouve menacée et que, les voies de la violence étant restées closes, le différend peut être maintenu sur le terrain du droit. Mais nous sommes en ce moment-ci en présence d'un adversaire qui nous a amenés sur un autre terrain. celui des faits, celui des réalités brutales et des décisions violentes, et ce serait vraiment avilir, prostituer l'arbitrage que de le proposer maintenant à un ennemi qui, bien loin de nous provoquer aux discussions de droit. nous invite expressément à considérer la « carte de guerre ». Le chancelier de l'Empire nous a fait savoir sans équivoque possible qu'il ne songeait à conclure la paix que le doigt posé sur cette carte de guerre. A cette invite nous répondons que cette carte, nous n'en voulons pas. (*Applaudissements.*) Précisément parce que cette carte de guerre est l'œuvre de la guerre, parce qu'elle a été dessinée par l'épée, nous en refusons la discussion et nous prétendons nous maintenir intégralement et d'emblée sur le terrain qui est le nôtre, le terrain du droit et de la justice. (*Vifs applaudissements.*)

Ceci dit, je m'excuse d'avoir déjà entamé le temps si bref qui m'est imparti et d'abréger des considérations que je serais heureux d'exposer avec quelque détail. J'aborderai donc sans autre transition le problème proposé au Congrès et je demanderai quelles sont vraiment les conditions de la paix, non pas de la paix immédiate qu'en dépit des aspirations de beaucoup d'entre nous nous ne sommes pas libres de provoquer ni même de vouloir, mais d'une paix véritablement durable. Si j'en avais le temps, je montrerais que la Ligue, pour se prononcer sur les conditions d'une paix durable, n'a pas à chercher bien loin; elle n'a qu'à fouiller ses propres archives, pour relire les discours émouvants prononcés par un homme dont on a rappelé le nom, Francis de Pressensé. (*Vifs applaudissements.*) Je pourrais notamment rappeler certaines déclarations de Francis de Pressensé aux Congrès de 1910 et 1911, plus récemment encore, presqu'à la veille du conflit, au Congrès de 1913, à l'occasion du débat sur la loi de trois ans. Laissons ces textes, puisque le temps est bref Je vous rappellerai tout au moins une de ces déclarations inoubliées. Voici, par exemple, ce qu'au Congrès de 1910 disait Francis de Pressensé et ce que le Congrès votait à l'unanimité:

Le Congrès demande que le gouvernement de la République prenne l'initiative de recourir pratiquement à l'arbitrage dans chaque conflit international, que le gouvernement de la République appuie l'effort britannique en vue d'une entente entre les puissances européennes pour limiter le total des dépenses de guerre.

Puis, en termes plus vigoureux encore et plus actuels, en 1912, le Congrès, sur la proposition de Francis de Pressensé, émettait le vœu suivant, qui prend toute sa signification, si l'on songe qu'on était au lendemain du « coup d'Agadir » :

Le Congrès,
En présence des graves dangers qui menacent à l'heure actuelle la paix du monde;
Déplorant que la politique de la France soit faussée par les conséquences inévitables de l'entreprise du Maroc;
Emet le vœu que la France oriente sa politique étrangère vers l'organisation internationale de la paix en travaillant résolument à la limitation et à la réduction conventionnelle des armements et à l'établissement d'un système d'arbitrage sérieux conforme au projet du président Taft ;
Et rend l'opinion attentive à la nécessité pour la France de prendre une part active et consciente à l'effort actuel des puissances pour substituer à l'antagonisme des deux groupes d'Etats des relations plus pacifiques.

J'estime d'ailleurs que, pour trouver les idées directrices dont nous devons nous inspirer dans ce Congrès, ce n'est pas seulement vers le passé de la Ligue, qui n'a eu à s'occuper que d'une façon accidentelle des questions internationales, que nous devons nous tourner. Nous sommes inévitablement amenés à remonter plus haut encore, à la tradition d'idées qui se résume d'un nom expressif, la doctrine de la Paix par le Droit, telle qu'elle est professée depuis près de trois quarts de siècle par les Congrès de la Paix, depuis le Congrès de Londres de 1843. Car, cette date suffit à le prouver, l'idée que le droit peut fournir à la paix des assises plus solides que la force n'est pas une improvisation récente ; et si l'on est en droit de constater que les pacifistes, qui n'ont jamais été qu'une poignée d'hommes de bonne volonté, n'ont pas empêché la guerre, du moins les calomnie-t-on quand on les raille d'avoir fait œuvre vaine. Cette œuvre est si peu vaine qu'elle se trouve aujourd'hui parfois, sans qu'ils s'en doutent, l'inspiratrice de tous ceux qui cherchent tardivement à épargner à leurs descendants les abominations que leur génération n'a pu éviter elle-même. Et, pour le dire en passant, c'est, pour nous autres pacifistes, un réconfort puissant que de constater que, dans la crise actuelle, alors que tant de consciences sont en proie à un désaccord profond, alors que l'opinion est mal dirigée par une presse au-dessous de sa tâche, l'opinion en vient inévitablement à se tourner vers ce qui apparaît comme des banalités déjà anciennes.

De toutes parts, en effet, il est question de fonder une « Société des Nations ». Ce mot, mis à la mode par les événements tragiques que nous vivons, n'est pas nouveau et la conception qu'il exprime est plus ancienne encore, c'est la doctrine même de la Paix par le Droit.

Que faut-il, en effet, pour constituer cette société des peuples pour la paix ? Avant tout, les principes essentiels d'une morale internationale, et de cette morale internationale, quelle expression plus précise pourrais-je donner que celle-ci que je trouve dans les résolutions du Congrès de la Paix de Budapest de 1898 ? La voici :

1° Les rapports entre les nations doivent être régis par les mêmes principes de droit et de morale que ceux qui règlent les rapports entre individus.

2° Nul n'ayant le droit de se faire justice, aucune nation ne peut déclarer la guerre à une autre.

3° Tout différend entre les nations doit être réglé par voie juridique.

4° L'autonomie de toute nation est inviolable.

5° Il n'existe pas de droit de conquête.

6° Les nations ont le droit de légitime défense.

7° Les nations ont le droit inaliénable et imprescriptible de disposer librement d'elles-mêmes.

8° Les nations sont solidaires les unes des autres.

Telles sont, Messieurs, les principes généraux qui depuis vingt ans constituent la charte du petit parti qu'on a appelé le Parti de la Paix. Pourquoi une semblable morale, dont les grandes maximes semblent si claires que personne ne se dérobe à leur évidence, pourquoi semblable morale n'est-elle pas, en fait, mieux pratiquée ? Pourquoi cette morale, qui prime entre les individus, est-elle lettre morte dans les relations des nations civilisées? Pourquoi la guerre surgit-elle entre des peuples qui la craignent et la détestent ?

J'aborde ainsi le problème des causes de la guerre. Je pourrais l'examiner en prenant pour exemple la guerre actuelle; mais l'heure me presse et je me bornerai à signaler les causes permanentes et générales de la guerre. Entre toutes celles que le sociologue pourrait énumérer, il en est une qui domine toutes les autres : c'est le fait que les nations sont, entre elles, à l'état pur et simple d'anarchie; elles sont comparables à des individus entre lesquels n'existerait aucune relation de droit. On ne saurait trop y insister. Il règne encore entre les nations modernes, en dépit des progrès du droit international, un véritable état d'anarchie. De fait, et ce point essentiel notre camarade Séailles l'a touché de la façon la plus heureuse dans son rapport, les nations sont considérées comme des personnes morales jouissant également de leur pleine et entière souverai-

neté, c'est-à-dire que, si petites soient-elles, qu'il s'agisse
de la République de Panama, de la Colombie ou du
Nicaragua, elles jouissent de la même indépendance
que le vaste empire britannique, celui du czar ou celui
du kaiser; elles ne reconnaissent aucun pouvoir ni
aucun droit au-dessus d'elles; elles peuvent librement
conclure des contrats; mais il n'existe aucune puissance
supérieure, aucune société, aucune organisation qui
puisse intervenir pour restaurer le droit au cas où le
pacte serait violé.

Voila bien la cause juridique et fondamentale de la
guerre : la guerre est possible entre nations, parce que
chacune est souveraine et, par suite, libre de déclarer la
guerre comme de faire la paix. Tous les traités de droit
international reconnaissent qu'un des caractères fondamentaux de la souveraineté des nations, c'est précisément le droit de déclarer la guerre ou de conclure la
paix. Nous touchons ainsi au fond du problème : c'est
l'absence d'un droit régulier, consenti, codifié et garanti
par des sanctions efficaces qui est la cause permanente
de l anarchie, et, par conséquent, de la guerre entre
nations.

Est-il possible de mettre un terme à cette anarchie,
de l'atténuer, d'instituer un droit qui, de l'insécurité
dans laquelle nous vivons, nous permette d'arriver progressivement à une organisation meilleure, plus stable
des nations? C'est précisement ce droit que, depuis
trois quarts de siècle, ce qu'on appelle le Parti de la
Paix a tenté d'elaborer dans ses Congrès. Je n'entrerai
pas dans le detail de cette longue histoire qui s'etend
de 1843 à nos jours.

Laissez-moi seulement vous indiquer quelle est la
progression à la fois naturelle et logique que suivent
parallèlement la pensée et les institutions juridiques,
lorsqu'on cherche a instituer le droit de la paix à la
place de cette absence de droit qui fait l'anarchie actuelle
des Etats Puisque les nations sont des personnes libres,
souveraines, maîtresses de déclarer la guerre comme
de faire la paix, la première procédure entre elles, c'est,

lorsqu'un conflit surgit entre elles, de convenir librement, par un acte spontané, par un libre effort de raison et de bonne volonté, de déférer le conflit a un tribunal, à un arbitre. C'est ce qu'on appelle l'arbitrage facultatif occasionnel. Au cours du dix-neuvième siècle, cet arbitrage s'est introduit d'une façon de plus en plus constante dans les relations internationales. Mais un arbitrage momentané ne peut supprimer la guerre; il n'est pas une garantie de paix durable, il a seulement l'avantage moral de montrer que d'autres voies que la violence peuvent être adoptées. C'est un premier progrès. Mais une nouvelle étape est franchie, lorsque les nations décident, par l'échange de leur volonté souveraine, de conclure un traité, en vertu duquel elles s'engagent à recourir à l'arbitrage, toutes les fois que des conflits surgiront entre elles C'est ainsi que le premier Congrès de la Paix, celui de Londres, en 1843, avait déjà eu l'idée d'un traité, dans lequel les Etats contractants s'engageraient de leur plein gré à recourir à des tribunaux d'arbitrage, toutes les fois que des difficultés surgiraient entre eux. Ainsi, nous voyons apparaître, avec cette idée de l'arbitrage par traité, l'idée d'une institution d'arbitrage permanente et obligatoire. Car, si l'arbitrage devient ainsi une sorte d'habitude, s'il est désormais autre chose qu'une pratique occasionnelle et vite oubliée, il invite tout naturellement les juristes et les hommes d'Etat à constituer une sorte de règle constante, un code. C'est précisément cette idée d'un code, d'un ensemble de règles qui faciliterait la pratique de l'arbitrage, — une jurisprudence de l'arbitrage, — qui s'est dessinée dans l'esprit des pacifistes, juristes, hommes d'Etat, et que je trouve recommandée dans les Congrès de 1849, 1850, 1851. Et comme la logique d'une idée juste, de projet en projet, d'étapes en étapes se continue, après l'idée du code, on arrive à l'idée d'un organisme permanent d'interprétation, c'est-à-dire à l'idée d'une cour de jurisprudence, puis on en arrive à l'idée d'une cour qui ne serait pas seulement une cour d'interprétation, mais, au contraire, un véritable tribunal permanent; et il y a une

vingtaine d'années, notamment en 1898, aux approches
de la première conférence de La Haye, on voit se des-
siner, dans les discours des hommes d'Etat et dans les
travaux des juristes, l'idée d'une cour permanente, non
pas encore obligatoire, mais mise à la disposition des
Etats et s'offrant avec toutes les garanties d'impartialité
et de compétence aux nations qui ont la sagesse de recourir aux jugements de cette institution.

Nous arrivons ainsi à l'idée que la Ligue a elle-même
adoptée, à l'idée de la Société des Nations qui se fait
jour à la suite de la Conférence de 1899, notamment au
Congrès de la Paix de Paris de 1900.

Qu'est-ce donc, Messieurs, qu'une Société des Nations?
En ce moment, sous l'influence de la guerre, l'idée d'une
organisation internationale paraît chimérique à quantité
d'esprits. Il y a eu déjà deux Internationales qui jouissent, l'une et l'autre, à l'heure présente, d'une assez
mauvaise presse : l'Internationale religieuse et l'Internationale socialiste. On a dit de l'une et de l'autre — le
reproche est-il juste? je ne l'examinerai pas aujourd'hui
— que ces deux grandes Internationales, dont quelques-
uns avaient attendu une influence bienfaisante en cas
de conflit, n'avaient rien pu faire et que la guerre avait
divisé en deux fractions hostiles les églises non moins
que les socialistes. Est-il possible, malgré ces ruines
apparentes tout au moins, de l'Internationale religieuse
et de l'Internationale socialiste, d'envisager la possibilité de la création d'une autre Internationale? Je le crois
pour ma part. Un avenir reste ouvert à ce que j'appel-
lerai l'Internationale du Droit.

On peut, selon moi, concevoir deux formes de cette
Société des Nations. Il en est une qu'aucun de nous
n'est prêt à accepter : on peut concevoir, en effet, une
paix semblable à la *pax romana*, une paix imposée par
un impérialisme aux nations humiliées qui accepteraient
l'hégémonie d'un Etat militaire puissant. Telle est précisément la conception que le pangermanisme s'efforce
de réaliser; l'Allemagne victorieuse, à défaut de justice,
serait de taille à faire régner l'ordre parmi les peuples

germaniques ou plus ou moins germaniques qui se laisseraient englober et domestiquer par elle. Le « Mitteleuropa » jouirait ainsi d'une sorte de paix intérieure, la paix des tombeaux et des prisons. Ce n'est pas devant vous, citoyens, que je perdrai mon temps à critiquer cette conception. La seule organisation internationale que nous puissions concevoir, c'est l'Internationale libérale du droit, je veux dire une sorte d'assurance mutuelle des nations dans la liberté, qui, sans recevoir d'inspiration d'en haut, sans subir la contrainte d'une police militaire, en vertu de l'esprit démocratique qui anime les nations modernes, s'uniraient entre elles pour constituer la libre République des Nations.

J'en arrive ainsi à l'exposé de l'idée maîtresse du projet qui vous a été distribué au nom de la Fédération girondine des sections de la Ligue des Droits de l'Homme. Ce projet ne constitue pas dans notre pensée un contre-projet opposé à celui du Comité Central. Nous souscrivons à tous les principes développés dans le rapport de notre ami Séailles, principes qui ont inspiré la rédaction de l'ordre du jour du Comité; ce sont les principes juridiques et moraux de toute organisation internationale conforme à l'esprit démocratique. Cependant, notre Fédération girondine a estimé que le texte proposé par le Comité Central aurait pu être, sur certains points, plus énergique et complet qu'il ne l'est. Il nous a paru que l'énergie, la vigueur, la logique du rapport de Séailles se traduisaient dans l'ordre du jour du Comité sous une forme un peu affaiblie. Peut-être le Comité, prévoyant les tendances diverses qui pourraient se manifester dans ce Congrès, a-t-il cherché d'avance à atténuer les divergences et à se concilier l'unanimité. Il nous a paru qu'il serait possible d'affirmer certains principes avec plus d'insistance.

J'aurais voulu, par exemple, nous voudrions que l'inspiration démocratique, qui est la nôtre et qui certainement a dicté la résolution de la Ligue, fût affirmée de façon plus expresse. Je sais bien que, pour satisfaire à notre vœu, on a inscrit dans une ligne de l'ordre du

jour du Comité, que la paix durable et que son développement étaient intimement liés « aux progrès de
l'éducation ». Je voudrais quelque chose de plus, et il
me semble que notre déclaration repond plus exactement
aux préoccupations de beaucoup d'entre nous. Que
déclare, en effet, le texte de la Fédération girondine ?
Il commence par préciser ce qu'il croit être la pensée
unanime des ligueurs sur la guerre elle-même :

*La Ligue, en dépit, ou plutôt en raison de la cruelle expé-
rience de la guerre, reste indéfectiblement attachée à l'idéal
de justice et d'humanité qu'elle s'honore d'avoir toujours
professé. Elle estime que la guerre n'est pas une sorte de
calamité naturelle devant laquelle l'homme n'ait qu'à courber
le front, mais au contraire que, déchaînée par des volontés
humaines, elle doit et peut être combattue par les volontés
concertées de tous ceux qui ne se résignent pas à reconnaître
la force comme la base du droit.*

*En même temps, la Ligue demeure invariablement fidèle à
ce principe qu'une guerre d'agression étant une atteinte au
droit de la nation attaquée, celle-ci a le devoir de défendre
son existence et son indépendance jusqu'à l'intégrale réparation du droit ; mais elle considère que l'emploi de la violence,
nécessaire à cette réparation, ne doit pas s'y borner et qu'il
doit tendre à garantir à l'avenir les nations pacifiques contre
les entreprises de la force. En particulier la France, victime
d'une agression injustifiée, doit à son passé révolutionnaire,
à son esprit démocratique, à la mémoire de ses enfants morts
pour la défense du Droit, de contribuer de toutes ses forces à
faire de la guerre même qui lui a été imposée l'instrument
d'une paix durable.*

Nous avons pensé encore qu'on ne saurait trop insister sur cette vérité essentielle, naguère affirmée avec
éclat par le Président Wilson, que l'institution d'une
paix durable ne peut se réaliser indifféremment sur la
base de n'importe quelle constitution politique. La
« Société des Nations », fondée sur le droit commun des
peuples, ne sera possible que si les peuples ont achevé
l'évolution qui, dans tout le monde moderne, dégage
peu à peu les droits essentiels de l'individu de la contrainte des régimes absolutistes. C'est ce qu'affirme
cet autre alinéa de notre délibération :

*La Ligue pose en principe que le développement de la
paix internationale est étroitement solidaire de la forme politique des Etats ; elle dénonce comme un péril permanent pour
la sécurité internationale le fait que certaines dynasties ou
certaines castes puissent disposer souverainement du droit de
déclarer la guerre ; elle aperçoit dans l'évolution générale des
sociétés modernes vers la forme démocratique la condition la
plus efficace d'une paix durable.*

*En ce qui concerne les relations entre Etats, la Ligue reste
fermement attachée à ce principe général qu'une paix durable
doit être recherchée dans l'institution d'une société universelle
des nations, c'est-à-dire dans un système de droit universel
respectant pleinement l'autonomie et la vie intérieure de tous
les Etats contractants, mais établissant entre eux des relations
de justice analogues à celles qui, à l'intérieur des Etats
démocratiques, assurent à tous les citoyens un minimum de
sécurité et de liberté.*

Telle est l'inspiration morale et philosophique dont
je voudrais trouver l'expression plus accusée en tête
de la déclaration que nous allons livrer à l'opinion
publique.

J'ai déjà dépassé de beaucoup, et je m'en excuse, le
temps qui m'était imparti ; aussi me bornerai-je, pour
conclure, à quelques indications extrêmement brèves.
Je voudrais d'abord qu'on prononçât un mot ici qui est
dans vos esprits et qui devrait être également dans le
texte, je veux dire le nom des Conférences de La Haye.
En esquissant le plan sommaire d'une Société des
Nations, nous semblons oublier qu'il s'est produit
depuis quinze ou vingt ans un développement très
ample du droit international ; que, grâce à l'initiative
de la Russie, il existe déjà une institution juridique,
expression concrète de ce droit nouveau qui s'élabore
et qui, jusqu'à présent, n'a pas été absolument inféconde.
Encore une fois, il ne s'agit pas pour nous d'impro-
viser des solutions nouvelles. Il existe à La Haye une
cour d'arbitrage facultatif. Je crois donc utile que
nous affirmions que nous voyons dans l'institution de
La Haye une œuvre encore imparfaite, mais qui peut et

doit servir de base à un développement nouveau. C'est ce que l'ordre du jour de la Fédération girondine exprime en ces termes :

Notamment, la Ligue reste convaincue que l'œuvre des Conférences de La Haye est féconde, et qu'il convient seulement de la parfaire, notamment en instituant une juridiction arbitrale obligatoire dont les sentences seraient exécutoires sous peine de sanctions effectives : blocus économique. emploi d'une force de police internationale.

Enfin, il me semble que la Ligue a passé trop facilement sous silence un problème qui s'impose irrésistiblement à tous les esprits, je veux dire celui du désarmement. A vrai dire, je crois qu'il importe à cet égard de se montrer extrêmement circonspect; toutefois je crains que l'opinion publique ne soit déçue si, dans notre résolution, elle ne trouvait aucune affirmation relative au désarmement. C'est pourquoi le texte girondin que vous avez sous les yeux propose à cet égard une déclaration dont je me bornerai à indiquer en deux mots l'esprit.

Je ne suis pas de ceux qui croient que l'on puisse aller à la paix par le désarmement; je suis convaincu, au contraire, d'accord avec le Congrès de la Paix de Munich (1907), que le désarmement ne peut être que le résultat de l'organisation juridique de la paix. Ce n'est pas par le désarmement unilatéral, conception chimérique et dangereuse, c est par le concert des puissances résolues à faire la paix entre elles et autour d'elles, qu'une réduction simultanée et graduelle des armements pourra être envisagée.

Enfin, et c'est sur ce point que je terminerai, nous demandons à la Ligue de porter les vœux qu'elle va voter, non seulement à la connaissance du public, mais à la connaissance du Gouvernement, et de saisir le Ministre des Affaires Etrangères des vœux qui vont émaner de cette grande manifestation de la conscience publique qu'est le Congrès de la Ligue des Droits de l'Homme.

Je sais bien qu'il existe en certains milieux une opinion bien différente, opinion qu'a développée un journal quasi-officieux. *Le Temps*, en des articles répétés, répondant aux suggestions de ceux qui se demandent : quel est votre programme de paix? a répliqué : la paix sera uniquement ce que nos soldats la feront ; ce n'est que l'épée qui en tracera les conditions. Il y a, sans doute, dans cette affirmation, une part de vérité et personne ne pense que la paix puisse être conclue sans tenir compte des résultats concrets de la guerre ; mais on se trompe dangereusement quand on estime que les conditions de la paix ne peuvent être écrites qu'à la pointe de l'épée ; et cela pour deux raisons : c'est d'abord qu'une même victoire, selon les intentions, les desseins, les espérances de ceux qui discuteront de la paix, peut être orientée vers des conceptions très différentes de la paix. On peut, sans doute, avec la même victoire, faire une œuvre de justice ; mais on peut aussi, avec cette même victoire, faire une œuvre de servitude et d'oppression. (*Très bien ! Vifs applaudissements.*)

Qu'il me suffise de rappeler comment l'Allemagne a traité ses vaincus en 1866 et en 1871. Elle a eu l'habileté de ménager les premiers, tandis qu'elle a commis la faute et le crime d'écœurer, d'humilier, de dépouiller les seconds. Ainsi l'épée est sans doute l'instrument matériel de la victoire, mais l'épée est au bout d'un bras et ce bras est conduit par un cerveau. Ce n'est donc pas à elle que revient la responsabilité de fixer des bornes à la tuerie et de déterminer le but final de la guerre. Aussi bien ne se trompe-t-on pas quand on aperçoit dans l'armée seule le facteur décisif de la guerre moderne. Certes, nos soldats sont notre chère et héroïque avant-garde et nous n'aurons jamais assez de gratitude pour l'œuvre gigantesque qu'ils ont accomplie depuis vingt-sept mois ; mais dans la guerre moderne, guerre intégrale qui dresse nation contre nation, le soldat n'est plus l'unique outil de la défense. Ce qui se bat aujourd'hui, c'est le peuple tout entier, c'est le paysan aux champs, c'est la femme devenue usinière, c'est l'industriel, c'est le savant dans son laboratoire, l'écrivain devant sa table, c'est enfin la Ligue des Droits de l'Homme elle-même quand, à l'arrière du front, elle tâche de maintenir l'esprit national dans ses véritables directions. Notre Président le disait ce matin avec raison : Nous travaillons, nous aussi, nous simples civils, nous, Ligue des Droits de l'Homme, à l'œuvre commune de la défense, et nous faisons œuvre de sain et bon patriotisme quand nous proclamons ici les principes de justice qui n'ont cessé d'être les nôtres et dont nous poursuivons la réalisation par les moyens violents que l'adversaire nous a imposés. Eh bien ! il faut que nous demandions au gouvernement de répandre, à l'heure trouble que nous traversons, un peu de la lumière que tant d'esprits angoissés demandent à recevoir. Je sais que la tâche est extrèmement difficile. La France n'est pas seule et ses alliances peuvent lui imposer une extrême réserve.

Peut-être ne pourra-t-on pas répondre pleinement à nos désirs : néanmoins, je crois qu'il importe de faire connaître au Gouvernement de la République le trouble dangereux qu'entretient dans certains esprits le vague des déclarations gouvernementales et de lui montrer que l'on fortifierait le sentiment national en précisant les fins pour lesquelles tant de sacrifices ont été vaillamment consentis. Et ce point de vue n'est pas le seul. Quand je demande que la France agisse en pleine clarté, je pense aussi, je pense surtout à l'adversaire. Ne laissons pas aux publicistes d'outre-Rhin le droit d'affirmer que nous nourrissons contre l'agresseur, outre les restitutions légitimes, certains desseins de conquête et de démembrement. Dans la presse allemande, on sait tout ce que nous écrivons ici ; on sait, d'après des articles, non seulement de l'*Echo de Paris*, mais du *Rappel* et d'autres journaux encore, que certains publicistes revendiquent l'anéantissement complet de l'Allemagne. Ces articles ont été cités en plein Reichstag et soigneusement exploités contre nous. Nous ferons œuvre saine en montrant qu'il n'y a pas en

France, en dehors de milieux très restreints, de pareils desseins, qui exposeraient la France victorieuse aux risques de guerres de revanche indéfiniment renouvelées.

J'ai dit, et je m'excuse encore une fois d'avoir développé si longuement un programme qui a pu vous sembler manquer d'originalité. Mais, encore une fois, nous avons moins à créer des formules imprévues qu'à mettre en application des doctrines déjà anciennes, des formules familières à nombre d'e-prits. Nous n'avons en somme qu'à rester nous-mêmes, c'est-à-dire à rester la Révolution qui ne s'est pas arrêtée à la fin du dix-huitième siècle, mais qui, suivant la parole de de Pressensé, « est toujours en marche », et demeure intransigeante dans ses exigences de justice et d'humanité tout entière. Oui, poursuivons, achevons la Révolution, qui ne pactise pas avec l'étranger tant qu'il foule le sol sacré de la patrie, mais qui, quand on la contraint à la guerre, porte dans les plis de son drapeau, aux nations mêmes qu'elle combat, la justice et la liberté. (*Longs applaudissements.*)

Discours de M. Georges Demartial

M. Georges Demartial (Section du 4ᵉ arrondissement de Paris). — Ce matin, notre vénéré Président a dit que, par suite de l'opposition faite par l'Allemagne au principe de l'arbitrage lors des Congrès de La Haye, la fin des guerres, pour laquelle nous luttons aujourd'hui, s'est trouvée retardée d'autant. De son côté, M. Ruyssen a exprimé, au nom de la Fédération girondine, une idée analogue ; dans l'ordre du jour de cette Fédération, qui nous a été distribué, il est dit : « Nous demandons aux puissances libérales de réaliser entre elles, sans plus attendre, l'accord juridique que l'hostilité de l'Allemagne et de ses alliés actuels a fait échouer à La Haye. »

Délégué au dernier moment, je n'avais pas l'intention de participer au débat. Si je prends la parole, c'est qu'il me paraît indispensable, puisque la question des conférences de La Haye et de l'arbitrage se trouve dès maintenant introduite dans le débat, de préciser ce qui s'est passé à La Haye et la manière dont se pose actuellement la question de l'arbitrage.

En 1899, à la première Conférence de La Haye, l'Allemagne se déclara hostile au principe même de l'arbitrage obligatoire La Conférence se contenta de déclarèr que l'arbitrage était le moyen le plus efficace et le plus équitable de régler les litiges qui ne pourraient être résolus par la voie diplomatique. Ainsi l'Allemagne s'était prononcée contre l'idée même que des Etats pussent s'obliger à l'arbitrage. Personne ici, je pense, ne lui donnera raison. (*Très bien !*)

Elle dut s'apercevoir qu'elle avait commis une faute. En 1903, la France et l'Angleterre ayant conclu un traité par lequel elles s'engageaient à soumettre à l'arbitrage certains différends. l'Allemagne, l'année suivante, en conclut un avec l'Angleterre.

Quand se réunit la seconde Conférence de la Paix, une proposition fut déposée qui instituait l'arbitrage obligatoire pour tous les différends d'ordre juridique et relatifs à l'interprétation des traités. à condition qu'ils ne mettraient en cause ni les intérêts vitaux, ni l'honneur, ni l'indépendance des parties en cause, chaque Etat restant libre d'apprécier s'il en était ainsi.

Cette fois l'Allemagne déclara qu'elle ne faisait plus aucune objection à la conclusion de traités prévoyant l'arbitrage obligatoire, mais qu'un traité mondial serait inopérant à cause des réserves même dont on était amené à l'entourer, et qu'on respecterait davantage des traités conclus librement entre puissances déterminées qu'un traité de modèle uniforme.

Ici encore, il faut donner tort à l'Allemagne. Sans doute, la restriction dont était entourée l'obligation de l'arbitrage l'aurait rendue bien illusoire Mais le progrès ne se fait pas d'un coup. Un traité mondial eût été une preuve de bonne volonté, un pas en avant, une manifestation d'idéalisme.

Mais l'Allemagne n'a pas été seule à se prononcer contre un traité mondial ; elle a eu avec elle un certain nombre d'autres puissances européennes, dont la Roumanie, la Belgique, la Suisse. (*Très bien !*) D'autre part, après la seconde Conférence de la Paix, elle a eu recours avec la France au tribunal de La Haye pour l'affaire des déserteurs de la Légion étrangère au Maroc, d'où la guerre aurait pu sortir.

Nous ne pouvons donc, nous qui mettons la justice et la vérité au-dessus de tout, dire que l'Allemagne a été la cause, et la seule, de la faillite de l'arbitrage ; que, sans elle, nous connaîtrions l'âge d'or de la paix universelle. Si les autres puissances avaient vraiment voulu l'arbitrage, rien ne les empêchait de l'utiliser pour le règlement de leurs propres conflits, rien ne les empêchait de renoncer à la guerre pour leur compte, d'en imposer par leur exemple aux puissances récalcitrantes et de les isoler dans une sorte de léproserie morale. (*Applaudissements.*) Or, qu'avons-nous vu ?

L'Angleterre s'oppose à ce qu'on invite à la première Conférence de la Paix le Transvaal, avec lequel elle est sur le point d'entrer en guerre ; les autres puissances ont la faiblesse de ne pas paraître apercevoir cette absence, et la Hollande écarte ses frères de sang de ce Congrès des nations qui se tenait sur son sol. (*Applaudissements.*)

Ensuite, ce fut une ère de guerre : celle du Transvaal, l'expédition européenne en Chine, la guerre russo-japonaise, l'italo turque, la bulgaro-serbo-gréco-turque, la serbo-gréco-bulgare, la roumano-bulgare.

Un Délégué. — Et le Maroc ?

M. Georges Demartial. — On me crie : le Maroc ! Je voulais le taire. Mais me voilà forcé de dire que, pendant ce temps, les grandes puissances s'offraient en cadeau, pour entretenir leur amitié, des pays qui ne leur appartenaient pas : l'Egypte, le Maroc, la Perse

(*Applaudissements*), pendant que l'Autriche s'adjugeait la Bosnie-Herzégovine par un coup d'audace, que l'Italie s'adjugeait la Tripolitaine à coups de canon. Rappelez-vous le discours de Jaurès à la Chambre en décembre 1911 et certaines phrases sur la démoralisation internationale. Tout cela en quinze ans, tout cela depuis les Conférences de la Paix.

Or, de toutes ces guerres et expéditions, la seule à laquelle l'Allemagne ait participé est celle des Boxers en Chine. Allons-nous dire qu'elle est seule coupable de la faillite de l'arbitrage ? Nous ne le pouvons pas. Si la guerre est restée la souveraine du monde, c'est parce qu'aucun gouvernement, ni à La Haye ni ailleurs, n'a véritablement songé à la guerre. (*Applaudissements.*)

J'en appelle à notre Président. Malgré que sa bonté lui inspire une croyance peut-être excessive dans une sorte de bonté universelle, croit-il que, si le prince et la princesse de Galles avaient été assassinés peu de temps avant la guerre anglo-boer par des fanatiques boers et si un tribunal anglais avait relevé la complicité d'autorités boers, croit-il que c'est à La Haye que l'Angleterre aurait demandé réparation ? Croit-il que si le Tzarovitz avait été assassiné sur les frontières de Perse par des fanatiques persans, c'est à La Haye que la Russie aurait eu recours ? Et si le fils d'un Président de la République avait été assassiné sur la frontière du Maroc ? (*Exclamations, bruit.*)

M. Moutet. — Une réponse collective est rarement claire. (*Rires.*)

M. Georges Demartial. — Supposons maintenant que l'arbitrage obligatoire ait été voté à La Haye en 1907. L'Autriche eût été tenue, avant d'envoyer son ultimatum à la Serbie, de déclarer qu'elle estimait que ses intérêts vitaux étaient en cause, et que par conséquent elle ne pouvait soumettre son conflit au tribunal de La Haye. Croyez-vous qu'elle aurait manqué de bonnes raisons pour prouver que ses intérêts vitaux étaient en cause ? Dans son livre diplomatique elle a

accumulé des citations de journaux serbes où le mor-
cellement de l'Autriche était annoncé comme devant
succéder à celui de la Turquie, où était couramment
prédite la fin de l'empire d'Autriche. Tout près d'ici,
rue Vanneau, aux Conférences du Foyer, on a entendu,
pendant la première guerre balkanique, M. Albert
Mallet, un de nos universitaires les plus en vue, et
qui était professeur d'histoire diplomatique du prince
Alexandre de Serbie, dire que les victoires serbes sur la
Turquie ne mettraient pas seulement fin à l'existence de
« l'Homme malade », mais allaient « ouvrir la question
d'Autriche ». Si l'arbitrage obligatoire avait été voté à
La Haye, le résu'tat aurait été de permett e à l'Autriche
de repousser légitimement l'arbitrage. (*Interruptions.*)

M Victor Bérard, directeur à l'École pratique des
Hautes Etudes (section de Saint-Maixent). — Il n'est
pas douteux que l'Autriche a accepté tout ce qu'on
lui a demandé à la dernière heure, mais il y a quelqu'un qui n'a pas voulu que l'Autriche acceptât, c'est
l'Allemagne. (*Applaudissements.*)

M. Georges Demartial. — Laissons ici l'Allemagne et
la question des origines de la guerre. (*Exclamations.*)
Je constate seulement que l'arbitrage, tel qu'on avait
songé à l'instituer, ne pouvait pas suffire et n'aurait pas
suffi à empêcher la guerre.

M. Ferdinand Buisson. — Permettez-moi de dire
que c'est précisément ce que nous soutenons, que l'arbitrage tronqué, l'arbitrage imparfait, l'arbitrage qui fait
des réserves, ce n'est pas l'arbitrage. (*Applaudissements.*)

M Georges Demartial. — Alors nous sommes absolument d'accord. Mais il y avait un moyen de poser la
question de l'arbitrage total. Lorsqu'est né le conflit
austro-serbe, l'Angleterre et nous aurions dû dire aux
puissances centrales : nous ne voulons plus de guerre
d'aucune sorte; nous voulons que tous les différends
entre tous les peuples soient désormais réglés par
l'arbitrage. Acceptez l'arbitrage avec la Serbie comme

nous nous engageons à l'accepter désormais vis-à-vis
de tous Etats, si petits qu'ils soient, qui se préten-
draient opprimés ou lésés par nous. Si vous n'acceptez
pas, alors. .

Un Délégué. — Nous ferons la guerre.

M. Georges Demartial. — Parfaitement, nous ferons
la guerre. (*Applaudissements.*)

Plusieurs voix. — C'est ce qu'elles demandaient.
(*Bruit.*) Concluez!

M. Moutet — Je vous en prie, laissez l'orateur exposer sa thèse. Nous sommes ici pour entendre toutes les
opinions et nous ne redoutons aucune vérité. Je vous
prie d'écouter le citoyen Demartial avec le même
silence que tous les autres orateurs.

M. Georges Demartial. — Ces interruptions m'enlè-
vent le peu de moyens dont je puis disposer; il vaudrait
mieux me laisser achever.

Si nous avions tenu ce langage, si la Serbie et la
Russie, au lieu de commencer par mobiliser, s'y étaient
associées, la guerre n'aurait pas eu lieu Et si elle
avait eu lieu, nous pourrions dire avec vérité que nous
faisons la guerre à la guerre, pour que cette guerre soit
la dernière des guerres. Ce langage, je pense avec notre
ami Alexandre, qu'il serait encore temps de le tenir. Je
n'ai pas cru devoir, pour des raisons de convenance
personnelle, signer sa proposition : je lui apporte ici
mon adhésion entière. En l'adoptant, vous prouverez
que vous voulez l'arbitrage, non seulement des lèvres,
mais du cœur. (*Applaudissements. mouvement.*)

M. Moutet. — Je rappelle aux orateurs que l'objet de
la discussion est : les conditions d'une paix durable.

Discours de M. Victor Bérard

M. Victor Bérard. — Nous sommes ici pour discuter
un texte présenté à votre discussion, et je n'ai jamais
senti autant qu'aujourd'hui la difficulté et le risque de
discuter sur un texte que ne connaissent d'avance ni

tous les auditeurs ni peut-être même tous les signataires. Je voudrais demander un certain nombre d'explications qui s'imposent. parce que, véritablement, sous la signature de certains de nos amis, il y a des phrases que je ne comprends pas. On nous dit, ou l'on semble nous dire : « Nous allons proposer l'arbitrage aux empires du centre, en abandonnant par avance toutes discussions arbitrales sur les territoires des peuples non alliés ». Vous acceptez donc d'avance que les empires du centre n'abandonnent aucune prétention ou aucune domination actuelle sur les peuples de leurs empires qu'ils massacrent ou qu'ils asservissent. Vous admettez que, dans cet arbitrage, il y aura des nations libres. qui se présenteront en leur nom, et, d'autre part, des empires militaires qui se présenteront avec leur troupeau de peuples asservis. (*Applaudissements.*) La Turquie recevra de vous le droit de parole pour ses Arméniens, l'Allemagne pour ses Alsaciens-Lorrains, ses Danois et ses Polonais, l'Autriche pour ses Tchèques, Italiens et Yougo-Slaves. Voilà une opinion évidemment contraire à toutes celles que l'on soutient ici.

Deuxième point. On nous fait ou l'on semble nous faire cette histoire de l'arbitrage qui m'inquiète On nous parle d'une paix qui, pour la première fois dans l'histoire du monde, serait *juridique*. A entendre les signataires de cette formule, il n'y aurait jamais eu de paix juridique jusqu'en l'an du Christ 1917. Je ne puis oublier que l'arbitrage a fonctionné jadis pendant trois ou quatre cents ans, pendant toute l'histoire grecque, aussi longtemps du moins qu'il y eut en Grèce la Cité libre. Pendant trois ou quatre siècles, un fonctionnement régulier de l'arbitrage international évita nombre de guerres entre les cités grecques, et ce fonctionnement était devenu tellement inherent à la vie des cités grecques que les écrivains n'en parlaient plus que comme d'un phénomène courant, populaire; nous ne connaîtrions pas le quart des arbitrages grecs si en dehors des auteurs, nous n'avions trouvé des textes d'arbitrage gravés sur le marbre. Pendant trois ou quatre siècles, l'arbitrage ne fit pas le bonheur complet des Grecs, mais il établit parmi eux la paix relative jusqu'au jour où se leva, à la frontière du monde grec, un premier empire militaire, la Macédoine, puis un second, Rome. De ce jour-là, il n'y eut plus d'arbitrage possible, parce qu'on n'avait plus à faire à des nations traitant sur le terrain du droit.

Désormais il y avait, d'une part, de grands empires vivant selon les calculs de la force et, d'autre part, de petites nations voulant lutter pour et par le droit. (*Applaudissements.*). . Vous en êtes au même point aujourd'hui, vous nations libres que bordent des empires militaires Dans l'Europe de demain, quand vous aurez fait les nations, toutes les nations, j'aurai confiance dans l'arbitrage. (*Très bien.*) Je suis sûr qu'alors l'arbitrage nous donnera ce qu'il ne nous a pas donné jusqu'à aujourd'hui. M. Demartial nous a fait la critique des arbitrages tels qu'ils ont été pratiqués depuis vingt ans. Il pourrait compléter ce tableau. Mais à quoi bon? Cela durera dans le monde aussi longtemps qu'on aura des nations libres voulant leur liberté et celle d'autrui, et, d'autre part, des empires militaires qui vivent et, chose plus grave, ne peuvent vivre que par l'asservissement de leurs voisins. (*Vifs applaudissements.*)

M. Demartial. — C'est exactement le cas de la Serbie et de la Russie, qui sont des puissances très militaristes. Si on leur avait demandé de se soumettre à l'arbitrage, qu'auraient-elles répondu?

M. Victor Bérard. — Si j'avais été chargé de parler alors, j'aurais parlé comme vous aujourd'hui. Mais nous sommes à aujourd'hui, nous pensons à demain et il s'agit de savoir ce que nous voulons faire. Quand nous discutons sur les conditions fondamentales de la paix, nous pensons tous ici que nous devons travailler à l'avènement d'une Europe dans laquelle le fonctionnement de l'arbitrage sera possible. Mais si vous en êtes persuadé autant que je le suis moi-même, je vous demande de réfléchir à une condition tout immédiate.

Vous nous dites : « Nous réclamerons l'arbitrage *tout en continuant de nous battre; nous provoquerons l'adversaire sur un autre terrain ». Vous proposez l'arbitrage et vous *continuez la guerre*. Croyez-vous que vous pourrez continuer le blocus ? (*Mouvements.*) Si vous considérez désormais vos ennemis comme des adversaires juridiques avec lesquels vous voulez discuter en hommes de justice, de paix, de fraternité, comment pourrez-vous continuer le blocus qui, en ce moment-ci, est votre seule arme décisive de paix ? (*Applaudissements.*)

Pour ne pas dépasser d'une seconde les quinze minutes qui me sont accordées, laissez-moi vous poser encore une question pratique. Nous ne sommes pas ici pour discuter de façon académique; nous voulons avoir une action positive ; nous voulons nous adresser à des gouvernements et leur dire : « Voici ce que nous croyons possible ». Or, pour constituer un arbitrage, il faut d'abord des arbitrés et ensuite des arbitres. Où voyez-vous les arbitres ? et quant aux arbitrés, vous êtes obligés d'exclure de cet arbitrage ceux qui en ont le plus besoin, les peuples asservis qui seront la cause de la guerre de demain, non parce qu'ils auront voulu celle-ci, mais parce qu'ils l'auront souffert. Je vous demande de quel droit vous mettrez à la porte les Tchèques, de quel droit vous mettrez à la porte les Polonais et les Arméniens, — sans parler des autres, — des nôtres ? Nous rêvons tous ici d'une ère d'arbitrage international. Préparons-là : faisons d'abord les nations, toutes les nations, et ce jour-là nous aurons fait la moitié de l'arbitrage international. (*Longs applaudissements.*)

Discours de M. Charles Richet

M. Charles Richet, membre de l'Institut (section de Loudun, Vienne). — Je vous demande la permission de prononcer simplement quelques mots.

D'abord, je tiens essentiellement à vous dire qu'il faut voter le projet de résolution qui vous a été soumis

par le Comité. Or, certainement ce projet sera voté :
donc je ne serais pas intervenu pour le défendre si je
ne pensais qu'il faut, pour lui donner plus d'autorité,
le voter non seulement à une grande majorité, mais,
j'ose vous le demander, à l'unanimité. Il me paraît
nécessaire, en effet, que cette démonstration venant
de vous, citoyens, si attachés à la patrie comme à la
liberté, acquière, par ce vote unanime, toute sa force.

Soyons tous d'accord pour accepter, pour fortifier les
nobles paroles, les grandes idées marquées dans ce
projet de résolution. Et je vais appuyer mon adhésion
formelle de quelques paroles seulement.

Il y a plusieurs choses distinctes, également importantes, dans le projet qui vous est soumis.

Tout d'abord, la nécessité d'une paix durable. Et, bien
entendu, sur ce point, nous sommes tous d'accord. Nul
de nous, citoyens, ne voudrait d'une paix précaire, d'une
paix boiteuse, d'une paix honteuse, d'une paix qui nous
exposerait à voir inutiles tous les sacrifices inouïs,
sinistres, que la fatalité nous a forcés à faire. Nous
voulons une paix définitive, si tant est que les chétives
choses humaines soient jamais définitives. Mais enfin
nous ne voulons pas que nos enfants, nos arrière-petits
enfants peut-être, revoient les horreurs dont nous avons
été les témoins.

Et, si nous sommes ici, c'est pour dire quelles sont
les conditions de cette paix qui doit durer trente, quarante, cinquante ans peut-être! Oui, il nous faut cinquante ans de paix ! car nous ne pouvons abandonner
cet espoir que d'ici à cinquante ans ne sévira plus
un nouveau cataclysme guerrier, analogue au cataclysme actuel, plus cruel que les plus cruels météores
qui se sont déchaînés sur le monde.

Pour cette institution d'une paix durable deux principes se dégagent : d'abord le principe des nationalités
et ensuite le principe de l'arbitrage obligatoire. Quelques mots très rapidement de l'un et de l'autre.

D'abord, pour les nationalités, nous pensons tous de
même, n'est-il pas vrai ? Nous voulons tous que les

nationalités, grandes ou petites, soient indépendantes.
Et cependant, nous ne pousserons pas le principe des
nationalités jusqu'à l'absurde. Vous savez tous que les
principes les plus justes, les plus respectables, quand
on les mène à l'absurde, deviennent des folies Il ne
faut donc pas proclamer le principe des nationalités
jusqu'à dire que la Suisse et la Belgique ne sont pas
des nationalités, parce qu'elles n'ont pas une langue
nationale. Il faut se rappeler aussi que, dans cette triste
péninsule des Balkans, le sens vrai du mot : nationalité
est d'une obscurité invraisemblable. Il y a des villes,
des campagnes, où les populations sont mélangées à
l'extrême : musulmans, juifs, chrétiens, Arméniens,
Bulgares, Serbes, Turcs, Grecs. Ils se haïssent et se
persécutent à l'envi. Et alors ils devient extrêmement
difficile de juger à quelle nationalité telle ou telle ville
appartient. Il faut donc que l'Europe (l'Europe des
Alliés, bien entendu) quand elle fera la paix, considère
que parfois, dans les Balkans, le principe des nationalités devra en apparence être sacrifié, car jamais ne se
trouvera une solution qui satisfera tout le monde. On
ne pourra contenter à la fois les Bulgares, les Turcs,
les Grecs. Cela, on ne peut pas l'espérer. Donc, nos
diplomates devront instituer une péninsule des Balkans
telle qu'elle n'exposera plus l'Europe à de nouveaux
sinistres.

Et, puisque je parle des nationalités — c'est le seul
reproche que j'adresserai à votre projet de résolution —
pourquoi le mot de notre chère Pologne n'est-il pas
prononcé ? Dans le premier projet qui vous fut soumis,
il se trouvait pourtant, prononcé en toutes lettres, ce
mot sonore qui éveille en chaque âme française les
idées généreuses. Pourquoi n'avez-vous pas osé parler
de la Pologne, quand vous avez dressé la liste des nationalités qui devront être indépendantes ? Est-ce que, par
hasard, nous, citoyens français, nous aurions peur de
dire que l'indépendance de la Pologne est nécessaire à
l'Europe (*Vifs applaudissements.*) Nous ferions acte
d'ingratitude d'abord, de sottise ensuite, en ne deman-

dant pas nettement, catégoriquement, l'autonomie ou l'indépendance de la Pologne. (*Nouveaux applaudissements.*)

Un Délégué. — Le tsar ne la veut pas !

M. Charles Richet. — On oppose dans certains cercles diplomatiques le mot d'autonomie au mot d'indépendance, mais il n'est pas besoin d'être très versé dans la langue grecque pour savoir que les mots d'autonomie et d'indépendance sont absolument synonymes. Je vous demande donc, citoyens, ceci : que par un mot, un seul mot, la Ligue a conclue très nettement sa volonté de ne pas passer sous silence un grand peuple de 24 millions d'hommes, un peuple admirable et ami, qui a bien droit, lui aussi, tout entier au soleil de la liberté. (*Vifs applaudissements.*)

Et je passe maintenant à l'arbitrage obligatoire. Mais permettez-moi une petite digression. Je parle ici en mon nom personnel, comme pacifiste, sans prétendre engager mes amis pacifistes dans les paroles que je vais prononcer. Et cependant je suis convaincu qu'ils ne me désavoueront pas, lorsque je dirai qu'ils ont été calomniés, et lâchement, injustement vilipendés. Le moment est venu, peut-être, de réclamer pour eux le droit à la justice. Et je viens à cette tribune les défendre.

On a accusé les pacifistes de tous les méfaits, et à chaque instant, dans les journaux, dans les Assemblées, dans les cabarets et dans les salons, lorsqu'on parle de la guerre, on dit : « C'est la faute au parti pacifiste! » Pauvre parti pacifiste! Une vingtaine, une trentaine d'hommes excellents, dévoués, généreux, mais qui n'avaient aucune influence, ni dans les Conseils du Gouvernement, ni dans les entresols des journaux, ni quelque part ailleurs. Oui, nous étions une trentaine de rêveurs, une trentaine d'idéalistes, cherchant en vain à réunir des assemblées nombreuses, cherchant en vain à faire connaître notre pensée dans les journaux. Nous ne trouvions dans les grands jours, à Paris, que des auditoires de 15, 20, 25 personnes. Et c'est nous qu'on

'accuse d'avoir bouleversé le monde! Hélas! Hélas!
Pauvres impuissants amis ! Si l'on nous avait écoutés,
les choses ne se seraient pas passées de même Mais
on n'a pas voulu nous entendre! Les sociali-tes n'ont
pas daigné nous connaitre. Ils ont dit avec dédain :
« Qu'est-ce que ces bourg-ois? Nous ne le- connais
sons pas! » Les catholi ues 'ont di : « M-is ce sont
des libres-penseurs. nous ne voulons pa- de libres-
pen-eurs ! » Les radicaux, tous l-s radic-ux, q-els
qu'ils soient, nous ignorai-nt complètement et totalement, sans savoir ce que nous disions et sans vouloir
le savoir.

Une trentaine de rêveurs, de philosophes et d'idéalistes, voilà quel était le parti pacifiste ! (*Applaudissements.*)

M. Ferdinand Buisson. — Les radicaux ont adopté
intégra ement votre programme à Nîmes. J'y étais et je
m'en souviens.

M. Ch. Richet. — Vous en étiez, du parti pacifiste,
mon cher Président. Vous étiez un de nos maîtres. Nous
avons marché dans la voie que vous nous aviez tracée.
Oui ! en vérité, en 1867, alors que la plupart des gens
qui sont ici étaient encore des enfants, notre Président
Buisson, tout jeune encore, allait a Genève pour soutenir au-lacieusement les idées pac listes intégrales.
Est-ce vrai. mon cher Président? Puis-je vous rendre
cet hommage solenne ? Pui--je proclam r ici que vous
avez été le premier de nous tous a dire que la guerre
est un mal évitable, et que la paix est un bienfait qu'il
faut mériter ? (*Vifs applaudissements.*)

M. Ferdinand Buisson. — Je n'ai pas changé.

M. Ch. Richet. — Donc, on nous a accusés de sinistres
méfaits, parce que nous avons proclamé que la guerre
est un fléau abominable. Eh bien ! ce que nous voyons
ne nous a pas fait changer d'avis plus que vous, mon
cher Président. Y a-t-il quelqu'un en France, en Allemagne, dans le monde entier qui ose dire aujourd'hui
que la guerre, avec ses crimes, ses vols, ses horreurs,

est la régénération des peuples, que c'est l'avenir, que c'est le progrès.

Un Délégué. Les curés l'ont dit !

M. Ch Richet. Qu'ils viennent le répéter ici ! Nous saurons leur répondre !

Nous avons dit aussi que l'anarchie gouverne le monde

Un Délégué. — Cette anarchie vous gouvernera.

M. Ch Richet. Quand il s'agit d'anarchie nationale, tout le monde en a peur ; mais, quand il s'agit d'anarchie internationale, tout le monde exulte. Or, à cette heure, l'anarchie triomphe.

Qu'est-ce, en effet, que l'anarchie ? C'est le droit aux bandits, aux brigands, d'attaquer des innocents. Or, des peuples tout entiers, conduits par de mauvais bergers, ont osé attaquer d'autres pays ; nous avons vu des bandes de brigands, férocement armés, se précipiter sur d'autres pays presque sans défense pour pouvoir les violer, les assassiner. La violence se donnant libre cours, c'est le triomphe de l'anarchie internationale.

On nous faisait un autre grief encore, grief bien singulier : c'est que nous prêchions le désarmement. Nous ! apôtres du désarmement ! Quelle erreur ! quelle calomnie ! Mais vous n'avez donc rien lu de ce que nous avons écrit, rien entendu de ce que nous avons crié à toutes les places publiques ! Nous n'avons cessé de répéter cette phrase, vraie alors, vraie plus encore aujourd'hui : « *La justice d'abord, le désarmement ensuite.* »

Citoyens, ne parlons pas de désarmement sans justice, parce que le désarmement sans la justice, cela est misérable et dangereux. Il faut d'abord établir un tribunal. Plus tard, nous verrons à poser les armes. Mais tant qu'il y aura des bandits armés dans le monde, gardons bien acérées nos armes, ne les déposons pas avant d'avoir établi une juridiction qui permette au droit de rester souverain du monde. (*Vifs applaudissements.*)

Voilà ce que nous avons dit jadis. Nous n'en avons aucun remords.

Il y a quelque temps, je rencontrais quelqu'un qui a osé me dire : « Vous étiez un pacifiste, un rêveur, eh bien ! je vous pardonne ! »

« Non ! imbécile, lui ai-je dit, je ne veux pas de ton pardon. Je n'en ai que faire. Je n'ai rien à regretter. Je n'ai pas de repentir. Ou plutôt je me repends, mais je me repends de ne pas avoir dit avec assez de force encore que la guerre est un mal hideux, que l'anarchie internationale peut exposer à la guerre, et qu'il faut établir la justice dans le monde avant d'établir le désarmement. »

Pour que le fléau de la guerre disparaisse, l'obligation de l'arbitrage est absolument nécessaire. Nécessaire, parce que l'arbitrage facultatif, n'est qu' une grotesque plaisanterie. C'est comme si l'on disait : « Les escarpes, les assassins, les faussaires, auront le droit de refuser un tribunal. Ils comparaîtront devant la justice, si cela leur convient. Ils n'auront des juges que s'ils en font la demande formelle. Jusque là, on leur laissera faire ce qu'ils veulent, tant qu'ils veulent, et comme ils veulent. »

Ainsi ne juger un assassin que s'il prend à l'assassin fantaisie d'être jugé ; voilà ce qu'on nous demande lorsque l'on nous propose l'arbitrage facultatif. De toutes les bêtises humaines — et Dieu sait que l'abîme en est profond ! — (*rires*) de toutes les bêtises humaines, il n'y en a pas de plus dangereuse que l'arbitrage facultatif, parce qu'on s'imagine alors qu'on a une force alors qu'on n'a rien. C'est une arme qui s'évanouit entre les mains de celui qui croit la tenir.

Donc, il faut que l'arbitrage soit obligatoire. Et obligatoire cela veut dire sans aucune réticence, sans les soi-disant ré-erves de dignité nationale, d'intérêt vital. Car vous comprenez qu'on peut toujours mettre ses volontés criminelles et ses fantaisies belliqueuses sur le compte de l'intérêt vital ou de la dignité nationale. Il nous faut un arbitrage obligatoire total et sans réserve, auquel tout le monde soit soumis. Et, comme on disait au temps de la Révolution : Au-dessus de la loi, personne. (*Applaudissements.*)

Disons le, citoyens, hautement. Il n'y a pas d'Etat souverain ; car la souveraineté de chaque Etat doit être limitée par la souveraineté des autres Etats. Reprenons la parole de Mirabeau. Le droit souverain du monde. Voilà le droit nouveau. Il nous faut l'arbitrage obligatoire.

Un Délégué. — Et comment l'imposerez-vous à ceux qui n'en veulent pas?

M. Ch. Richet. — Nous l'imposerons par la paix, par *notre* paix. Ce sera une condition, et la plus essentielle, des conclusions de la paix future.

Un Délégué. — Et si on n'en veut pas ?

Un autre Délégué. — On l'imposera par la guerre.

M. Ch. Richet. — Le temps me manque pour discuter ici la sanction de l'arbitrage obligatoire. Cette sanction ne peut être qu'une force armée internationale, régulièrement constituée.

Permettez-moi de répéter ici une phrase que j'ai dite quelque part : « La justice tient une balance. Mais, si elle n'a pas la cuirasse au corps et l'épée à la main, les plateaux de sa balance sont ceux d'une épicière ». (*Rires.*) Il faut que la justice puisse se défendre. Une justice impuissante, c'est un mannequin ridicule. Donc, il faut donner la force à la justice, et une force telle qu'elle sera invincible, et que nul ne pensera à lui résister.

Et je conclus ces trop longues paroles en répétant simplement que les deux conditions formelles de notre paix seront le principe des nationalités et l'obligation de l'arbitrage.

Voilà pourquoi nous devons voter, dans son intégrité, le projet de votre Comité. (*Vifs applaudissements.*)

Discours de M. Oscar Bloch

M. Oscar Bloch avocat à la cour (Section du VIᵉ arrondissement, Monnaie-Odéon, de Paris). — Mes chers collègues, en abordant cette tribune, je suis animé par une triple préoccupation : celle d'abord de la retenir le moins longtemps possible et ainsi de ne pas abuser de votre bienveillante attention; celle ensuite de rester strictement dans la question, sans m'égarer ou chercher à vous égarer ni à droite, ni à gauche ; et enfin, celle d'apporter autant que je le pourrai de la clarté, de la loyauté, de la modération dans le débat.

La question si passionnante qui va, je le crains, nous diviser tout à l'heure, est posée devant nous d'une façon circonscrite par les termes dans lesquels elle est formulée. De quoi s'agit-il ?

De rechercher les conditions d'une paix durable. Autre chose serait de rechercher les conditions d'une paix avantageuse et telle que nous pourrions la souhaiter, si la victoire couronnait complètement nos armes. Il va de soi que nous devons tous désirer être victorieux, voire même que nos armées défilent sous les arcs de triomphe de Berlin, mais telle n'est pas la question. Ce que nous avons à examiner aujourd'hui, c'est de quelle façon nous nous y prendrons pour que la paix soit durable ; ou plutôt, car nous ne sommes pas une assemblée de diplomates, et nous n'avons pas à fixer le détail des conditions, nous avons simplement pour nous-mêmes et aussi pour la ligne de conduite générale de notre diplomatie, à déterminer dans quel esprit, selon quels principes la France devra s'orienter dès maintenant et surtout lorsque la question de la paix se posera d'une façon plus concrète.

Il me semble, mes chers collègues, que, pour que la paix soit perpétuelle ou, au moins de longue durée, il y a plusieurs méthodes.

Il y a la méthode de l'anéantissement. Ceci est une méthode d'un effet souverain. (*Rires.*) Quand vous vous débarrassez complètement de votre ennemi, vous êtes bien sûrs qu'il ne vous cherchera plus jamais querelle. Il n'y a que les morts qui ne reviennent pas. J'aborde le problème en tâchant de me mettre en garde contre toute sentimentalité. J'oublie pour un instant tout ce qui n'est pas la question exacte dans laquelle je m'enferme. La meilleure façon d'arriver à une Paix durable, ce serait d'anéantir complètement l'adversaire de façon

qu'il n'en soit plus jamais question ; mais si quelques
échauffés ou quelques impulsifs ont pu s'en flatter au
commencement, j'imagine que personne n'oserait plus
soutenir l'applicabilité de cette méthode, en tout cas
pas ici ; si cependant on la soutenait, j'écouterais avec
intérêt. Mais je ne veux pas abuser de ce mot : anean-
tissement ; je vais lui restituer loyalement le sens, la
portée limitée qu'il a dans la pensée de la plupart de
ceux qui l'emploient. Ils reconnaissent, en effet, que
l'anéantissement complet de l'Allemagne est impossible,
mais ils disent que la meilleure façon d'assurer une
paix durable, ce serait d'anéantir à tout jamais, sinon
elle-même, du moins sa puissance. C'est l'idée qui a
trouvé corps dans cette formule : « Ecraser le militarisme allemand ». Remarquez que cette deuxième méthode, cette méthode de relatif pis-aller, méthode
subsidiaire, comme on l'appelle au Palais de Justice,
est d'un effet moins sûr que la première. Avec la première, vous seriez véritablement débarrassés de l'Allemagne ; avec la seconde, l'Allemagne subsistera, même
affaiblie et constituera toujours une menace pour
l'avenir. Donc, si cette méthode subsidiaire est la seule
praticable, il apparaît à tous qu'elle est moins efficace
que ne le serait la méthode principale. Mais, comme
celle-ci est impossible, je ne m'arrêterai qu'à la méthode
subsidiaire, la seule praticable : c'est-à-dire anéantir
la puissance de l'Allemagne, l'écraser de telle façon
que, pendant une longue série d'années, elle cesse d'être
un obstacle pour notre politique et une menace pour
notre sécurité. Seulement, il ne suffit pas de dire :
« Nous allons écraser le militarisme allemand », il faut
en rechercher les procédés.

Un Délégué. — Et les moyens ?

M. Oscar Bloch — Les moyens, ce serait la victoire
que j'admets Oui, je suppose que nous soyons complètement victorieux et à même de dicter les conditions
de la paix. Par quels procédés réduirons-nous l'Allemagne à l'impuissance ? Je ne conçois pour cela que

trois séries de procédés ; si l'on en voit d'autres, qu'on
les apporte au cours de la discussion et nous les ana-
lyserons. Si ces séries se rattachent toutes trois à l'ordre
politique, il y en a une qui est plus spécialement politique, la seconde plutôt militaire et la troisième plutôt
économique. Dans l'ordre politique, je pourrais dire
machiavélique, se rangent toutes les combinaisons qui
consistent à intervenir par la force dans la constitution
interne de l'Allemagne, par exemple à lui imposer la
République ou à la découper, comme autrefois, en un
certain nombre d'Etats particuliers Ce moyen serait-il
efficace ? Personne de nous ne peut le dire d'une façon
certaine, mais il y a, heureusement pour nous, la con-
seillère des peuples : l'Histoire. Or, si nous consultons
l'Histoire, nous y trouverons des précédents et nous
constaterons qu'ils n'ont pas réussi. C'est par le mode
d'une intervention dans notre indépendance nationale
que les monarchies alliées, à la demande d'ailleurs de
notre roi, ont cherché à étouffer dans l'œuf notre grande
Révolution. Inutile de vous dire qu'ils n'y ont pas réussi.
En 1815, quand les émigrés sont revenus et avec eux les
alliés, qui étaient à cette époque l'Angleterre, la Russie
et la Prusse, ils ont encore cherché à nous museler, à
nous paralyser en nous imposant la restauration de nos
souverains de droit divin. Je n'ai pas à vous apprendre
que, quinze ans plus tard, ces souverains furent balayés
de notre sol avec les égards qui leur étaient dus.

Un autre exemple, plus rapproché de nous, c'est l'intervention de Napoléon III au Mexique. Là aussi on a
essayé d'imposer une dynastie à un peuple qui n'en
voulait pas La réponse fut plus brutale encore que ne
l'avait été notre propre réponse après 1815. Maximilien
fut collé au mur, et, quoique le procédé fût vif, je crois
que c'était justice. Vous voyez combien ce moyen
s'est, à l'expérience, montré défectueux et d'une efficacité bien relative.

J'arrive, car je veux aller vite, à la deuxième série des
moyens les moyens plus brutaux, ceux d'ordre militaire.
Cela peut se résumer ainsi : démanteler les fortifications.

Un Délégué. — Si on peut.

M. Oscar Bloch. — ...limiter les effectifs, enfin annexer des territoires.

Par tous ces moyens, Napoléon Ier, après Iéna, en 1806, a bien cru s'être débarrassé pour toujours de la Prusse. Qu'est-il arrivé ? Malgré la supériorité géniale de celui qui employait et qui savait employer la manière forte, les Prussiens, huit ou neuf ans après, nous rendaient, à Paris, la visite que nous leur avions faite à Berlin. L'Allemagne aussi a cru, en 1870, nous avoir réduits presque à néant ; elle s'est figuré que nous ne nous relèverions pas de l'amputation qui nous était infligée. Or, vous avez vu avec quelle vitalité la France a repris son essor. Quand l'annexion n'est pas totale, un pays se guérit vite d'une mutilation ; je ne dis pas qu'il n'en garde pas une blessure au flanc, mais précisément, ce n'est pas cela qui fait la paix durable. Si, au contraire, on annexe intégralement, si on supprime cette personne morale qu'est un pays, alors il arrive ce qui est arrivé pour la Pologne. Depuis cent ans, ses tronçons épars cherchent péniblement à se rejoindre, et, par leurs convulsions, compromettent non seulement leur propre tranquillité, mais celle de toutes les puissances d'Europe. Donc ces procédés d'ordre militaire sont dangereux ; eux non plus n'ont pas été efficaces dans le passé.

J'en arrive à la troisième série : la contrainte économique. Là aussi on rencontre des précédents qui n'inspirent pas confiance. C'est dans l'histoire de Napoléon Ier qu'on peut toujours puiser. Il a employé le blocus continental contre l'Angleterre, il l'a employé avec rigueur, cela ne l'a pas empêché de succomber. Ce procédé est peut-être le plus mauvais de tous ; car les mesures économiques imposées par la force, se heurtent de prime abord à la puissance des faits, supérieure à la volonté des hommes. Vous aurez beau vouloir supprimer, diminuer autant que possible, le contact entre l'Allemagne et la Russie, vous n'empêcherez pas qu'elles soient limitrophes et que la Russie ait besoin d'exporter ses céréales en Allemagne ; vous risquez toujours de vous briser, en voulant faire violence aux lois économiques, à la fatalité qui caractérise ces lois. Ces tentatives ont donc toute chance de rester vaines : elles sont, par l'irritation qu'elles provoquent, dangereuses pour la paix durable.

Et si le malheur voulait qu'elles réussissent et que nous arrivions après la guerre, grâce à je ne sais quelle arrière-guerre, à ruiner et à affamer l'Allemagne, qu'y gagnerions-nous au point de vue de la paix durable ? Une nation, en grande partie commerçante et industrielle, serait, par nous, transformée en un peuple de brigands qui nous attaquerait pour sa subsistance.

Plusieurs voix. — C'est déjà fait !

M. Oscar Bloch. — Mais cela le serait encore beaucoup plus dans l'avenir. Vous lui auriez ôté ce qui retient toujours plus ou moins les peuples de faire la guerre, ce qui ne les retient, il est vrai, pas toujours suffisamment, mais du moment où vous ne lui laisserez pas d'autres moyens de vivre que la rapine et le brigandage, vous le poussez invinciblement à se jeter sur les nations plus riches. Je crois donc que cette série de moyens ne vaut pas mieux que les autres.)*Bruit*)

Un Délégué. — Alors que conseillez vous ?

M. Oscar Bloch. — Je vais répondre. J'ai dit en commençant qu'il y avait plusieurs méthodes. (*Le bruit continue.*)

M. Moutet. — M. Bloch a encore cinq minutes.

M. Oscar Bloch. — J'ai essayé d'établir que la méthode de l'écrasement ou total ou partiel ne valait rien au point de vue de la paix durable ; alors, si anéantir et écraser sont impraticables ou insuffisants, que reste-t-il ? Je ne vois qu'une seule issue, en ce qui me concerne, c'est le rapprochement (*Exclamations, mouvements.*) Se rapprocher, cela ne veut pas dire : lier amitié, ni même oublier ou pardonner ce qui s'est fait jusqu'à présent Nous voyons constamment dans la vie privée, dans la vie civile, des gens qui ne s'aiment pas et qui se rapprochent. (*Bruit.*)

M Lenient. — Ils n ont pas fait ce qu'ont fait les Allemands.

Un Délégué. — C'est trop fort !

M Oscar Bloch. — Je traduis mes idées, non les vôtres. Je m'explique avec modération et mesure ; je demande qu'on m'écoute dans le calme.

Un Délégué. — Il ne faut confondre personne avec ceux qui assassinent. (*Bruit.*)

M. Oscar Bloch. — J'ai dit que je ne ferai de sentimentalisme dans aucun sens. S'il m'était démontré qu'il n'existe de salut que dans la méthode d'écrasement et qu'elle est réalisable, je m'y rallierais. Personne ne veut que la France périsse...

J'ai essayé de juger une première méthode en me basant sur l'histoire, j'essaye d'en établir une seconde...

M. Victor Bérard. — Il y en a une troisième. Vous parlez de l'anéantissement du militarisme allemand ; mais c'est d'un militarisme prussien que nous parle l'histoire, d'un militarisme prussien qui a tyrannisé l'Allemagne. Le jour où vous aurez libéré l'Allemagne, vous aurez une nation avec laquelle vous pourrez vivre en paix sous le régime de l'arbitrage. Aussi longtemps que vous aurez un empire prussien, ayant à sa tête la caste prussienne, vous ne pourrez rien faire. (*Vifs applaudissements.*)

M. Oscar Bloch, — Admettons-le. Mais vous connaissez, comme moi, *Le Médecin malgré lui.* S'il plaît aux Allemands, comme à la femme de Sganarelle, d'être battus ! Nous interposerons-nous entre le mari prussien et la femme germanique ? (*Rires.*)

Avec le souci de ne pas abuser de votre temps,
j'arrive à la fin. Je dis qu'un rapprochement avec l'Allemagne n'implique ni la p ix à tout prix ni des épanche-
ments d'amitié. Il serait simplement le fait de deux
grandes puissances qui, ne pouvant s'anéantir récipro-
quement, s'en rendent compte et cherchent ensemble
un *modus vicendi*. (*Bruit.*) Quoique avocat ou parce que
avocat, j'estime que bien souvent, un mauvais arrangement vaut mieux qu'un bon procès, à plus forte raison
lorsqu'il s'agit de ce procès abominable qui a nom la
guerre. On me répond que l'Allemagne est sans foi, ni
loi, qu'on ne peut avoir confiance dans ses engagements;
cependant la guerre ne peut pas durer éternellement et
il arrivera bien toujours un moment où il faudra traiter.
Si vous craignez tellement la possibilité d'une nouvelle
guerre que vous continuiez celle-ci indéfiniment, vous
imiterez l'illustre Gribouille qui, ayant peur de la pluie,
se jetait dans la rivière pour ne pas être mouillé. (*Très
bien! Applaudissements sur certains bancs.*)

On dit aussi qu'il n y a pas d'entente possible quant
aux conditions. Le problème est vaste. Je ne parlerai
ni des Dardanelles ni de la Pologne, je me placerai uniquement à notre point de vue français et notre point de
vue c'est l'Allemagne, notre ennemi unique. Nous n'aurions jamais songé à partir en guerre contre l'Autriche
ou la Turquie. Eh bien! n'y a-t-il pas d'entente possible
entre la France et l'Allemagne? (*Quelques cris: Non!*)
Voyez cependant les manifestations d'opinion qui se
produisent tant de notre côté que du côte allemand.
Des voix nombreuses, ici et là, disent : pour mettre fin
à la guerre, pas d'annexion. Des Allemands le disent,
nous le disons. (*Mouvements divers.*) Je ne dis pas que
tous les Allemands le disent, je dis qu'il y a des voix
allemandes qui le disent comme il y a des voix françaises aussi et qui ne sont pas l'unanimité, ni chez
nous, ni ailleurs. Il y a des deux côtes des gens qui
disent, avec plus ou moins de sincérité : pas d'annexion.
Mais cette formule cache, il est vrai, un désaccord voilé
par une équivoque. Quand nous disons : Pas d'annexion,

nous sous-entendons quand même la reprise de l'Alsace-Lorraine et les Allemands sous-entendent qu'ils la garderont. Voilà le point aigu, vital, douloureux, et c'est celui-là que j'oserai affronter pour terminer. Je dis que si la question de l'Alsace-Lorraine n'existait pas, on pourrait s'entendre assez facilement avec les Allemands. Tâchons d'être un peu réalistes : sur quels points nos intérêts avant la guerre se heurtaient-ils à ceux de l'Allemagne ? (*Bruit, protestations.*)

M. Moutet. — Laissez parler.

Un Délégué. — Faites faire silence!

M Moutet. — On fait ce qu'on peut. Je dois évidemment prolonger le temps de parole de l'orateur en proportion de celui que vous lui prenez par le bruit et vos interruptions. (*Bravos.*)

M. Oscar Bloch. — Je disais, n'est-ce pas, qu'en dehors de la question de l'Alsace, sur aucun point les intérêts de la France et de l'Allemagne ne sont en véritable antagonisme. Il en est autrement entre l'Allemagne et l'Angleterre; ceux-là sont évidemment en état de conflit, car des deux côtés on recherche une suprématie. (*Bruit.*) Je ne fais simplement que constater un fait. Quant à nous, pour des raisons diverses, nous n'ambitionnons pas de suprématie économique; donc, sur ce point, pas de conflit fatal entre l'Allemagne et nous. D'autre part, le sol français produit une quantité de matières qui manquent à l'Allemagne et que nous avons intérêt à y écouler. De plus, n'ayant pas de prétentions à l'hégémonie économique, nous sommes plutôt un peuple d'artisans et d'artistes; nous avons des qualités de goût qui manquent aux Allemands, et l'Allemagne était à ce point de vue aussi un débouché pour nous. Seulement il y a la question de l'Alsace-Lorraine! Loin de moi l'idée de méconnaître la noblesse et la légitimité de notre revendication. On a fait violence à l'Alsace en 1870, et quand nous la réclamons, nous avons le sentiment de défendre non pas seulement notre

droit, mais le droit de tous les peuples à disposer
d'eux-mêmes. C'est ce qui donne à notre revendication
son véritable caractère devant lequel tout le monde doit
s'incliner au point de vue des principes.

Un Délégué. — Consultez l'Alsace !

M. Oscar Bloch. — Mais je reviens anx faits. Aurions-nous refait la guerre pour reprendre l'Alsace?
(*Quelques cris : Non!*) Quelques-uns d'entre nous, au
contraire, notamment à la Ligue des Droits de l'Homme,
nous nous étions ingéniés avant la guerre pour l'éviter
et pour trouver des solutions intermédiaires entre la
guerre et les exigences du droit. Eh bien ! ce sont ces
solutions intermédiaires qui seraient peut-être encore
possibles et qu'il pourrait être utile de ne pas repousser d'une manière absolue. (*Agitation dans la salle.*)

M. Moutet. — Laissez terminer, je vous en prie.

M. Oscar Bloch. — Si vous prenez l'Alsace-Lorraine
par la force, vous en aurez le droit, car c'est la force qui
jusqu'à présent sert de droit aux nations, mais vous
rouvrirez une série indéfinie de conflits. L'Alsace avant
de nous appartenir a appartenu à l'Empire germanique.
Si vous la reprenez, l'Allemagne à son tour préparera
une revanche, cette question troublera encore les destinées.....

Un Délégué. — Elle préparera toujours sa revanche,
même si nous ne reprenons pas l'Alsace.

M. Oscar Bloch. — C'est possible. Mais ne serait-il
pas préférable, dans l'intérêt d'une paix durable, que
nous puissions avoir l'Alsace par sa libre volonté plutôt que par la force? D'une manière plus générale, il
semble qu'il y aurait place, comme de bons esprits le
pensaient, avant cette terrible guerre, pour trois solutions transactionnelles. Ou bien consulter les populations. (*Nombreuses exclamations ; mouvements prolongés.*) C'est ce que réclamait M. Sembat dans les premiers jours de la guerre.

Un Délégué. — Ont-elles été consultées en 1870 ?

M. Oscar Bloch. — C'est parce qu'elles n'ont pas été consultées en 1870, qu'on doit le faire maintenant.

Donc : 1° Consulter les populations ; 2° autre moyen : assurer à l'Alsace-Lorraine une autonomie plus ou moins complète (*bruit*) sur laquelle on pourrait tout au moins discuter, négocier ; 3° autre moyen Déférer le litige à l'arbitrage, au vaste arbitrage sur lequel nous comptons. J'ai signé l'éloquente motion de notre ami Alexandre. Je pense avec lui qu'il faut mettre sa confiance dans le droit plutôt que dans la force. (*Applaudissements.*) Pour terminer ces observations, un peu cahotées, je vous ferai part d'un texte dont voici l'histoire : La Fédération de la Seine avait mis, avant le Comité Central, à l'étude la question des conditions d'une paix durable et nommé une Commission avec mission d'élaborer un projet dont je devais être le rapporteur. C'est de ce projet de la Commission que je vais vous donner connaissance. Il ne contredit pas d'ailleurs le projet de résolution du Comité Central ; peut-être l'éclaire-t-il sur certains points.

M Georges Lhermitte. — Parlez en votre nom, mais pas au nom de la Fédération de la Seine. La Fédération de la Seine ne vous a donné aucun mandat. Nous protestons.

M. Oscar Bloch. — En effet, c'est en mon nom que je parle ; mais écoutez-moi.

M. Moutet. — Il est entendu que le projet est apporté en son nom par le citoyen Bloch.

M. Oscar Bloch. — Nous nous sommes réunis un certain nombre. (Ah ! ah !)

M Georges Lhermitte — A trois.

M. Oscar Bloch. — Non, plus de trois. Je dis que la Commission avait élaboré...

M. Georges Lhermitte — Mais pas la Fédération, elle n'a pas accepté votre papier.

Un autre Délégué. — Elle ne l'a pas refusé non plus.

M. Oscar Bloch. — Voici ce projet :

*La Ligue des Droits de l'Homme proclame les principes
ci-après comme devant être la base d'une paix durable :*

*1° Aucune annexion ne sera faite sans le consentement
des populations ; aucune atteinte ne sera portée à l'indépendance politique et économique des nations grandes ou
petites.*

*2° La réparation des dommages causés par la guerre sera
mise à la charge des pays et des personnes responsables de
la déclaration de guerre et dans la mesure de leur responsabilité. Il sera donné compétence et mandat à la Cour Permanente d'arbitrage de La Haye pour déterminer les responsabilités encourues, ainsi que les dommages subis et fixer,
d'après ces bases, les indemnités à payer et à recevoir. De
plus, la Cour aura compétence et mandat pour traduire à
sa barre tous les auteurs responsables de la guerre ou des
atrocités qui y ont été commises et pour prononcer contre
eux les peines criminelles réclamées par la conscience publique.*

*3° Le traité de paix devra pourvoir à l'organisation et au
développement des institutions ci-après :*

*a) Obligation absolue pour tous les Gouvernements de sou-
mettre à l'arbitrage international tous leurs litiges, même et
surtout ceux qui touchent à l'honneur et aux intérêts vitaux
des nations et ce sous la sanction rigoureuse du boycottage
économique ;*

*b) Limitation simultanée des armements pouvant aller
jusqu'au désarmement total et fonctionnant sous le contrôle
de la Cour de La Haye.*

*c) Constitution d'une force armée internationale aux ordres
de la Cour de La Haye et destinée à assurer, contre toutes
les résistances, le respect et l'exécution de ces décisions et des
sanctions qui y seront attachées.*

*d) Enregistrement obligatoire de tous les traités interna-
tionaux par la Cour de La Haye. Les traités non enregistrés
seront dépourvus de toute force exécutoire et ne créeront
aucune obligation valable.*

Nous reprendrons sans doute quelques-uns de ces
points sous forme d'amendements. (*Quelques applaudissements.*)

M. Moutet. — Je donne la parole à M. Blumenthal,
ancien député au Reichstag. (*Applaudissements.*)

Discours de M. Blumenthal

M Blumenthal (section d'Ancy le-Franc, Yonne). —
Je suis un des plus jeunes membres de la Ligue. Je
ne me serais pas permis de prendre la parole, si
M. Bloch n'avait pas abordé une question qui m'a
touché vivement. M. Bloch a cru devoir, dans le
cours de son exposé, insister particulièrement sur ce
point, qu'il ne faut pas faire de sentimentalisme. Je
suis tout à fait d'accord; mais il ne faut pas confondre
le sentimentalisme avec le sentiment, et, pour moi, une
vie politique très longue m'a toujours raffermi dans la
conviction que le sentiment joue un rôle plus grand que
la raison. La raison doit dominer ; mais il ne faut pas
subjuguer les bons sentiments. (*Applaudissements.*)

Si M Bloch avait eu l'infortune de vivre pendant
quarante-quatre ans sous le régime d'une Allemagne
où dominait, non pas la Prusse, mais l'esprit prussien,
je crois qu'il aurait sur bien des points revisé son
jugement. Je suis convaincu que nous aurons la victoire, et moi j'ai la certitude, j'ai la foi dans la victoire.
(*Vifs applaudissements*). J'ai une foi raisonnée et non
pas aveugle; mais je suis certain que la France aura
la victoire avec les Alliés, la victoire la plus complète.
Elle l'aura, bien que l'Allemagne soit très forte ; jamais
je n'ai mésestimé l'Allemagne au point de vue de la
force ; je l'ai toujours déclaré dans mes conférences
faites en France ; jamais je n'ai caché que l'Allemagne
est un peuple d'une force vraiment colossale ; il ne faut
pas s'en moquer, parce que, à notre détriment, nous
avons senti le colossal de cette force. (*Très bien!*)

Pour comprendre ce que nous pouvons atteindre, il
faut d'abord reconnaître que cette force existe; elle est
encore aujourd'hui très grande, mais pas assez pour
pouvoir résister à la longue aux efforts combinés de la
France et de ses Alliés. Et cela suffit pour me faire
croire à la victoire finale. Donc, si j'envisage les possibilités de la paix, je ne puis pas partir d'un autre point
de vue que de celui de la victoire la plus complète,

J'accorde à M. Bloch que, si nous ne devions pas avoir
cette victoire — je peux me tromper comme .tout le
monde, mais nous savons dès aujourd'hui que nous n'aurons pas une défaite complète; — alors, « subsidiaire-
ment », comme vous l'avez fort bien dit, on pourrait
envisager d'autres possibilités. Mais, en attendant, je
ne veux pas les regarder, parce que nous aurons la
victoire, et, avec elle, la paix la plus parfaite, c'est-à-dire
la paix que nous imposerons à ceux qui l'ont troublée.
(*Vifs applaudissements.*)

J'apprécie beaucoup l'organisation future d'une juridiction internationa e avec la force necessaire pour
donner une sanction a ses jugements. Mais nous n'aurons pas le temps d'attendre que ce rê e s'accomplisse;
nous n'avons pas le temps d'attendre cette organisation
pour prendre, en raison de la force que nous aurons par
la victoire, la force au service du Droit, les mesures
indispensables pour empêcher le retour d'une criminelle
agression.

Je ne veux pas examiner ici les différents points
que peut susciter la question des sanctions. Je ne songe
pas à entrer dans cette question : « Fera-t-on une annexion ? La fera-t-on complète, sous forme de rectifica-
tion de frontière, sous forme de garanties pour l'avenir...

Un Délégué — Mais l'abbé Wetterlé le dit bien ; il
est moins reservé que vous.

M. Blumenthal. — Je ne suis pas juge de l'attitude
de M. Wetterlé ; je n'ai pas à m'expliquer sur les déclarations qu'il a pu faire, il ne faudrait pas croire qu'il y
a unité de vues entre tous les Alsaciens-Lorrains.

Un Délégué. — C'est important, cela.

M. Blumenthal. — Moi, je suis membre de la Ligue
des Droits de 1 Homme, et d'autres sont membres
d'autres organisations. L'Alsace n'a pas sur toutes
choses la même opinion, ce serait même malheureux.
Les Alsaciens-Lorrains sont très divisés sur bien des
questions, et c'est en cela encore qu'ils ressemblent

beaucoup aux autres Français. (*Applaudissements ; Rires.*)

Je voudrais seulement m'arrêter à la question de l'Alsace-Lorraine, parce qu'elle intéresse très justement. C'est une question essentielle ; mais si je tiens à dire que je ne m'arrêterai qu'à cette question, je ne voudrais pas qu'on puisse conclure de mon silence que, sur les autres questions, je suis complètement d'accord avec M. Bloch. Je ne songerai même pas à dire que je suis pour une annexion ou contre des annexions. Je n'ai pas à formuler, je crois que ce serait dangereux, des idées là-dessus. Je ne les formule pas avec intention. Je lis régulièrement la presse allemande et je vois que ce sont les Allemands qui veulent nous attirer dans un débat sur cette importante question pour faire dévier la question des origines et des responsabilités de la guerre. (*Applaudissements.*) C'est là le danger de la discussion des annexions. On a fort justement relevé tout à l'heure qu'en Allemagne, il y avait une majorité pour les annexions, même sans limites. Eh bien ! dans cette question des annexions, il me semble que nous ne devons pas suivre les Allemands. Nous discuterons cette question au jour que nous aurons choisi. L'Allemagne voudrait que peu à peu se créât une ambiance qui lui permette de dire : « Voyez, les Français veulent çà, les Anglais ça ; vous voyez donc qu'il fallait la guerre ; tout le monde veut des choses qui ne lui sont pas dues ». Elle voudrait bénéficier de cela et dire : « Ah ! la guerre était bien inévitable, les Allemands ont plus ou moins bousculé la Belgique, mais ils ne l'auraient pas fait si on ne les y avait pas forcés ». C'est ce que les Allemands voudraient faire entrer dans les crânes ; ce n'est pas à nous à leur faciliter ce travail. (*Applaudissements ; Mouvements divers.*)

Ne discutons donc pas cette question, c'est prématuré. Contentons-nous de dire que les Français délibéreront en pleine liberté sur les mesures indispensables pour éviter à l'avenir une agression comme celle dont nous avons été les témoins et les victimes. (*Applaudissements.*)

Alors, plus tard, nous verrons quand le moment sera
venu de discuter avec les Allemands. Cependant, je
relève encore quelque chose : M. Bloch avait l'air de
dire : il ne faut pas faire trop de mal aux Allemands,
parce qu'on pourrait en faire des brigands. Qui est-ce
qui les a contraints de se conduire dès maintenant en
brigands ?

Je suis très heureux que nous n'ayions pas provoqué
cette guerre, et qu'à la suite de cette guerre, nous puissions rentrer dans la France. Si on avait demandé aux
Alsaciens-Lorrains : « Voulez-vous qu'au prix d'une
guerre nous vous fassions rentrer dans la mère-pa-
trie ? » Nous aurions répondu : « Nous n'avons pas le
courage de demander un tel sacrifice ». (*Longs et unanimes applaudissements.*)

Ce n'est pas la question de l'Alsace-Lorraine qui est
cause de cette guerre, et même, si nous n'avions pas
été divisés avec les Allemands sur cette question, il y
aurait eu la guerre. Nous savons bien qu'elle a éclaté
sur de toutes autres questions. On dira : voyez, à
l'origine des armements et des alliances, il y a eu la
question de l'Alsace-Lorraine, mais enfin, ce n'est pas
à propos de l'Alsace-Lorraine qu'a éclaté la guerre.
Mais maintenant que l'Allemagne a déchiré le traité de
Francfort, tous les Alsaciens-Lorrains désirent le retour
à la France. On ne peut traiter l'Alsace-Lorraine comme
un pays qui serait réannexé ; non, car c'est un pays qui
a été volé à la France. (*Très vifs applaudissements.*) Ce
serait une grande erreur que de traiter la question de
l'Alsace-Lorraine comme une simple question de nationalités, parce qu'il y a une équivoque là-dessous.
L'Alsace-Lorraine, comme nationalité, est une fiction
allemande, c'est une création artificielle. Les Alsaciens-
Lorrains ne sont ni une nation, ni une nationalité, ils
sont une portion de la nation française. (*Longs applaudissements.*) Ah! si les Alsaciens qui sont encore sous
le joug allemand avaient entendu vos paroles, ils
auraient été bien peinés, car ces Alsaciens auraient
considéré comme une injure que de leur demander :

« Voulez-vous accepter d'être plutôt Allemands que Français? » Mais si on leur avait dit : « Voulez vous vous contenter de plus d'autonomie, d'un régime moins rigoureux, voulez vous tout cela plutôt que la guerre ? Ils auraient répondu : « Tout, plutôt que la guerre. »

Maintenant, les choses sont bien changées et la question d'Alsace-Lorraine a pris aujourd'hui une toute autre tournure qu'avant la rupture de la paix par l'Allemagne. Aujourd'hui que l'Allemagne a déchiré le traité de paix de Francfort, il ne lui reste plus aucun titre sur l'Alsace-Lorraine que celui qu'elle pourrait acquérir par la force; l'Alsace-Lorraine est encore entre les mains de l'Allemagne, mais le traité qui lui a cédé l'Alsace-Lorraine n'existe plus. (*Applaudissements.*)

N'oublions pas que nos alliés, que d'autres, qui seront à la Conférence de la Paix attacheront une grande importance à cette question de fait. On se demandera quels seront les sentiments des Alsaciens-Lorrains. Vous ne pouvez pas venir et dire : nous allons le leur demander. Ce ne serait pas sérieux. D'abord l'Alsace-Lorraine est envahie par beaucoup d'Allemands. Voulez-vous donner voix au chapitre à ceux-là qui ont été nos tortionnaires pendant quarante-quatre ans? (*Applaudissements.*) Je ne veux pas trop longtemps retenir votre attention. (*Cris nombreux : Parlez ! Parlez ! Cela ne fait rien !*) Il convient, avant tout, dans cette question, de retenir que ceux qui habitent l'Alsace-Lorraine, l'immense majorité des Alsaciens-Lorrains, sont demeurés indéfectiblement fidèles à la France. Nous ne pouvions pas dire cela comme nous pouvons le déclarer aujourd'hui ici, et même ceux qui, comme moi, étaient dans tous les Parlements où l'Alsace-Lorraine pouvait envoyer des mandataires, étaient tenus de s'imposer, dans l'intérêt de leurs commettants et de toute la population, une certaine reserve, car ils n'avaient pas le droit, pas le pouvoir de parler un franc langage ; nous avons très souvent parlé assez librement ; mais nous n'avions pas le droit d'aller jusqu'aux ultimes limites, parce qu'on se serait servi de nos paroles imprudentes, non pour accorder des droits, mais pour créer de nouvelles difficultés à la population, pour la chicaner.

Il faut qu'on considère bien que la question de l'autonomie de l'Alsace n'était pas une question où nous avions à nous expliquer avec la France, mais exclusivement avec l'Allemagne. Nous étions abandonnés, sans conditions ; c'était à nous à nous faire une situation dans cette Allemagne qui jamais n'a accordé le plein droit de citoyen aux Alsacien-Lorrains. Donc, nous ne pouvions demander que des choses réalisables en Allemagne. C'est de ce point de vue que nous exigions, dans le cadre de l'Empire allemand, une autonomie, non pas en dehors de l'Allemagne, car il aurait été interdit d'en parler ; c'eût été de la haute trahison, et les Allemands sont très chatouilleux sur ce point. Mais si on nous avait demandé : que préférez-vous ? Rentrer dans la France ou l'autonomie. ...

M. Oscar Bloch. — Eh bien ! alors, consultons-les ! (*Exclamations.*)

M. Blumenthal. — Il y a une quantité de raisons pour lesquelles on ne nous consultera pas. Consulter l'Alsace-Lorraine, ce serait donner une prime aux traîtres, ce serait dire que ceux qui ne sont pas restés fidèles à leur devoir envers la France ont les mêmes droits que tous les autres et qu'il était indifférent de se joindre à la France ou à la Prusse. Non, jamais, les vrais Alsaciens-Lorrains n'accepteraient pareille solution.

Si on nous avait dit, avant la rupture de la paix : l'Allemagne veut faire une grande concession à la France ; elle n'accepte pas le point de vue de la France qu'elle a volé l'Alsace-Lorraine ; elle se base sur le traité de Francfort. Eh bien ! le traité est là ; mais pour être tout à fait sûr de l'avenir, pour bien nous entendre, on va faire de l'Alsace-Lorraine une espèce de trait d'union. Si l'Allemagne, sans son insatiabilité, sans son orgueil, avait eu ce mouvement, non seulement généreux, mais de haute intelligence, de nous faire voter, il n'y aurait pas eu la guerre et l'Alsace ne serait pas restée à l'Allemagne. Mais aujourd'hui, l'homme qui a commis ce crime n'est pas tout à fait intact dans ses droits et il ne peut venir se présenter devant l'univers comme s'il n'avait rien fait. (*Très vifs applaudissements.*)

Un Délégué. — C'est absolument comme si on disait aux départements du Nord ou de l'Aisne : « Voulez-vous qu'on fasse un plébiscite pour savoir si vous voulez rester Allemands ? »

M. Blumenthal. — C'est très juste, je vous remercie. Je vais beaucoup plus loin qu'on va généralement et je dis que l'Alsace-Lorraine, en 1871, par elle-même, n'aurait jamais eu le droit de dire si elle voulait rester française ou devenir allemande. Elle était bien française ; il ne lui appartenait pas du tout de se prononcer, et la France, j'en suis convaincu, n'aurait pas abandonné ses droits. En France, dans bien des contrées, il y a bien des fonctionnaires, surtout de la police, qui s'imaginent que les Alsaciens sont des Allemands. Je ne cesse de leur dire : « Alors, il serait absurde de reprendre l'Alsace-Lorraine, il y a assez de Boches en France, il n'y en a pas besoin de 1.800.000 de plus ». (*Applaudissements.*)

Laissez-moi, pour conclure, dire ceci : « En 1871, — je ne parle pas de la question de l'importance des sentiments alsaciens, — je parle au point de vue des faits, du point de vue politique auquel se sont placés les Alsaciens-Lorrains en 1871. A l'unanimité, ils ont protesté contre la cession à l'Allemagne ; ils ont déclaré qu'ils conserveront tous et chacun leur droit de revendiquer de faire partie de la nation française. C'était en 1871 ; ils le déclarèrent deux fois : une fois en février et une fois en mars à l'Assemblée de Bordeaux. La première fois qu'on a donné la parole à l'Alsace, en 1874, quinze députés au Reichstag ont déclaré qu'ils protestaient et que leurs mandants les avaient envoyés tous, sans exception, pour dire qu'ils protestaient contre l'annexion et qu'ils revendiquaient le droit des nationalités de disposer d'elles-mêmes, — n'entendez pas la nationalité alsacienne et lorraine, — ils protestaient contre la violence faite à la nationalité française en en détachant une partie. Or depuis, ces protestations concordantes, jamais, malgré toutes les tentatives du gouvernement allemand, jamais elles n'ont été rapportées par aucune manifestation équivalente, jamais les députés d'Alsace-Lorraine, ou la majorité même, ont déclaré qu'il fallait annuler les protestations de 1871 et 1874. Or. ces protestations étaient faites, comme la protestation de Bordeaux. pour les déclarants eux-mêmes et pour leurs descendants.

Donc, au point de vue du droit politique, nous nous trouvons aujourd'hui en face d'une protestation et en face de la rupture du traité qui s'opposait à cette protestation. Je n'ai pas entendu, dans ce que M. Bloch a lu, qu'il y avait une équivoque entretenue par les Allemands sur l'annexion de l'Alsace-Lorraine.

Un Délégué. — C'est pour cela que la Fédération de la Seine ne l'a pas voté.

M. Blumenthal. — Permettez-moi de vous dire que, depuis 1871, toute la population d'Alsace-Lorraine, toute la population autochtone, a montré par des actes extérieurs quel était son attachement continu pour la France.

D'abord, je n'ai pas à vous dire que, jusqu'en août 1914, la presse française pouvait relater tous les jours des exactions des Allemands en Alsace-Lorraine. Vous savez que l'Alsace-Lorraine, jusqu'aux derniers moments, était sous un régime d'exception. L'Allemagne aurait été heureuse de lever ce régime d'exception, si elle avait pu considérer les Alsaciens comme de bons Allemands. C'est pour cela qu'on en a fait des sujets, des citoyens c'eût été trop beau ; puis, aucun Allemand n'est citoyen, mais les Alsaciens-Lorrains étaient des sujets de deuxième classe. Or, ces sujets de deuxième classe seront des citoyens français de toute première classe, je l'espère bien. (*Vifs applaudissements.*) Tous

ceux qui ont eu l'occasion de s'en aller rejoindre l'armée
française au risque d'être fusilés, se sont rendus coupables, au point de vue du droit strict, de haute trahison.
Depuis, il y a régime de terreur en Alsace-Lorraine. Or,
il ne serait pas nécessaire si l'Alsace Lorraine n'était
pas indéfectiblement attachée à la France.

Elle veut retourner à la France, mais elle demande à
la France de demeurer assez forte pour qu'elle n'en soit
plus jamais séparée. Dire quelles seront les mesures à
envisager, faut-il l'une et l'autre de celles que M. Bloch
a discutées, je ne m'en mêle pas. J'ai eu pourtant le
sourire lorsqu'on a parlé de l'efficacité du blocus continental de Napoléon Ier, car les Allemands, les pangermanistes ont, en de longs articles, déclaré que c'était
l'idée la plus géniale de Napoléon, et que l'Allemagne
avait commis la plus grande faute de ne pas se joindre
alors à lui pour abatire l'Angleterre. (*Applaudissements
répétés.*)

*(Nous aurions voulu donner ici le discours éloquent
de notre collègue, M. Léon Baylet, professeur au Lycée
de Bordeaux, président de la Fédération girondine, de la
Ligue des Droits de l'Homme. Mais, avec une modestie
que nous nous permettons de juger excessive, notre collègue nous a priés de passer sous silence son intervention.
Nous regrettons vivement de ne pouvoir la publier.)*

Discours de Mme Séverine

Mme Séverine (Section du 4e arrondissement, Paris).
(*Vifs applaudissements.*) — Tandis que parlaient les divers orateurs qui m'ont précédée à cette tribune, je me
reportais aux origines de notre rencontre, si lointaines
déjà. Beaucoup, parmi ceux-là, qui étaient à l'époque,
jeunes encore, ont aujourd'hui les cheveux blancs. Et
c'est pour les autres que je voudrais évoquer, ensemble, les débuts de la Ligue.

Rappelez-vous : une iniquité affreuse avait été commise. Il y avait par là-bas, au bout du monde, dans une île pénitentiaire, l'île du Diable, la bien nommée, un homme expiant un crime qu'il n'avait pas commis. L'opinion était contre lui, toute entière déchaînée... Nous fûmes une poignée, une poignée d'hommes et de femmes qui résolurent d'aller à l'encontre de cette opinion, et nous pouvons dire le mot (on l'osait alors !) de toute la Patrie française ! (*Vifs applaudissements.*)

Il nous semblait que même ce grand mot de « Patrie française » ne devait pas l'emporter dans la balance sur ce qui était — vous vous en souvenez, mes contemporains ? — la Vérité, la Justice et la Lumière. (*Applaudissements.*)

Ah ! ne les devinez-vous pas là, invisibles, les ombres de nos disparus : Jaurès, au crâne sanglant, puni d'avoir eu trop raison, parce qu'il ne fallait pas que l'avenir lui donnât gain de cause, frappé parce qu'on redoutait sa clairvoyance, son courage et sa résolution ; Francis de Pressensé, qui était la sagesse de nos débats..... et tant d'autres ! Vous vous rappelez sous quels outrages ils marchèrent, comment ils furent traités d'agents de l'étranger ?..... Approuvés de nos consciences, soutenus par un idéal supérieur, à leur exemple et sur leurs traces, nous allions, mêmement outragés, au détriment de notre présent et du futur, au mépris de tous nos intérêts, à l'encontre, parfois, de nos plus chers liens d'amitié !

Ainsi sans trêve, sans jamais nous lasser, nous avons fait telle dépense d'énergie, de foi et d'endurance, que nous avons successivement renversé tous les obstacles, que nous avons remporté une victoire pacifique, ineffaçable — qui reste, pour tous ceux qui menèrent le bon combat, un honneur éternel ! (*Vifs applaudissements.*)

Aujourd'hui, ce n'est plus d'un isolé qu'il s'agit ; c'est de toute une humanité dolente et meurtrie : les nôtres, les autres, tués — et pas par centaines, pas par milliers, mais par millions ! Saignée aux quatre veines, cette humanité agonise ; le droit de chaque homme est mutilé : le droit de chaque combattant français tombé en holocauste à la patrie, comme de chaque combattant allemand qui, n'ayant pas voulu la guerre, paie pour ses maitres ! (*Longs applaudissements, mouvements.*)

On a parlé ici éloquemment, pratiquement, idéalement. Mes camarades pacifistes se sont fait entendre, mes camarades pacifistes, avec lesquels nous avons mené de belles campagnes qui, toutes, n'étaient pas aussi modsetes que le professeur Richet, trop modeste, a bien voulu dire. Car je me rappelle des villes où des populations entières venaient nous entendre, et s'en retournaient songeuses, ayant acquis de quoi méditer davantage — méditer et espérer! J'ignore si les événements ont pu influer sur leur jugement, les détacher de nous.....

Ce que je sais, c'est que nous voici de nouveau une poignée de gens destinés à être calomniés et méconnus, comme le furent les fondateurs de la Ligue, il y a dix-huit ans ; que nous marchons à de dures épreuves, mais par les mêmes voies qui jadis nous conduisirent — je répète exprès les noms de notre triple but — à la Vérité, à la Justice, à la Lumière ! On ne se guérit pas de ces folies-là. (*Applaudissements.*) On ne se guérit pas de la passion du scrupule. Et nous avons pris pour jamais, lors de l'affaire Dreyfus, il faut nous le pardonner, le goût d'être toujours des minoritaires, et aussi le goût des hardiesses qui nous valent l'honneur de l'impopularité ! (*Vifs applaudissements.*)

...Je sais, proche Paris, une petite campagne heureuse ; elle n'a pas connu l'invasion, elle n'a pas connu l'occupation ; il lui manque quelques hommes, voilà tout. La nature y a gardé son calme, les feuilles se détachent doucement des arbres, la rivière ondule, maigrelette, entre les saules bas coupés, ourlée de roseaux verts..... C'est joli..... Seulement, parfois, gronde un bruit sinistre. Et alors, on ne voit plus valser les feuilles, ni courir l'eau moirée, ni passer le vol bleu d'un martin-pêcheur. On dit: « C'est le canon ! »

Eh bien ! dans toutes les délibérations qui ont eu lieu jusqu'ici, j'aurais souhaité l'écho de cette ponctuation-là. (*Vifs applaudissements. Mouvements prolongés.*)

« La paix durable »!... Ah! ce qu'il faut, et je vous le dis du plus profond de mon cœur de femme, ce qu'il faut, c'est ne perdre aucune occasion d'en activer l'avènement Il est trop commode de qualifier tout souhait de voir abréger le massacre de « paix allemande », de « paix de l'ennemi ». Quelles épithètes encore nous seront réservées ?..... Fidèles à ce qui a été la doctrine de toute notre vie, nous disons : « Vous allez inscrire l'arbitrage dans votre projet de résolution ; mais, par pitié pour l'universelle angoisse, tâchez que cet arbitrage soit proposé, intervienne dès que possible ».

Il est un mot qui a beaucoup retenti à cette tribune, et que je ne puis entendre, je l'avoue, sans connaître le dissentiment intérieur de la douleur et du désir, le désaccord entre la raison acquise et l'atavisme subi, c'est le mot de « victoire »!..... La victoire n'est pas tout. La Victoire de Samothrace, décapitée, est au moins en plein vol — je ne veux pas qu'on en arrache l'idéal, je fais fi d'une victoire sans ailes ! (*Vifs applaudissements. Longue sensation.*)

Certains font parler les morts : qui en a le droit? Hélas, depuis 1914, vous le savez bien, il a poussé des épis sur les charniers, et l'on a déjà mangé de ce pain-là ! La grande nature éternelle reconquiert peu à peu les sépultures ; le passant n'est rien — reste la vie ! Vous croyez que les morts sollicitent la vengeance, les représailles, le mal pour le mal? Je crois, moi, qu'ils sont entrés dans la sérénité infinie, et qu'il ne sort des tombes que des conseils de paix, de sagesse et d'amour ! (*Vifs applaudissements.*)

Les morts? Ils sont peut-être plus heureux que les survivants ! Pensez que chaque minute sonne un glas, que chaque heure, chaque journée, coûte d'innombrables existences..... tandis qu'ici nous délibérons, pour savoir à quel temps reporter l'arbitrage, qui risque de s'exercer, peut-être alors, dans un immense cimetière, dans un monde dépeuplé ! (*Applaudissements répétés, quelques interruptions, mouvements divers.*)

Comment! Vous demandez des enfants.....

Une voix. — Nous voulons que les enfants de ces hommes qui se font tuer chaque jour vivent dans la paix !

Mme Séverine. — Nous voulons, nous, que leurs pères reviennent, dès qu'on les pourra faire revenir ! (*Applaudissements, mouvements divers.*)

Une voix. — Demandez-le aux Allemands !

Mme Séverine. — Qui m'a jamais entendu donner un conseil de lâcheté ?

M. Moutet. — Quoi qu'on pense, c'est une parole qu'on peut écouter. (*Applaudissements.*)

Mme Séverine. — Je ne parle pas pour le vain plaisir de me faire entendre. Il m'a semblé qu'il y avait un devoir de conscience à remplir. Je n'ai pas, surtout, la prétention de parler au nom de toutes les femmes ; je ne représente ici que celles qui pensent comme moi. Il est des femmes belliqueuses : n'allant pas au.combat, je ne me reconnais pas le droit d'y pousser les autres. (*Vifs applaudissements.*)

Alors, je conclus simplement : j'ai signé la proposition Alexandre, parce qu'il m'a semblé que c'était celle qui avançait le plus sur le chemin de la paix.

Ce que je pense de ceux qui ont lancé l'Europe dans cette guerre, de ceux qui ont forcé la Belgique, de ceux qui ont manqué à la foi jurée, et fait primer le droit par la force, ce que je pense de ceux qui ont été cruels par plaisir et destructeurs de chefs-d'œuvre, ai-je besoin de le dire ? Exactement ce que j'ai pensé toujours des conquérants, où qu'ils aient exercé leurs ravages..... Mais je songe aussi, et plus encore, à ce qui se peut sauver de vie humaine, la vie des fils, des pères, des frères, des époux !

En tous pays, des femmes souffrent, gémissent, tendent les mains, implorantes..... Au nom de celles-là, je vous supplie de considérer qu'il y a déjà trop de sang versé, qu'il en coule chaque jour davantage, qu'il faut sauver cette humanité en péril !

(*Salves répétées d'applaudissements. Longue sensation.*)

Discours de Mme Maria Vérone

Mme Maria Vérone, avocat à la Cour, membre du Comité Central. — Je ne me cache pas que la tâche que j'entreprends en ce moment est périlleuse. Venir contredire notre grande amie Séverine, c'est un peu d'audace, mais cependant elle a dit qu'il fallait avoir du courage ; j'en aurai. Je serai de ces femmes belliqueuses qui, sans aller aux tranchées, ne veulent pas de la paix pour le moment.

En principe, nous sommes d'accord avec tous les membres de la Ligue, qui ont signé, ou qui ont envoyé leurs signatures et dont le nom ne figure pas au bas du manifeste ; en principe, nous sommes d'accord avec Séverine. Certes, nous voudrions avoir la paix demain, aujourd'hui même... si cela était possible ! Mais c'est là le grand point d'interrogation qui se pose. Le peut-on ? (*Non ! non ! si ! si !*)

M. Moutet. — Vous pourrez continuer le dialogue pendant longtemps. (*Rires.*)

Mme Maria Vérone. — Si vous voulez d'une paix boiteuse, d'un marchandage quelconque, essayons, M. Mauranges, certainement, nous l'aurons. Mais si nous voulons de la paix telle que l'a indiqué Séailles dans son rapport, tel que l'a indiqué notre président Ferdinand Buisson dans la motion qui a été discutée par le Comité Central, si nous voulons une paix certaine, une paix juste et définitive, eh bien ! ce n'est ni aujourd'hui, ni demain. .

Plusieurs voix. — Quand il n'y aura plus personne ! La paix des morts !

Mme Maria Vérone. — Séverine disait : « Il y a des hommes qui meurent chaque jour. Nous autres, qui sommes pacifistes, nous devons faire tout ce qui est en notre pouvoir pour ramener la paix. Nous sommes une infime minorité, nous étions autrefois traités de

vendus, de sans-patrie, et nous tenons à être encore dans
une minorité, dussent les sarcasmes nous atteindre ».
Eh bien! je crois que notre rôle, quoique nous ayons
l'air d'être dans la majorité, est au moins aussi difficile
que le rôle pris par notre amie Séverine. Elle nous dit:
« Vous étiez pour la paix hier, vous serez pour la paix
par l'arbitrage demain; vous n'êtes plus pour l'arbitrage
aujourd'hui, vous n'êtes plus fidèles à vos principes. »
Et ainsi c'est nous, ma pauvre Séverine, qui sommes
aujourd'hui les traîtres. (Séverine fait un geste de dénéga-
tion). Nous ne sommes plus de ceux qui sont fidèles
à leurs principes, avez-vous dit, Séverine! et par conséquent, nous avons l'air de trahir en nous trouvant dans
la majorité. Le rôle est pénible et difficile à tenir. Mais,
malgré cela, nous avons le courage de tenir ce rôle et
de dire : Nous ne sommes point du tout infidèles à nos
principes, et croyez bien que nous ne sommes pas des
traîtres.

Mme Séverine. — Personne ne l'a dit.

Mme Maria Vérone. — Nous étions pour l'arbitrage
hier, nous le serons demain ; mais il y a une différence
dans la conception de cet arbitrage. S'il était possible
dans le conflit actuel, si vous nous apportiez quelque
chose de pratique, (Une voix : Très bien!) immédiatement nous serions avec vous. Je crois bien que dans
notre Comité nous avons passé des journées entières à
discuter sur ces questions, à rechercher si nous pouvions
amener les belligérants à proposer ou à accepter l'arbitrage. Et après avoir tourné, retourné le problème sous
toutes ses faces, nous nous sommes constamment heurtés
à des difficultés matérielles et pratiques, si bien que nous
en sommes arrivés, hélas! nous autres, pacifistes — et
qui restons, malgré tout, des pacifistes — à être aujour-
d'hui ce que vous avez appelé des belliqueux. Croyez
que cela nous a été infiniment douloureux. Si nous
étions réellement des belliqueux, si nous avions abandonné nos principes, abdiqué ce qui a été, ce qui reste
notre idéal, nous aurions cherché dans la victoire le

triomphe de la force et uniquement de la force. Or, au contraire, relisez la déclaration, relisez le rapport, relisez la motion proposée à ce Congrès, et vous verrez qu'à chaque ligne, il y a ceci : nous ne pouvons obtenir la victoire que par la force, mais nous ne nous servirons ni de cette victoire, ni de cette force, pour imposer quoi que ce soit qui ne soit pas la justice et le droit. (*Vifs applaudissements.*)

M. Georges Demartial. — Pourqui ne pas le demander à l'arbitrage ?

Mme Maria Vérone. — Nous l'avons cherché par tous les moyens.

M. Georges Demartial. — Indiquez-les.

Mme Maria Vérone. — Nous avons écouté les discours prononcés par Mme Séverine, par M. Alexandre; s'ils nous avaient apporté des moyens pratiques, au moins nous aurions pu discuter. Mais ils nous ont dit simplement : « Il faut l'arbitrage ». Eh bien ! et les arbitres ? (*Bruit.*)

Un Délégué. — Alors, il n'y aura jamais d'arbitrage.

M. Georges Mauranges. — Vos critiques porteront demain contre l'arbitrage lui même. Dites franchement que vous ne serez jamais partisan de l'arbitrage.

Mme Maria Vérone. — Vous voyez bien que nous continuons à être des traîtres. (*Bruit.*) Nous vous apportons une solution qui, je vous le répète, n'a pas été faite en quelques minutes, qui a été discutée longuement ; c'est à votre tour maintenant de nous apporter une solution pratique, une solution écrite. Nous sommes prêts à recommencer toutes les discussions ; mais il ne s'agit pas de nous apporter des mots, des phrases. (*Vifs applaudissements sur quelques bancs, interruptions sur d'autres, agitation.*) Nous sommes ici pour discuter des résolutions pratiques. Eh bien ! peut-être nous trompons-nous, mais nous estimons que ce que vous nous avez apporté, ce ne sont que des mots et non pas

des choses réalisables. Nous verrons tout à l'heure
quand on votera. Pour l'instant, nous maintenons nos
principes et les principes de la Ligue, dans la résolution que nous vous présentons. Nous étions pacifistes,
nous étions internationalistes ; est-ce que nous avons
abandonné nos principes, lorsque nous prétendons qu'il
faut une victoire pour assurer la paix durable..., par
quels moyens ? Par une moralité internationale et par
l'organisation d'une Société des Nations. L'organisation
d'une Société des Nations, nous en discutions encore
avant-hier, comprend un parlement, un code, un tribunal....,

Un Délégué. — Et une gendarmerie !

Mme Maria Vérone. — Mais il nous semble impossible d'appliquer des sanctions lorsqu'il n'y a pas de
code, de se présenter devant un tribunal quand il n'y a
pas de magistrats. Si nous voulons une victoire absolue, c'est pour nous permettre d'organiser ce qui jusqu'à présent était pour ainsi dire un rêve ; ce qui, pour
beaucoup, paraissait être une fiction ; ce qui faisait
qu'on nous traitait d'illuminés, alors que l'on voit, au
contraire, que l'on pourra, dès demain, commencer à
organiser ce rêve, à le faire devenir une réalité. Nous
avons tellement peu abdiqué nos principes et nos idées,
que nous avons recherché les moyens pratiques de
réaliser le plus rapidement possible ce qui était réalisable dans notre programme. Nous souhaitons qu'il y
ait un embryon même de la Société des Nations.

Les Alliés ont déclaré — et nous voulons croire à leur
sincérité — qu'ils voulaient tous faire triompher le droit
et la justice, rendre impossibles les guerres futures.
Nous nous adressons donc aux Gouvernements des
Nations alliées ; nous leur disons : « Il n'existe pas encore entre vous de traités d'arbitrage complet ; signez-en
immédiatement ». Mais comment voulez-vous que nous
allions actuellement demander un arbitrage pour le
conflit présent, alors que les Alliés eux-mêmes n'ont
pas entre eux de traités d'arbitrage absolu et sans

réserve. Demandons qu'il y ait un commencement d'entente, un embryon de Société des Nations entre les Gouvernements alliés ; ce sera le commencement de la moralité internationale qui, jusqu'à présent, n'a jamais existé. Ceci est une chose possible que nous réclamons, non pas pour demain, après une victoire quelconque, mais tout de suite. Nous disons aux gouvernants : si vous êtes sincères, montrez-le, et faites immédiatement ce que vous dites avoir l'intention de faire dans l'avenir. Nous avons recherché toutes les solutions possibles ; si nous en avions trouvé une autre, plus pratique, qu'on puisse réaliser tout de suite, nous l'aurions présentée. Il est facile de dire : Ne nous battons pas ! Alors nous allons demander la paix tout de suite? Eh bien ! il y a ceux qui se battent, nous avons le droit de leur demander leur opinion (Une voix : Et le devoir?) ...Et le devoir ! Eh bien ! est-ce que vous croyez qu'ils sont nombreux ceux qui désirent déserter les tranchées? (Plusieurs voix : Mais qui demande cela?) Si vous laissez croire en ce moment à la Nation, si vous laissez croire aux combattants que les républicains les plus avancés — comme ceux de la Ligue des Droits de l'Homme — auraient peut-être la possibilité d'amener les belligérants à une paix honorable et qu'ils se refusent à rechercher les moyens d'amener à cette paix, vous arriverez à quoi? A démoraliser le pays, à démoraliser les soldats, et vous n'arriverez qu'à cela. (*Applaudissements.*) C'est pourquoi, quitte à paraître traître.....

Mme Séverine. — Personne n'a dit ce mot. Me l'attribuer pour pouvoir le réfuter est artifice de prétoire que je n'admettrai pas ici. Je n'ai jamais prononcé le mot de « traître », je n'y ai même pas songé. Donc, je proteste contre l'a légation et contre le procédé.

Mme Maria Vérone. — Vous avez déclaré que vous étiez fidèle à nos principes. Comme nous sommes d'avis diamétralement opposés sur la résolution, c'est donc que nous autres nous sommes infidèles, que voulez-vous? (*Bruit.*) Je voudrais que nous ne nous payions

pas de mots, et je répète, quitte à paraître traîtres avec
ce que nous pensions autrefois, quitte à recevoir n'importe quel quolibet, quitte à nous entendre dire que
nous sommes belliqueux alors que nous ne nous battons
pas, nous maintiendrons notré opinion parce qu'elle est
le résultat de longues discussions, parce que nous
sommes persuadés que nous n'obtiendrons pas autrement quoi que ce soit de sérieux et de durable. Nous
sommes encore internationalistes. Mais, malheureusement, l'ennemi nous a imposé actuellement la force, et
nous devons nous défendre. Nous nous défendrons par
la force (*Quelques exclamations*), si nous ne pouvons
pas faire autrement. Oui, s'il faut la force, nous l'em-
ploierons jusqu'au bout. (*Applaudissements.*)

M. Deguise. — Citoyens, je veux dire tout simplement
que je m'incline respectueusement devant la déclaration
de Mme Séverine. Elle a dit et exprimé mieux que je
ne saurais le faire mes propres aspirations. Je renonce
donc à la parole. (*Applaudissements.*)

Discours de M. Gaston Moch

M. Gaston Moch (Section de Neuilly-sur-Seine). —
Citoyens, je ne voudrais pas avoir l'air de critiquer qui
que ce soit de nos camarades, mais peut-être quelques-
uns d'entre vous pensent-ils, comme moi, que la discussion générale a assez duré. (*Mouvements divers.*)

Nous pourrons la continuer encore pendant dix ans
et nous ne serons pas d'accord. Si l'on tient à se faire
connaître, il suffit de dire : j'appartiens à la catégorie
A ou B.

Un Délégué. — Tout le monde demande la parole.
(*Bruit.*)

M. Moutet. — Je prie la salle de faire silence et je prie
l'orateur de ne pas empiéter sur les attributions du
président qui a seul qualité pour l'interroger.

M. Gaston Moch. — Ce que je veux dire, sans croire
mériter de rappel à l'ordre, c'est que nous sommes en

présence d'un texte proposé par le Comité et en présence
d'une contre-proposition. Il serait peut-être temps de
parler un peu de ces textes ; tout ce qu'on peut faire
d'utile dans le temps si faible dont nous disposons,
c'est de les examiner rapidement, et de voir s'il faut en
rejeter un totalement et le remplacer par un autre, ou
si on peut lui apporter de petites modifications. (*Bruit.*)
On vous a distribué un projet imprimé ; je vous prie
d'y jeter les yeux et d'entendre la lecture de deux ou
trois passages où je propose des modifications. Je considère que ce texte est très bon ; mais pas tout à fait
complet. On y a oublié quelques points, qui sont d'ailleurs très conformes à la doctrine de la Ligue. Dans la
première des trois résolutions, après les mots : « *Cette
Société reposera sur la reconnaissance du droit des Nations, petites et grandes, à l'indépendance* », je voudrais
voir ajouter ceci : « *Sur la réduction des armements de
chaque pays, à la quotité qui, d'un commun accord, sera
jugée nécessaire et suffisante pour le maintien de l'ordre
dans la métropole et aux colonies, ainsi que pour sa contribution à la défense commune ; sur la publication de
toute convention internationale aussitôt après sa conclusion* ».

Il faut bien parler de la réduction des armements et
marquer la fin de la politique des traités secrets. C'est
véritablement un oubli que je vous signale.

Plusieurs Délégués. — ..Même pour le prochain
traité.

M. Ferdinand Buisson. — Je voudrais suggérer à
nos amis de réserver les observations de détail sur les
textes au moment où nous examinerons ces textes. Il
est évidemment impossible de répondre point par point
à ces observations qui sont, je crois, prématurées.

M. Gaston Moch. — Quand nous avons constaté que
les orateurs inscrits étaient encore très nombreux, j'ai
voulu attirer d'une manière générale votre attention
sur un certain nombre de points que je soumets par
écrit au Président de la séance ; car je ne pourrai pas

venir demain : j'ai mon service à assurer, et je confie
ces points à l'attention de mes camarades qui auront
la bonne fortune d'être ici, au lieu d'éplucher les inventions intéressant la défense nationale, ce qui n'est pas
toujours gai.

A la fin de ce paragraphe, il serait essentiel d'insister
sur les sanctions, dont il est constamment question
dans les discours des hommes d'Etat et de ceux qui
nous traitent de gens peu pratiques. Il faut préciser
cette notion, et montrer dans quelles conditions elle
peut entrainer l'emploi de la force. Parmi les principes
fondamentaux du pacifisme, se trouve le droit imprescriptible des Nations à disposer d'elles-mêmes, et son
corollaire évident, leur droit de légitime défense. Un
petit nombre de gens contestent ce dernier ; mais je ne
puis concevoir cette abnégation ; quand on me tape
dessus, on suscite en moi un reflexe qui fait que je me
défends. (*Applaudissements.*) Ainsi, le pacifisme a pour
moi deux faces : préventif, il recherche comment doit
être organisée la société de demain, et défensif, il veille
à assurer la sécurité de la société actuelle, la défense
nationale. Je propose donc d'ajouter au deuxième alinéa
la phrase suivante :

« *Ces sanctions seront essentiellement d'ordre économique, mais pourront entrainer en dernier ressort des
mesures d'exécution militaire. en vue desquelles toutes
les forces des Etats contractants devront être en permanence à la disposition de la Société des Nations.* »

Un Délégué. — Tous vos sous pour les canons !

M. Gaston Moch. — A la deuxième résolution, alinéa
premier, je vous propose une petite correction de style.
Au lieu de : « *Aucun germe d'une guerre de revanche* »,
il faudrait dire : « *Aucun germe de guerre de revanche* »,
ou : « *le germe d'aucune guerre de revanche* ».

Quant au troisième alinéa de cette résolution, celui
qui se rapporte au régime économique d'après-guerre,
nous pourrions le discuter à perte de vue. Il est sujet
aux interprétations les plus variées. Qu'est-ce que

« l'activité légitime » d'un peuple? Les Allemands l'entendent tout autrement que nous. Par exemple, ils trouvent très légitime le *dumping*, que nous voudrons certainement empêcher. Et, étant donnée leur tendance à s'infiltrer dans les différents pays, ils demanderont des facilités de pénétration que non seulement on ne sera pas disposé à leur accorder, mais qu'en pratique on ne devra pas leur accorder, car la gendarmerie et la police ne seraient bientôt plus occupées qu'à les protéger contre les citoyens du pays. Je crois donc que ce passage soulève bien des objections. (*Applaudissements.*)

Vous avez le choix entre deux façons de faire : rayer cet alinéa, qui est très contestable, et par conséquent dangereux, ou le remplacer par la résolution que M. Gide a fait adopter au récent Congrès des Coopératives, et qui vous est si chaudement recommandée dans le rapport Séailles.

M. Ferdinand Buisson. — — Ce texte est beaucoup trop long.

M. Gaston Moch. — Il serait facile d'en extraire la substance.

Dans la troisième résolution, il est question d'instituer l'arbitrage obligatoire entre les Etats alliés ; c'est bien, mais cela ne suffit pas. Il faut encore établir également sur une base juridique leurs relations avec les autres Etats et, en même temps, déterminer dans quels cas ils se devront main-forte contre un Etat qui se refuserait à accepter la solution juridique d'un différend. Au deuxième alinéa, après les mots : « *tous leurs conflits éventuels* », je voudrais donc voir ajouter : « *S'engagent à appuyer collectivement, de toutes leurs forces, tout Etat qui, ayant offert de soumettre un différend à l'arbitrage, se heurterait à un refus ou à la non-exécution de la sentence rendue.* »

Immédiatement après, au lieu de : « *forment une Fédération entre eux, ébauche, etc.* », mettre : « *forment ainsi entre eux une Fédération, ébauche, etc* » Simple question de rédaction.

Enfin, au sujet de cette Société des Nations, nous lisons dans le projet : « et se préparent à y accueillir tous les Etats, petits et grands restés en dehors du conflit..... »

Eh bien, cela est contradictoire avec le reproche que l'on m'adressait dernièrement, au Comité de la Ligue, d'admettre, dans mon étude sur *La garantie de la Société des Nations*, que l'Allemagne pourrait être tenue longtemps en dehors de cette Société. Ici, on la laisse non seulement en dehors de la Société des Nations, mais même en dehors de la garantie pour la paix, puisqu'on dit qu'on accueillera les Etats, petits et grands, « restés en dehors du conflit ».....

M Ferdinand Buisson. — Avant la paix. C'est la mesure transitoire de la période avant la paix.

M. Gaston Moch. — Ce n'est pas dit dans la résolution.

M. Ferdinand Buisson. — Il est impossible de le dire plus clairement.

M. Gaston Moch. — Ce n'est pas mon avis. Spécifier qu'on accueillera les Etats restés en dehors du conflit, c'est dire qu'on n'accueillera pas ceux qui, dans ce conflit, ont pris part contre les alliés. Je demande la suppression des mots « restés en dehors du conflit ». Si nos ennemis actuels prennent un jour l'engagement qui suit ces mots, en sachant à quoi les exposerait la rupture de cet engagement, c'est qu'ils renonceront à la politique de violence, et il n'y aura qu'à les accueillir.

Une Motion d'ordre

M. Moutet. — Avant de donner la parole aux autres orateurs, je vais attirer sur la tête du Président les foudres de l'Assemblée. Je vais essayer de vous proposer une méthode de travail, certain que je ne vous mettrai pas d'accord.

Il y a encore trente et un orateurs inscrits. La première solution qui se présente, c'est de demander à ceux de ces orateurs qui seront doués d'un courage civique tout à fait extraordinaire, de s'immoler sur l'autel de la nécessité et de le faire volontairement.

Un Délégué. — Il ne s'agit pas de s'immoler.

M. Moutet. — Je vais relire la liste des orateurs ; ceux qui penseront que leur pensée a été suffisamment traduite renonceront à la parole.

M. Bras (Section du Creusot). — Je renonce à la parole.

Mlle Jeanne Melin (Fédération des Ardennes). — Mme Séverine a exprimé toute ma pensée.

M. André Gouguenheim. — Je renonce à la parole.

M. Goupy. — Mme Séverine a dit tout ce que j'aurais dit.

M. Chalifour, avocat à la Cour (Section de Saintes). — Mes idées ont été développées, notamment par notre collègue Maria Vérone qui a été, à mon sens, un modèle d'éloquence et de bon sens.

M. Lackenbacher, avocat à la Cour (Section du 9e arrondissement de Paris). — Je renonce à la parole, ayant à parler sur un point spécial.

M. Moutet. — Il reste encore un nombre considérable d'orateurs. Je propose à ces orateurs de s'entendre entre eux ou alors on réduira le temps de parole.

Il faut ajouter à la liste des orateurs le président, qui peut toujours intervenir dans la discussion, et le rapporteur, qui a le même droit.

M. Gibert (Section de Moux, Aude). — Pourquoi est-ce que je n'ai pas été inscrit ? (*Bruit.*)

M. Ferdinand Buisson. — Il s'agit de l'emploi de notre temps ou plutôt de nos minutes. Je veux simplement vous faire observer qu'il y a un certain nombre de délégués des départements qui ne pourront pas assister demain soir aux séances du soir, ils seront obligés de prendre le train avant l'heure de notre réunion. Ces délégués nous font discrètement entendre que si l'on est obligé de faire une séance de nuit, ils souhaiteraient que ce fût ce soir. Je n'insiste pas sur ce vœu ; c'est une question de délicatesse et de courtoisie vis-à-vis de nos amis de province ; j'ai cru devoir faire connaître que quelques-uns d'entre eux regretteraient amèrement de ne pas assister à la réunion du soir.

M. Clerisse. — Les banlieusards aussi doivent partir ce soir.

M. Georges Lhermitte. — La question est certainement très intéressante : mais elle se posera demain soir avec cette aggravation qu'également les délégués de province devront prendre le train. Il faut prendre de deux maux le moindre. Je vous propose de nous réunir ce soir, d'abord parce qu'il y a un grand nombre d'orateurs inscrits, et parce que demain il y aura des amendements qui vont se produire. Il faut laisser se généraliser la discussion ; personne ne peut limiter la discussion.

Je demande au Congrès de se prononcer pour une séance ce soir.

M. Lemercier, professeur agrégé de l'Université (Section de Pau). — J'insiste auprès du Congrès pour qu'il adopte une séance de nuit ; les délégués de province désirent voter avant de partir. Il faut que le vote puisse avoir lieu demain après-midi au plus tard.

M. Moutet. — Je mets aux voix la tenue d'une séance de nuit, ce soir, à 8 h. 1/2.

(*Adopté à la majorité.*)

La séance est levée à 6 h. 30.

TROISIÈME SÉANCE

(1er Novembre, soirée)

La séance est ouverte à 21 heures.

M. Emile Cabanac (Président de la Fédération des Landes), préside.

M. Emile Cabanac. — Je vous préviens, Messieurs, que l'électricité sera fermée à 11 heures. Il avait été entendu qu'on voterait sur la limitation du temps accordé à tous les orateurs.

M. Georges Lhermitte. — Il y a actuellement 31 orateurs inscrits. Un quart d'heure pour chaque orateur, cela fait plus de sept heures de discussion. Or, la discussion devra être close demain à 3 heures de l'après-midi au plus tard. Il est donc indispensable que nous limitions la durée de temps accordé à chaque orateur ; peut-être pourrions-nous limiter ce temps à cinq ou dix minutes chacun.

Après une discussion, à laquelle prennent part MM. Giraud, Mauranges, Lhermitte, Corcos, Emile Kahn, il est décidé que chaque orateur pourra parler cinq minutes au plus.

Discours de M. Georges Mauranges

M. Georges Mauranges (Section Petit-Montrouge, Santé, Montparnasse). — Je voudrais tout d'abord solliciter l'indulgence du Congrès et lui demander de faciliter ma tâche en m'écoutant dans ces cinq minutes si parcimonieusement dévolues.

Je voudrais, d'ailleurs, pour aller très vite, me contenter de répondre aux objections qui ont été faites à la thèse dite minoritaire et qui a été, à mon sens, très bien résumée dans la motion présentée par notre ami Alexandre.

Tous, nous nous sommes rendu compte que la discussion actuelle met le fondement même des idées de la Ligue en péril, si nous n'apportons pas une solution rigoureusement fidèle à ses principes, au problème qui nous a été posé. Et nous avons, les uns et les autres, si bien senti l'importance de la question que, en apparence tout au moins, en pure théologie, il n'y a pas deux thèses : Il n'y en a qu'une. Nous sommes tous d'accord pour dire que les conditions de la Paix durable ne sont réalisables que par l'arbitrage. Mais lorsqu'il s'agit d'appliquer la thèse sur laquelle nous sommes tous d'accord, c'est-à-dire d'appliquer l'arbitrage, les plus fougueux pacifistes d'avant la guerre ne se déclarent plus partisans de la paix pendant la guerre, les plus fougueux internationalistes ne sont plus internationalistes. Ils remettent tout cela à des calendes plus lointaines. Ce sera bon après, dans les siècles lointains. Mais pendant la guerre, cela ne vaut rien. Maria Vérone, très excellemment, nous a dit : « Si vous apportez des moyens pratiques de réaliser l'arbitrage, faites-les nous connaître ». Permettez-moi de vous dire en bon camarade que j'aurais été fâché de ne pas prendre la parole, j'aurais été fâché de ne pas vous répondre. Sur ce terrain, vous avez jeté un défi dangereux. Je pourrais vous paraître commettre un péché d'orgueil, mais je pense vous apporter ces moyens pratiques ; alors, vous devrez tenir vos engagements. C'est là l'effort que je veux tenter. J'avais beaucoup d'autres choses à vous dire, mais je ne me tiendrai que sur ce terrain.

Un Délégué. — C'est dommage !

M. Georges Mauranges. — Maria Vérone qui, ne l'oublions pas, est avocate...

Mme Maria Vérone. — Et vous aussi !

M. Georges Mauranges. — ...et qui a, sur moi, cet avantage d'être mon ancienne. (*Exclamations.*) Oui, elle est mon ancienne. Il n'y a là rien d'extraordinaire. Elle

ne peut pas ignorer ce qu'est un arbitrage. Elle m'a
fortement étonné lorsqu'elle nous demandait les moyens
pratiques de le réaliser. On aurait pu vous l'indiquer
avant moi, mieux que moi ; on n'a pas voulu le faire,
vous allez me permettre de le tenter.

Lorsqu'on veut faire un arbitrage, il faut d'abord avoir
le litige, puis les arbitres pour arbitrer ; et voulez-vous
que nous soyions très généreux, que nous ajoutions...

M. Georges Lhermitte. — Et il faut le consentement
de ceux que l'on va arbitrer. Avez-vous le consentement
de l'empereur d'Allemagne ?

M. Georges Mauranges. — J'ai l'intention d'examiner tous les aspects de la question. Je ne vous
demande pas de m'écouter avec plaisir, mais de m'écouter avec silence.

Le litige, — je n'insiste pas, — il n'est pas difficile à
trouver. Hélas ! nous le vivons. Nous sommes en plein
litige. La guerre en a même soulevé de nombreux. Par
conséquent, la besogne ne manquera pas aux arbitres.

M. Ferdinand Buisson. — Quels litiges ?

M. Georges Mauranges. — Je suis heureux de répondre à cette question. Le litige, mais c'est toute la
question des nationalités que la guerre a posée brutalement et qu'il faudra résoudre. Nous, ligueurs fidèles
à nos propres principes, nous devons dire que ce problème ne peut être résolu que par le respect de l'indépendance de toutes les nationalités. Eh bien ! l'arbitrage
aura pour but de solutionner toutes les questions de
nationalité. Pas seulement, j'imagine, celles qui intéressent les Empires centraux, mais aussi les questions
de nationalité qui intéressent les Alliés et pour lesquelles
les Alliés ne tiennent peut-être pas à l'arbitrage, parce
qu'il n'est pas sûr que l'arbitrage que nous demandons
pour solutionner le conflit avec les Empires centraux,
nous ne soyons pas obligés de le faire jouer d'abord
pour mettre d'accord les Alliés entre eux. Ce qui est
plus difficile, d'après Maria Vérone et d'après Lhermitte,
qui vient à l'appui de Maria Vérone, c'est qu'il faut le

consentement des Empires centraux. Je ne suis pas assez
naïf pour penser qu'il ne faut pas, en effet, le consentement des Empires centraux. «

M. Georges Lhermitte. — Vous n'en parliez pas.

M. Georges Mauranges. — Qui dit arbitrage dit
litige ; par conséquent, deux adversaires. C'est là que je
fais appel à la science juridique de Maria Vérone et de
Lhermitte. Ils ne peuvent pas ignorer que ce qui caractérise l'arbitrage, c'est le libre consentement des adversaires à l'arbitrage. Par conséquent si, demain, après-
demain, quelle que soit la date, pour n'importe quelle
raison, nous savons que nos adversaires consentent à
l'arbitrage, c'est évidemment qu'ils consentent à accepter la solution des arbitres. Eh bien ! il s'agit de trouver
ces arbitres ; il appartient aux deux parties de les
choisir.

M. Emile Kahn. — Mais où les prendre ?

M. Georges Mauranges. — Mais la question que
vous posez pourrait se poser éternellement, quel que
soit le siècle où vous réaliserez l'arbitrage. Il faudra
toujours en trouver. Ce n'est pas plus difficile en 1916,
que ce le sera en 1926 ou plus tard. Nous les choisirons
parmi les neutres ou parmi des gens appartenant à des
nations alliées qui nous paraîtront moralement, intel-
lectuellement donner toutes les garanties de science,
d'impartialité, pour juger le litige. Je ne comprends pas
comment des ligueurs, qui se prétendent partisans de
l'arbitrage et qui ont assisté, comme dit Morhardt, à
vingt arbitrages pour des litiges sinon semblables...

M. Emile Kahn. — Jamais semblables à celui-ci.

M. Georges Mauranges. — Mais déjà la Cour de
La Haye a joué, notamment pour la France et l'Allemagne, au sujet des déserteurs de Casablanca. Il y a eu
des arbitrages pour plusieurs difficultés...

M. Emile Kahn. — L'Allemagne a refusé l'arbitrage
en 1914.

M. Mathias Morhardt. — L'Allemagne n'a jamais refusé d'arbitrage. (*Bruit.*)

M. Emile Kahn. — C'est faux. Je demande que les paroles de Mathias Morhardt soient inscrites au procès-verbal. (*Bruit.*)

M. Giraud. — Avec la mentalité allemande actuelle, il n'y a pas besoin d'arbitrage, car il n'y a rien à faire avec elle.

Un Délégué. — Il n'y a rien à faire avec les pangermanistes.

Un Délégué. — Ce seront toujours des chiffons de papier.

M. Georges Mauranges. — Je n'ai pas la force physique pour répondre à toutes les interruptions et je n'essaierai pas de dominer les murmures, encore moins le tumulte. Si vous ne voulez pas faciliter ma tâche, je descendrais volontiers de la tribune. (*Mouvements divers.*) Les uns, parmi les ligueurs, ne croient à l'arbitrage que du bout des lèvres ; les autres y croient sincèrement. Il ne faut pas que vous disiez : « L'arbitrage sera bon pour demain ». Laissez-moi souligner ce qu'il y a de grave, si vous ne voulez pas laisser jouer l'arbitrage pour solutionner le conflit actuel. Prenez garde alors que vos adversaires de toujours ne vous disent : « Pacifistes, internationalistes, partisans de l'arbitrage, que nous importe que vous en soyez partisans alors qu'il n'y a plus de conflit ! » (*Bruit.*) C'est un renoncement à vos propres doctrines, à vos idées auquel je ne puis pas souscrire.

Un Délégué. — Expliquez-nous ce que vous entendez faire.

M. Georges Mauranges. — La seule chose que vous objectiez, c'est qu'on ne trouverait pas d'arbitre. Je persiste à dire : « Au fond, vous avez peur de l'arbitrage actuellement, parce que, pour des raisons que je ne veux pas développer... (*Nombreuses protestations.*)

M. André Gouguenheim. — On vous demande de démontrer la culpabilité de la France. (*Bruit.*)

M. Georges Mauranges. — Que m'importe vos sarcasmes, trop faciles, qui me donnent le droit de vous dire : « Au fond, vous semblez douter de la bonne cause de la France en n'acceptant pas l'arbitrage ». (*Exclamations.*)

M. le Président. — Laissez parler ! Vous allongez le débat par vos interruptions.

M. Georges Mauranges. — Je vous assure que, si habitué que l'on soit à la tribune, la tâche est difficile lorsqu'on est constamment interrompu. Je suis tout disposé à en descendre si ma présence ici vous est désagréable. J'ai la gorge excessivement fatiguée...

Mme Maria Vérone. — Ce n'est une question ni de personnalités, ni d'idées. On m'a fait la même chose, et je disais des choses contraires à celles que vous dites.

M. le Président. — Il ne peut pas y avoir de parti pris parmi les véritables ligueurs. Nous sommes venus pour faire œuvre utile, nous sommes venus apporter une petite pierre à l'œuvre commune ; apportons-là tous avec fraternité. Supportons les idées qui ne sont pas les nôtres. Nul d'entre nous n'a le monopole de la vérité, car ce que nous appelons erreur aujourd'hui sera peut-être demain la vérité. (*Applaudissements.*) Je vous en supplie, rendez ma tâche moins difficile.

M. Georges Mauranges. — Avec votre bienveillante permission, je continuerai l'exposé des moyens pratiques de réaliser l'arbitrage. Je persiste à ne pas croire que le choix des arbitres soit insurmontable, d'autant plus que, pratiquement, si vous votez notre motion, qu'est-ce qui se fera demain ? Nous apportons cette motion à la France par la voie de la Presse, le Gouvernement la reçoit par la voie de notre Comité Central. Si le Gouvernement de la France, encore républicaine, sans doute, — malgré qu'elle soit en guerre —, si le Gou-

vernement accepte cette manière de voir, M. Briand,
président du Conseil, va monter à la tribune de la
Chambre et dira non seulement à nos adversaires, à nos
Alliés, mais à tout le monde civilisé : « La France, qui
se défend pour une juste cause, qui n'a pris les armes
que pour repousser une odieuse agression, est aujour-
d'hui comme hier disposée à soumettre son litige à des
arbitres impartiaux ».

Citoyens, vous mettez les Empires centraux dans un
cruel embarras en posant ainsi la question. (*Bruit. —
Exclamations diverses.*) Ou bien les Empires centraux
répondront : « Nous aussi, nous sommes prêts à accepter l'arbitrage ». Et alors, est-ce vous, ligueurs, qui
diriez : « Pas d'arbitrage, nous n'en voulons pas ? » C'est
une chose déplorable que vous ne feriez pas. Si vous
entendiez, du haut des tribunes officielles, les dirigeants soit du côté des Alliés, soit du côté des Empires
centraux, exprimer le même avis sur l'arbitrage, j'imagine que cela vous ferait tout de même plaisir. Ce serait
la première fois que vos idées trouveraient une occasion
d'être appliquées, et dans quelle circonstance ! Je dis
qu'ainsi s'ouvrirait vraiment un monde nouveau. C'est
la thèse humaine, française, révolutionnaire qui serait
consacrée solennellement. Ah ! peut-être allez-vous me
dire que l'Allemagne y trouverait son compte ? L'arbitrage implique le droit. Il est certain que si nous l'ac-
ceptions, et nos adversaires aussi, c'est parce que nous
saurions que cet arbitrage serait fait sur les bases du
droit. Lhermitte sourit. Il est très facile de sourire. Je
répète ce que je disais tout à l'heure : vous opposez à
l'arbitrage des objections fondamentales qui dureront
toujours. C'est dans cette attitude surprenante que je
vois le péril pour nos idées. Car si nous acceptons
nous-mêmes que nos idées n'aient aucune influence sur
la paix, si nous n'affirmons pas notre volonté d'obtenir
la victoire du droit et non la victoire de la force, nous
consacrons notre propre faillite.

Vous pensez que vous devez aller jusqu'au bout,
c'est-à-dire jusqu'à la victoire de la force pour imposer

pour l'avenir l'arbitrage aux Allemands qui, d'après vous, n'en veulent pas. Nous pensons, nous, qu'à tout moment, il faut être prêt à accepter la victoire du droit qui ne peut venir que de l'arbitrage. Nous en sommes donc partisans à toute heure et même immédiatement. Je pense vous avoir donné des moyens pratiques pour le réaliser.

Je veux répondre à deux objections. Je vais très vite.

Un Délégué. — Très vite !

M. Georges Mauranges. — Citoyens, ces deux objections me tiennent au cœur. L'une consiste à nous dire : « Comment, vous voulez causer « droit » avec l'Allemagne ? Folie ! L'Allemagne est étrangère au droit, elle ne peut comprendre le droit. Tous les monuments du droit seront toujours pour elle des chiffons de papier ! » Alors, il faut faire tout d'abord notre *mea culpa*. Il faut avouer que nous nous sommes trompés foncièrement jusqu'à ce jour. Il faut dire que, dorénavant, il n'y a plus d'internationalisme possible. L'humanité est vouée aux armements à outrance, puisqu'une nation doit être mise au ban de l'humanité. Je ne veux pas pousser la logique jusque-là. Est-ce que, vraiment, vous pensez cela que l'on ne peut plus s'entendre en quoi que ce soit avec l'Allemagne ? (*Cris divers : Oui ! Non !*) C'est là qu'est véritablement le débat, et je crois qu'à ce point de vue mon intervention aura quelque chose d'utile. Nous entrons de façon précise dans le cœur du débat. Nous touchons là l'objection la plus saisissante. C'est une objection grave que vous soulevez, si véritablement il n'est plus possible dans l'avenir d'avoir confiance dans l'Allemagne.

Un Délégué. — Dans l'Empire allemand, oui !

M. Georges Mauranges — Nous sommes d'accord, mais on nous a dit cet après-midi que l'Allemagne — la nation allemande — était étrangère à la notion du droit, que nous ne pouvions nous entendre avec cette nation de proie. Eh bien ! il y eut un temps où, en France — et nous n'aurions pas besoin de remonter au déluge pour le retrouver — il y avait, dans les milieux intellectuels, dans les milieux enseignants, beaucoup d'admirateurs de l'Allemagne. Lorsque j'étais modeste élève, recueillant pieusement les leçons de mes maîtres, on m'enseignait qu'il y avait quelque chose de bon en Allemagne.

Un Délégué. — On le croit encore.

M. Georges Mauranges. — Il y a eu une certaine Allemagne que nous avons tous admirée. Nous l'avons admirée contre nous-mêmes : celle qui fit son unité quelques années après que Napoléon l'eût abattue à Iéna. Eh bien ! aujourd'hui, je comprends les passions, les haines profondes semées entre les deux nations par la guerre et, hélas ! justifiées momentanément ; mais il ne nous appartient pas, à nous ligueurs, de dire qu'il y a une nation vouée à la haine éternelle des autres, sans quoi ce serait un renoncement à tout notre idéal, ce serait la faillite à toute action pacifiste possible, car vous vous exposeriez, dans quelques années, à être les dupes d'une Allemagne à laquelle vous auriez encore commis l'imprudence de tendre la main.

Il y a une autre objection à laquelle je veux répondre. Vous nous dites : « Mais si vous faisiez une proposition d'arbitrage, vous démoraliseriez les soldats français ». C'est une objection qui est sérieuse en apparence. Je crois, au contraire, que nous renforcerions le moral de nos soldats, si nous faisions ce que j'indiquais tout à l'heure.

Si le Président du Conseil français proclamait devant l'humanité toute entière — et, soit dit en passant, nous ne ferions qu'être fidèles à des engagements pris par la France elle-même à La Haye — s'il proclamait son désir d'arbitrage et que l'Allemagne répondît : non ! est-ce qu'il n'y aurait pas un soubresaut de révolte dans les tranchées françaises contre ce peuple définitivement odieux ? Au lieu d'affaiblir le soldat français, vous l'auriez relevé. (*Applaudissements sur certains bancs.—Bruit*)

Je n'insiste pas, je conclus. Il n'y a dans nos doctrines, il n'y a dans les traditions de la Ligue, rien qui nous permette de repousser la motion présentée par Alexandre. Elle me paraît, au contraire, être tout à fait fidèle et à nos idées, et à notre action. Je dis plus, — c'est pour cela que je la voterai d'enthousiasme —, elle me paraît beaucoup plus dans la réalité présente que les autres motions, toutes basées sur une espérance de victoire qui n'est, hélas ! qu'une espérance, tandis que la motion Alexandre vous permettrait de mettre fin à l'abominable conflit qui divise les hommes et d'obtenir enfin la victoire par le droit. (*Applaudissements.*)

M. P.-G. La Chesnais. — Vous avez annoncé deux hypothèses, vous n'en avez retenu qu'une.

M. G. Mauranges. — C'est un peu fort. On me fait le reproche de ne pas être assez long, et le Président m'a toujours demandé de conclure le plus tôt possible.

M. P.-G. La Chesnais. — Vous laissez de côté la seule hypothèse vraie, c'est que l'Allemagne n'accepterait aucune espèce d'arbitrage. (*Bruit.*)

M. le Président. — Voulez-vous rendre la tâche du Président impossible ? La parole est à M. Jean Raynal.

Discours de M. Jean Raynal

M. Jean Raynal, avocat à la Cour de Cassation et membre du Comité Central. — Je ne veux présenter que de très courtes observations sur l'argumentation que nous venons d'entendre. Notre collègue Mauranges et ceux qui partagent son sentiment ont cru mettre les partisans de la motion présentée par le Comité Central en présence d'une contradiction. « Eh quoi! s'écrient-ils, vous trouvez que l'arbitrage était bon *avant* la guerre, vous trouvez qu'il sera bon *après*, et vous n'en voulez pas *pendant* la guerre! « Ce que notre camarade Mauranges considère comme une contradiction, je déclare, quant à moi, que cela me paraît la logique même et que c'est sa thèse qui est entièrement paradoxale. Je n'entre pas dans le détail de ses arguments Il a cru rétorquer, de manière décisive, le discours de Mme Maria Vérone en rappelant qu'il y avait, à La Haye, une hôtellerie où les diplomates seraient confortablement logés. Laissons de côté ces choses peu sérieuses, et voyons la question en elle-même : « Qu'est-ce donc qu'un arbitrage ? » Mauranges, qui est avocat, comme Mme Maria Vérone — comme moi-même (*Une voix : Que d'avocats !* — *Rires*) — le sait parfaitement. L'arbitrage. c'est un moyen d'éviter un procès, c'est une procédure par laquelle on arrive presque toujours à une transaction plus ou moins directe. Les arbitres ne sont pas gens qui se placent, pour juger, d'un point de vue strictement juridique. Rarement, ils donnent tort complètement à l'un et raison complètement à l'autre. Quand ils aperçoivent le moyen d'accommoder à peu près les choses, ils font — passez-moi l'expression — une « cote mal taillée ». Qu'on transige avant le conflit, rien de plus naturel. Si l'arbitrage était intervenu avant la guerre, eh bien ! la Serbie, la Russie, la France, l'Angleterre auraient pu abandonner une partie de leurs prétentions, renoncer à des espérances qui pouvaient leur être chères, renoncer même au triomphe complet de ce qu'elles considéraient comme le droit, — cela dans l'espoir d'éviter le « procès ». Mais maintenant, par le fait des Allemands, le procès est venu. Alors que, par le fait des Allemands, tous les inconvénients du procès, nous les subissons de façon atroce, c'est à ce moment-là que nous irions demander à des arbitres de nous accommoder, de tâcher de nous établir une cote mal taillée. Où voit-on qu'il y ait là matière à arbitrage ?

M. Georges Mauranges. — C'est une plaisanterie.

M. Jean Raynal. — Je n'admets pas cette expression. (*Bruit et applaudissements.*)

M. Georges Mauranges. — Ne me faites pas dire ce

que je ne dis pas. Ce qui est une plaisanterie, c'est votre façon de concevoir l'arbitrage en le dénaturant.

M. Jean Raynal. — Le moment est trop grave pour que je me sente le moindre goût de plaisanterie. Vous dites que je dénature l'arbitrage : je n'ai jamais cessé d'être partisan de l'arbitrage dans les procès civils comme dans les litiges entre nations, mais à la condition que cet arbitrage soit pratiqué avant que le conflit ait pris la forme de lutte sanglante qu'il revêt actuellement. (*Bruit, très bien !*)

M. André Gouguenheim. — Continuez votre exposé, ne répondez pas.

M. Giraud. — Que MM. les assassins commencent. En proposant l'arbitrage, nous dirions que la France a eu tort. (*Le bruit continue. M. Mauranges parle dans le tumulte.*)

M Jean Raynal. — Notre camarade Mauranges se plaignait tout à l'heure — avec raison — des interruptions qui le gênaient dans ses développements, et c'est lui qui m'interrompt maintenant ! — Je suis partisan de l'arbitrage dans les conflits entre nations, mais je sais parfaitement ce qu'est l'arbitrage..... (*Bruit.*)

Un Délégué. — Et le front ? (*Bruit.*)

M. Jean Raynal. — L'arbitrage, je le répète, est le fait de gens disposés à transiger et à remettre à des tiers le soin de les mettre à peu près d'accord. Je vois dans la salle, un quatrième avocat, qui m'approuve ! (*Bruit.*) Je comprends parfaitement que lorsque la Cour de La Haye a eu à trancher des dissentiments entre nations, elle ait cherché à accommoder ces nations d'une façon empirique, à trouver des solutions qui leur permissent de continuer ou de reprendre leurs relations, sans trop de dépit et d'aigreur. Tout cela est admirable avant la lutte, mais lorsque par le crime..... (*Nouvelles interruptions.*) Je dis qu'il est trop tard alors pour l'arbitrage. Par le crime de l'Allemagne, les ruines morales et matérielles se sont accumulées. Pour ma part, je ne voudrais à aucun prix remettre tout le droit lésé, toutes les souffrances subies, toutes les ruines entassées, tous les désirs de réparation de la France et des autres nations attaquées, entre les mains d'arbitres qui, si bien intentionnés qu'ils fussent, ne pourraient arrêter que des solutions bâtardes, qui, par leur arrêt même, s'imposeraient à nous. Cela n'est pas possible. Quant à moi, je me refuse à remettre le sort de la France et de toutes les nations opprimées entre les mains du Président Wilson ou du Pape. (*Vifs applaudissements.*)

M. le Président. — La parole est à M. Noctoux (absent); à M. Bing (absent).

M. Mertz (Section du 4ᵉ arrond. de Paris). — Permettez-moi de lire la brève déclaration suivante :

La Ligue des Droits de l'Homme s'engage à rechercher dans les pays alliés et chez les neutres, tous ceux qui, particuliers ou associations, partagent ses vues sur la nécesité pour les gouvernements alliés, de déclarer qu'ils renoncent à toute politique de conquête, d'oppression ou politique ou économique, pour grouper le faisceau des forces de progrès et pour agir dans tous les pays en même temps, en vue d'abréger la durée de la guerre par la proclamation des buts de guerre communs à tous les alliés.

M. Royer (Section de Brive). — Je renonce à la parole dans la discussion générale, et je demande que mon tour soit reporté après la discussion des articles.

M. Maillard (Section du 9ᵉ arrond. de Paris). — Je voulais présenter une modification au projet de résolution; je le ferai demain.

M. Boutarel (Section du 9ᵉ arrondissement de Paris). — Etant donné l'heure avancée, je renoncerai à la parole après avoir dit seulement quelques mots.

Je voudrais que le Congrès de la Ligue attirât l'attention des Pouvoirs publics sur la question économique. Elle est, à mon point de vue, absolument primordiale, car elle fut la cause principale de la guerre ou, du moins, le prétexte qu'invoquent les Allemands pour justifier leur agression. Je ne la soulève ce soir que

pour la livrer à vos méditations, mais, je vous demande
la permission de vous donner lecture du projet de résolution suivant dont, toutefois, je ne vous demande pas
d'aborder la discussion :

*Une paix durable ne pouvant être assurée tant que l'horreur
de la guerre, et la réprobation poussée jusqu'au paroxysme
contre les Gouvernements qui oseraient la déclarer, ou en
contraindre d'autres à la leur déclarer, n'auront pas pénétré
jusqu'au plus profond de la conscience universelle, le Congrès
invite les membres de la Ligue des Droits de l'Homme, en
France et dans tous les pays du monde, à poursuivre avec une
activité de tous les instants, et par tous les moyens possibles,
une propagande inlassable contre l'idée que les luttes entre
peuples sont nécessaires, « providentielles », inévitables, et ne
sauraient, par conséquent, être définitivement et à jamais
supprimées.*

*Le Congrès déclare, en outre, qu'il est essentiel et urgent,
dans le but d'éviter les guerres, de détruire par avance tout
espoir de profits chez les fournisseurs éventuels de munitions,
vivres et autres produits quelconques à utiliser pendant les
hostilités ; il demande, en conséquence, que tous les Gouvernements soient forcés, par une pression impérieuse de la
représentation nationale, de promulguer des lois de mobilisation civile et militaire établissant, au cas d'une guerre
déclarée, la solidarité de tous les citoyens et le versement à
l'Etat de tous les bénéfices de quelque nature qu'ils soient, la
Nation seule devant profiter du travail imposé à tous dans un
intérêt général.*

*Toujours dans la pensée de ne laisser germer aucune cause,
aucun ferment de guerre, le Congrès se prononce contre le
protectionnisme, et contre le libre-échange en matière économique. Il considère qu'une organisation internationale des
transactions industrielles et commerciales peut seule suppléer
à la décevante illusion des traités diplomatiques, et faire
cesser les rivalités d'intérêts susceptibles de provoquer, dans
l'avenir, de nouveaux conflits.*

M. Péron (Section de Lyon). — Au point où en est
la discussion, et n'ayant pas grand'chose à dire sans
doute qui n'ait été dit déjà, je renonce à la parole.
Je voudrais, toutefois, poser une question aux camarades qui soutiennent, comme notre distingué collègue
Morhardt, la théorie de l'arbitrage immédiat. J'ai entendu

dire, depuis ce matin, par les bouches les plus éloquentes
et les plus autorisées, que l'arbitrage n'aurait de valeur,
d'efficacité réelle, que lorsqu'il serait appuyé sur des
sanctions. Or, si cela est vrai — et il me semble bien
que ce soit vrai —, le défaut de sanctions condamne par
avance l'arbitrage immédiat à n'être qu'une vaste fumis-
terie, s'il plaît à l'Allemagne, lorsqu'elle aura accepté cet
arbitrage, de ne pas accepter ses solutions sous prétexte qu'elles mettraient en cause les intérêts vitaux ou
l'honneur de l'Etat. Je demande aux camarades de
m'éclairer sur ce point particulier : après l'arbitrage,
dans la situation actuelle, quelles seraient au besoin
les sanctions ? (*Applaudissements*)

M. Murgeon (Section du 16ᵉ arrondissement de Paris.) — Je crois pouvoir répondre immédiatement à
cette hypothèse « si l'Allemagne s'y refusait ». En
effet, nous pouvons admettre, l'arbitrage étant dès
maintenant admis par tous, neutres et alliés, que la
seule nation (l'Allemagne dans le cas que vous émettez)
qui s'y refuserait, se trouverait en but à toutes les
autres nations (*Mouvements divers.*) Aussi croyons-nous
que c'est le moment ou jamais d'essayer comme nous
le voulons tous, d'arriver à cette solution, « la Société
des Nations » et d'élaborer la possibilité d'un Parlement
mondial !

Maintenant, pour parvenir à rendre cette solution
effective, quoique nous soyons en France et ce, nous
en avons la certitude, plus censurés et plus embouteillés
qu'aucun des autres pays belligérants, nous devons
essayer de faire effort par tous les moyens, tant sur
l'opinion publique que sur notre propre Parlement,
pour changer définitivement le mode diplomatique que
subissent les nations, j'entends les diplomaties actuelles
telles qu'elles fonctionnent. Pourquoi ce rire ? Je ne
vois-là rien de risible, c'est hélas une vérité connue de
tous et dont nous subissons à l'heure actuelle les fu-
nestes effets.

Ces diplomaties sont basées sur le principe d'autorité

gouvernementale, servantes des pouvoirs exécutifs et d'oligarchies autocratiques.

Une voix. — C'est trop vrai.

Un Délégué - Il s'agit de changer notre mode diplomatique.

Un Délégué — Ah ! oui il est grandement temps.

M. Murgeon — Là est donc une des deux propositions que je veux faire au Congrès. Mettons en application la pensée de Jaurès et de Francis de Pressensé, que toutes les questions de politique, politique intérieure et politique extérieure, soient exposées, soient traitées au grand jour des tribunes parlementaires ; que la fameuse, dangereuse et néfaste *Raison d'Etat*, formule d'autoritarisme et d'absolutisme gouvernementaux soit à jamais abandonnée. Brisons les possibilités malfaisantes des Metternich, des d'Aerenthal, des Delcassé... et autres. sachant que ces hommes n'ont rien de surhumain, qu'ils ne sont possesseurs d'aucun talisman particulier. pour que la destinée des peuples, continue à dépendre de leur volonté et de leur ambition.

Exigeons que le parlementarisme, agissant au nom de la Démocratie mondiale, prenne en main, pour ne plus l'abandonner jamais, le timon des galères nationales pour les transformer en barques paisibles et sûres voguant au gré de la volonté des peuples.

Il est inadmissible, comme le clamait Jaurès de sa puissante voix, que les destinées du monde restent à la merci du bon plaisir de quelques individualités.

Plus de traités secrets, masques macabres des raisons d'Etat.

La solution que nous demandons est donc basée sur la justice la plus élémentaire, trop élémentaire peut-être, et nous considérons que la France qui paie assez chère cette ignoble politique, doit être la première, en l'instituant chez elle, à montrer au monde la voie à suivre. Demandons et exigeons, puisque nous sommes une Démocratie à base de suffrage universel, que ce soit des parlements mêmes qu'émanent les délégations qui auront charge de délibérer lors du futur traité de Paix, où toutes les nations devront être conviées, si nous voulons réellement voir naître une ère de justice inconnue jusqu'à ce jour !

Les peuples alors, mais alors seulement, seront enfin maîtres de leur destinée.

Maintenant, citoyennes et citoyens, ma seconde proposition pose comme principe l'adoption par chaque nation d'un même idiome, d'une langue universelle *(Nombreuses exclamations ! Cris : ce n'est pas la question.)*

Comment, citoyens, vous dites que ce n'est pas la question, mais je suis au contraire au cœur même de la question, vous voulez, nous voulons tous instaurer la Fédération des nationalités, la solidarité humaine et vous rejeteriez cette possibilité, la plus grande peut-être d'unir les hommes. Un idiome simple mais commun à tous, je ne crois pas que ce soit ni un rêve ni une chimère, permettez-moi un petit exemple. *(Cris : Non, non ; à la question.)*

Soit, je comprends que ce n'est pas le moment, mais je vous demanderais de placer un mot au sujet de cette grave question : « les responsabilités de cette guerre » et de l'aborder, non avec notre regard forcément chargé de parti pris, mais avec le coup d'œil d'un neutre. *(Mouvements divers.)*

Permettez-moi d'affirmer que je ne veux pas me faire l'avocat de l'Allemagne, mais, suivant ma conception tirée des faits, dire ce que je crois être la vérité, et m'appuyant sur les faits, les situations, vous demander quelle était pour elle, prise entre le marteau et l'enclume par le fait de l'alliance Franco-Russe, sa première chance de vaincre ? N'était-ce pas justement cette fameuse attaque brusquée. *(Bruits.)*

Un Délégué. — Nous n'écouterons jamais tout le monde si chaque orateur reste plus de 5 minutes à la tribune.

M. Murgeon. — La parole m'étant retirée, je quitte la tribune.

(M. Moutet reprend à ce moment sa place de Président.)

M Guétant (Section de Lyon). — Je n'ai à dire qu'un simple mot. Je me suis toujours étonné que la Ligue des Droits de l'Homme ne parle jamais des droits de l'homme. Le premier droit de l'homme est pourtant de s'appartenir et de ne pas collaborer, s'il l'entend, à une œuvre de sang et de carnage. Ce droit de l'homme de s'appartenir à lui-même, a-t-il été défendu par la Ligue des Droits de l'Homme ? Seule, Séverine en a touché un mot. C'est tout ce que j'ai à dire. *(Quelques applaudissements.)*

M. Tromelin (Section du Blanc, Indre). — Mesdames, Messieurs. Je veux aborder un côté de la question qui n'a pas été soulevé du tout aujourd'hui. J'admets pour un instant que votre conseil d'arbitrage est constitué. Je vois d'abord dans le projet de résolution, qui est toujours modifiable, une phrase comme celle-ci : « Les contractants s'engagent à se traiter entre eux conformément au Droit, comme ils traitent leurs propres membres ». Or, nous allons nous trouver avec des Nations aristocratiques, despotiques même, les unes à peine sorties de la servitude, d'autres ayant déjà une monarchie constitutionnelle, et d'autres, enfin en République. Est-ce que tous les gouvernements confèrent les mêmes droits à leurs sujets ? Est-ce qu'il n'y a pas des Nations qui imposent encore une sorte de servage à certains de leurs sujets ? Et ces Nations, auront-elles les mêmes conceptions que nous des Droits des petits Etats ?

Mais je laisse cette question de côté pour arriver à ce point : j'admets pour un instant que le conseil d'arbitrage fonctionne ; que les Nations de bonne volonté y sont venues. Je me demande quelle France va entrer dans ce conseil ? Est-ce la France d'hier ? Est-ce la France d'aujourd'hui ? Est-ce la France que nous rêvons tous depuis si longtemps ? Il y a une chose étonnante,

c'est que, dans notre démocratie, nous ayons été et
sommes encore obligés d'avoir une ligue pour la défense des droits de l'homme. On appelle notre régime
une démocratie, je ne sais pas trop pourquoi. Pour moi,
c'est l'oligarchie la plus innommable qu'on puisse trouver, car elle ne repose même pas sur la naissance qui
conférait autrefois des droits; ce n'est pas non plus
l'oligarchie de la fortune; c'est l'oligarchie du savoir-
faire, c'est l'oligarchie du népotisme, du cousinage.
Et nous étions arrivés à ce point que nous avons été
presque la cause de ce qui nous arrive. Ce sont des
choses très dures à dire; je me crois autorisé à les dire
parce qu'il y a trente ans que je lutte contre cette déli-
quescence qui gagnait de proche en proche; il y a trente
ans que je dis que la France court à une catastrophe.
La Ligue des Droits de l'Homme est née d'un abcès qui
a percé, c'est l'affaire Dreyfus. Ce jour-là, on a dit : on
a besoin d'une Ligue pour la défense des individualités.

M. Moutet. — Vous avez la parole sur les conditions
d'une paix durable.

M. Tromelin. — Si la France ne peut pas réagir contre
les causes de sa propre faiblesse. quel rôle jouera-t-elle
dans le conseil d'arbitrage? Guillaume a commis une
erreur d'optique. Il a cru que l'Angleterre ne marcherait
pas. Il s'est dit : avant de marcher contre la Russie,
j'aurai le temps d'abattre la France; elle est mûre. J'aurai le temps ensuite de retourner à l'est. Le calcul a été
mauvais. Supposez que l'attaque brusquée se soit faite
par l'est, que la Belgique ne se soit pas défendue... (*Nombreuses interruptions ; cris nombreux : ce n'est pas la
question ! A la question !*) Eh bien, je reviens aux conditions d'une paix durable. Il y a une chose certaine, c'est
que l'arbitrage n'est possible qu'entre nations égales.
Nous avons donc à demander chez nous que les fautes
du passé ne se renouvellent pas; nous avons à y veiller.
Nous avons été considérés comme une nation secondaire. Aujourd'hui, la première condition, c'est de vaincre; l'arbitrage se fera ensuite; la France s'imposera

alors, si elle est forte, parce qu'elle est la Justice ; mais
pour l'instant, n'est-ce pas, pas d'arbitrage avant la
solution de la guerre par la force au service du droit
humain violé. (*Applaudissements.*)

Discours de M. Edmond Besnard

M. Besnard, secrétaire de la Mission Laïque Française (Section du XVIIe arrondissement, Ternes. Plaine-
Monceau, Paris). — Je voudrais ne pas dépasser les
5 minutes imparties, je serai donc extrêmement bref
et condenserai ma pensée.

Je me place dans l'hypothèse de la victoire des alliés,
la seule hypothèse, à mon avis, qui nous permette de
discuter les conditions d'une paix durable. Si, par un
malheur que je ne peux pas prévoir et qui ne se réalisera
pas, les alliés n'étaient pas vainqueurs, on ne demande-
rait pas l'avis de la Ligue, et la paix qu'on nous impose-
rait ne tiendrait pas plus compte des généreuses pensées des camarades de la minorité que de celles de la
majorité.

Notre collègue Raynal, tout à l'heure, disait que l'arbitrage devait avoir lieu avant le conflit. C'est aussi
mon avis, maintenant que le conflit a produit les dé-
sastres que nous avons sous les yeux, ce n'est plus l'arbitrage qu'il faut instituer, c'est un tribunal qui doit
siéger. (*Applaudissements.*)

Je viens demander au Congrès de voter la création de
ce tribunal. L'idée n'est pas de moi, elle appartient à
un des maîtres les plus éminents de l'Université ; c'est
M. Ernest Lavisse qui, l'an passé, dans un article du
journal *Le Temps*, a demandé la création d'une Haute
Cour devant laquelle seront traduits les auteurs, quels
qu'ils soient, de la guerre, devant laquelle ils rendront
compte de leurs actes ; montreront comment on est
passé de l'état de paix à l'état de guerre, et dénonceront
celui qui a fait ce geste abominable qui a conduit à
l'assassinat de l'humanité.

Toute la journée on a réclamé la création d'un ordre nouveau. Gabriel Séailles a exprimé toutes les pensées des ligueurs dans un admirable langage, mais enfin la Ligue est une petite minorité dans la France, et nous ne devrions pas oublier dans nos querelles intérieures, qu'au dehors il y a des gens bien plus nombreux que nous qui défendent une thèse opposée à la nôtre. Pour défendre notre thèse, et assurer l'ordre nouveau, il faut d'abord liquider le passé. Il ne peut l'être que par un tribunal, par une Haute Cour d'humanité. Cette guerre n'est pas une guerre comme les autres, elle ne peut pas se terminer comme les autres. S'il n'est pas possible, malheureusement, dans cette presse, dont Séailles a dit tout le mal qu'elle méritait, d'étudier la question comme il convient, faisons-le ici du moins. Non, ce conflit ne peut se régler, comme s'il s'agissait d'un conflit ordinaire, autour d'un tapis vert, entre des hommes solennels qui, dans le huis-clos de leurs réunions, feront une paix qui recèlera dans ses flancs les germes de guerres futures. Il ne s'agit pas aujourd'hui d'une lutte entre quelques milliers d'hommes ; c'est 20 millions d'hommes qui se battent, ce sont des millions de tués, des millions de blessés, d'infirmes pour toute leur vie ! Combien de familles en deuil ! combien de ruines, matérielles et morales ! Et vous voudriez qu'une guerre pareille se terminât comme toutes les autres guerres, vous voudriez que cela se réglât autour de la table d'un Congrès ! Non, il n'est pas possible que la guerre actuelle se termine ainsi. Il faut une Haute Cour d'humanité, où les délégués des peuples jugeront ce crime inexpiable. Et puis il y a une autre raison : pour la paix intérieure de la France, il est nécessaire d'instituer cette Haute Cour. Songez que lorsque les hommes reviendront du front, quand, dans la paix des familles enfin rétablie, ils constateront tous les deuils, quand ils verront vide, la place de tous les disparus, quand ils compteront toutes les ruines, oh ! alors, je le crains, ce n'est pas seulement un sentiment d'horreur qui se lèvera dans tous les cœurs, ce sera un sentiment de colère contre ceux qui auront commis le crime sans nom. Prenez garde, si vous n'indiquez pas d'avance quels sont les coupables, si vous ne les recherchez pas, prenez garde que des innocents ne paient pour les coupables et, qu'après la guerre étrangère, nous n'en connaissions une autre en France.

Il y a enfin une troisième raison : c'est que vous voulez assurer une paix durable. Je crois que la meilleure condition pour l'obtenir serait de pouvoir dire à ceux qui ont le pouvoir de déchaîner de pareilles catastrophes et qui pourraient être tentés de récidiver : prenez garde, si vous manquez votre coup, il faudra payer, et payer chèrement. Si les souverains, si les gouvernements anonymes avaient cette assurance qu'après la guerre, il faudrait comparaître devant une Haute Cour d'humanité, ils y regarderaient à deux fois avant de déchaîner de tels conflits.

Si le kaiser, car c'est le kaiser qui a déclaré la guerre, si François-Joseph, car c'est François-Joseph qui a signé l'ultimatum à la Serbie, avaient su qu'il faudrait un jour rendre des comptes à ce tribunal d'abord, ensuite à leurs peuples, peut-être auraient-ils hésité; peut-être le kaiser se serait-il refusé à signer l'ordre fatal. En résumé et pour conclure :

Pour obtenir une paix durable, pour assurer la paix intérieure de la France qui nous est si chère à tous, demandez qu'il soit institué une Haute Cour d'humanité devant laquelle les auteurs responsables de la guerre, tous, quels qu'ils soient, iront s'expliquer. (*Vifs applaudissements.*)

M. Reeb. — On nous parle d'une paix durable. A l'heure actuelle, dans les familles, dans les faubourgs, on crie famine. Pourquoi ? Sur les lignes de chemins de fer, je vois à la queue leu leu des trains et encore des trains, et à Paris, la cherté des vivres augmente...

M. Moutet. — Je vous fais observer que vous avez la parole sur les conditions d'une paix durable.

M. Reeb. — Eh bien ! Je vous signale en deux mots mon idée. Vous n'avez qu'à prendre un malheureux blessé qui surveillera les prisonniers et vous mettrez ces prisonniers dans les gares ; ils débarqueront les wagons et vos lignes de chemin de fer seront déblayées. A Paris, nous n'aurons plus la cherté des vivres. Voilà ce que j'avais à vous dire.

M. Moutet. — La parole est à M. Mancini.

M. Mancini (Section de Toulouse). — Je renonce à la parole.

M. Barlier (Section du 10ᵉ arrond., Porte Saint-Martin, Paris). — Moi également.

M. Barquissau, avocat à la Cour (Section du 5ᵉ arrondissement, Paris). — J'ai été chargé par la 5ᵉ Section de faire connaître au Congrès et de développer devant lui la motion suivante qu'elle a voté dans sa dernière Assemblée Générale :

La 5ᵉ Section de la Ligue des Droits de l'Homme, réunie en Assemblée Générale et prenant connaissance de l'ordre du jour du prochain Congrès, déclare à l'unanimité qu'il est indispensable pour l'examen utile des conditions d'une paix durable que le libre exercice de la liberté de parole et de la liberté de presse soit rendu aux citoyens français.

J'ai suivi avec attention les intéressantes discussions qui se sont déroulées sur cette question fondamentale des conditions d'une paix durable, et je vous avoue qu'on peut se féliciter que, pour la première fois depuis le début des hostilités, on puisse dans une assemblée aussi nombreuse que celle-ci et qui, quoique privée, présente sous certains rapports le caractère d'une assemblée publique, discuter sur les buts de la guerre. Je ne veux pas paraître plus révolutionnaire que je ne le suis, mais je dois constater, avec mes collègues et amis de la 5ᵉ Section. que, vraiment, dans les circonstances exceptionnelles où nous sommes plongés, non pas après six mois de guerre, mais après plus de deux ans de guerre, une censure impitoyable, régie d'ailleurs par des lois assez spéciales et un tantinet ténébreuses, contre lesquelles il est facile d'élever de

nombreuses contestations juridiques, est toujours appliquée au pays. Il est étonnant de voir la France, après
deux ans de guerre, la France qui a fait preuve d'une
maîtrise d'elle-même exceptionnelle, d'une sagesse sans
exemple, traitée comme un adolescent auquel il faut
une tutelle analogue à celle exercée dans l'empire des
tzars, à celle que l'on a imposée pendant la guerre balkanique à la Bulgarie, par exemple. — Nous devons, au
contraire, chercher la vérité, immortellement belle et
nue ; pour que nous puissions chercher cette vérité, il
faut que nous puissions nous procurer des sources
d'informations, que nous puissions les avoir ailleurs
que dans les journaux qui reçoivent tous le mot d'ordre
qui tronque la vérité, qui la présente sous des aspects
artificiels. J'évoquerai à cette heure la parole de Jaurès
en 1905, au Tivoli-Waüxhall, quand il parlait de ce qui se
passait en Russie ; il disait : « Que se passe-t-il derrière
ce rideau ténébreux taché de gouttes de sang ! » Il est
difficile d'examiner de façon pratique comment nous
pouvons arriver à une paix durable, il est impossible
de trouver des transactions utiles et patriotiques entre
les deux solutions en présence, si nous n'avons pas le
moyen de connaître la vérité. C'est pourquoi, en abré-
geant ce que j'aurais dit si l'heure n'était pas si tardive,
le temps si limité, je propose de modifier de la façon
suivante le projet de résolution qui nous est présenté :

*Le Congrès tient à affirmer d'abord, qu'il est indispensable,
pour un examen utile des conditions d'une paix durable, que
la France, mûrie par deux ans de guerre, reprenne le libre
exercice du droit de parole et du droit de presse, limité seulement par des considérations purement militaires.*

C'est cette modification qu'à l'heure du vote, je sou-
mettrai à votre appréciation.

Un mot pour terminer. Il n'y a ici que des Français,
mais des Français, aux idées généreuses qui toujours
ont suivi le flambeau de la vérité dans des voies parfois
extrêmement ardues. Il est essentiel que ces Français
s'interrogent eux-mêmes, interrogent les sources d'infor-

mations, sachant les motifs des décisions prises par ceux qui les dirigent, afin d'apporter dans les ténèbres sanglantes, actuelles, la lumière que d'autres attendent anxieusement !

M Georges Lhermitte. — Je veux répondre en quelques mots à mon collègue Mauranges qui m'a tout-à-l'heure interpellé. Il a posé la question de l'arbitrage d'une façon très nette, croit-il. Il a dit : pour qu'il y ait arbitrage, il faut deux choses : 1º un conflit, 2º des arbitres, et le consentement de ceux qu'il faut arbitrer.

Avez-vous, lui ai-je dit, dans votre poche, le consentement du kaiser ? A cela, il n'a pas répondu. Il ne le pouvait pas. Il a tourné la difficulté et il nous a fait le tableau de ce qui nous arriverait demain si nous n'adoptions pas la proposition présentée.

On ose nous dire à nous, qui sommes attaqués, à nous chez qui l'adversaire se trouve à 80 kilomètres de Paris : proposez l'arbitrage ! Vous oubliez donc que la Belgique a été violée, que la Serbie a été envahie, vous oubliez tous les crimes, tous les assassinats ! Mouton, vous proposez l'arbitrage. Ce n'est pas un langage digne de la France.

Pour résumer ma pensée, j'estime que, dans les circonstances présentes, la France envahie est dans la situation où se trouvaient le droit et la justice, ayant devant elles Bonnot et Garnier, insurgés contre la société. Aujourd'hui la civilisation mondiale est attaquée par un autre Bonnot. Il s'appelle le kaiser. Qu'auriez-vous dit alors que Garnier était dans son réduit ? Auriez-vous supporté que l'on aille lui proposer un arbitrage ? Non, n'est-ce pas ? Quand les bandits sont dans la maison, on ne leur propose pas un arbitrage, on les f... dehors. *(Applaudissements.)* Quand on n'a pas ce courage-là, on ne parle pas de liberté, do justice. Vous n'en avez pas le droit, vous n'en êtes pas digne.

J'ai fini, mes amis. J'ai dit ce que j'avais à dire. D'arbitrage, il ne peut pas être question tant que l'ennemi est chez nous. Ah! s'il s'en allait, s'il avait la prudence,

avant même d'être complètement vaincu, de dire :
« Nous avons été des fous ; nous avons nié la justice,
le droit ; nous avons affirmé que les contrats internationaux pouvaient être considérés comme des chiffons
de papier ; nous nous sommes trompés, nous voulons
rentrer dans la justice internationale. » Et s'ils ajou-
taient: « Pour pouvoir causer, nous nous retirons derrière
les frontières, nous évacuons les pays que nous avons
envahis, et maintenant causons que tout est en place !»
Ah! là, je serais d'accord avec vous pour l'arbitrage international. A ce moment là, ils ne pourraient plus nous
parler de la carte de la guerre qui actuellement serait
pour nous la carte forcée. Je vous ai dit en mon âme et
conscience tout ce que je pensais, et je crois avoir ainsi
traduit le sentiment des poilus et notamment celui d'un
poilu qui se bat depuis deux ans, qui est membre de la
Ligue, qui est secrétaire-fondateur d'une section du
Nord, et qui est ici après avoir été blessé deux fois au
front. Ah ! vous pouvez être tranquille, vous avez fait
appel tantôt aux mères et aux femmes de France ;
eh bien ! elles sont dignes des hommes de France.
(*Applaudissements.*)

Un Délégué. — C'est Hervé qui écrit ça tous les jours !

M. Georges Lhermitte. — C'est un homme qui a deux
frères et sept neveux au front qui vous dit cela. Je ne
fais pas ici de sentimentalisme. J'ai vu dans mon cabinet
des mères et des épouses victimes de la guerre. J'en
défends tous les jours. (*Bruit.*) Elles souffrent cruellement, mais leurs sentiments patriotiques dominent
leurs souffrances. Je vous ai dit en toute sincérité les
sentiments qui m'ont fait monter à la tribune; ils s'inspirent exclusivement de la dignité humaine et du respect
du droit et de la justice. (*Applaudissements.*)

M. Hadamard, professeur au Collège de France, membre du Comité Central. — Je m'associe aux paroles qui
viennent d'être prononcées. J'aurais déjà désiré la parole
cet après-midi, après l'appel que vous avait adressé
Mme Séverine, mais j'ai tenu à la laisser à quelqu'un

qui l'a réfutée bien mieux que je n'aurais pu le faire. Mme Séverine nous a demandé si nous comprenions bien que chaque jour de cette guerre se solde par d'innombrables morts. J'aurais voulu lui répondre que je comprenais admirablement.

M. Gustave Kahn. — M. Hadamard a perdu deux fils à la guerre.

M. Hadamard. — J'ai même des raisons pour comprendre la crainte de ceux qui, à ces deuils déjà acquis, tremblent de voir s'ajouter d'autres deuils, mais jamais cela n'a été pour moi une raison de demander l'arbitrage immédiat qu'on nous propose, non pas que je sois ennemi de l'arbitrage, mais parce que dans ces mots « arbitrage le plus tôt possible », tels que vous me paraissez les entendre, je vois une comédie d'arbitrage et de justice.

Je m'associe, à cet égard, aux sentiments exprimés par Raynal. L'arbitrage était bon en temps de paix, avant le conflit. Il est vrai que Mauranges a, sur ce point, attribué à l'arbitrage des vertus sur lesquelles je n'ai pas qualité pour discuter; je veux donc bien admettre, avec lui, que, dans des conflits privés, l'arbitrage possède toutes ces vertus, mais, dans le conflit actuel, je renvoie Mauranges à ce que lui a dit Péron et auquel il ne me semble pas qu'il puisse répondre valablement. (*Bruit; mouvements divers.*)

M. Moutet. — Je déclare la discussion close.

La séance est levée à 10 h. 55.

QUATRIÈME SÉANCE

La séance est ouverte à 9 h. 35, sous la présidence de
M. Marius Moutet.

Les contre-projets

M. Moutet. — Hier, le Congrès, maître de son ordre du
jour, a tenu une séance de nuit. La liste des orateurs a
été épuisée. La discussion générale a été déclarée close.
Il n'y a donc plus que le rapporteur qui puisse avoir
la parole. Nous passerons, après le discours du rapporteur. à l'examen des contre-projets; nous mettrons aux
voix les contre-projets, après discussion, puis le projet
du Comité Central, avec les amendements qui pourraient
être apportés. Je vous recommande d'être brefs dans vos
propositions, de façon à ce que nous puissions aboutir
le plus rapidement possible et à ce que nous ayions la
certitude d'aboutir.

La parole est à M. Gabriel Séailles, rapporteur de la
question des « Conditions d'une paix durable ».

Discours de M. Gabriel Séailles

M. Gabriel Séailles. professeur à la Sorbonne. — Messieurs, je me conformerai au conseil de notre président.
Je serai bref J'ai d'ailleurs développé ma pensée dans
le rapport que vous avez sous les yeux.

Quand le Comité Central m'a confié la tâche honorable
et difficile d'écrire le rapport « sur les conditions d'une

paix durable », qui devait être présenté à ce Congrès, je me suis préoccupé d'abord de répondre à ses intentions. Parlant au nom de la Ligue des Droits de l'Homme, je devais m'inspirer des principes qu'elle a toujours défendus. Le premier de ces principes, c'est que le mensonge et l'injustice ne portent jamais que des fruits empoisonnés. (*Applaudissements.*) Me mettant en face des problèmes multiples et complexes, que cette guerre formidable pose de nouveau devant l'histoire, j'en ai cherché la solution dans le respect du droit et, ne voulant être que l'interprète de votre pensée, j'ai demandé à la justice, qui seule peut les assurer, les conditions d'une paix durable.

Aussi vous imaginez quelles ont été ma surprise et mon inquiétude, quand, à la dernière heure, j'ai appris que, faute de les avoir compris et d'en avoir tiré les conséquences nécessaires, j'avais été infidèle aux principes de notre Ligue, que je n'avais voulu qu'appliquer. Suivant quelques-uns de nos collègues, pour ne pas démentir notre passé, nous ne devons pas accepter la guerre, même alors qu'elle est déchaînée. Partisans de l'arbitrage hier, nous devons le rester aujourd'hui, pour cela émettre le vœu que les puissances de l'Entente se déclarent solennellement prêtes à soumettre à un arbitrage immédiat le conflit qui les met aux prises dans une lutte monstrueuse.

Notre collègue, M. Alexandre, qui a lu hier ce contre-projet, est un de mes meilleurs élèves, qui est resté un de mes bons amis. Son intervention ne peut me laisser indifférent. Nul ne le connaît mieux que moi, nul plus que moi ne lui rend justice, et je tiens à dire avant tout non seulement la sympathie que j'ai pour lui, mais la haute estime dans laquelle je tiens son intelligence ardente et forte et son cœur généreux. Mais je n'en suis pas moins convaincu que si nous ne négligeons pas un fait, qu'il est difficile de négliger — c'est la guerre que je veux dire —, ce contre-projet, loin d'être seul conforme aux principes de la Ligue, bien plutôt les contredit.

Avant la guerre, que nous aurions voulu prévenir, le problème des nationalités pouvait être résolu, sans mettre le feu aux quatre coins de l'Europe. Je l'ai toujours soutenu et je le pense encore. A l'Etat despotique qui maintient l'unité par la contrainte, qui par des mesures brutales ou sournoises opprime les nations allogènes, s'efforce de détruire leur langue, leurs traditions, leur religion, il suffisait de substituer progressivement l'Etat moderne, l'Etat juridique, qui, accordant à chaque groupement son autonomie, fonde l'unité administrative et politique sur le consentement mutuel et l'intérêt commun. L'exemple de la Suisse montre que des nationalités diverses peuvent se fédérer, coopérer et vivre en paix dans le mutuel respect de leur liberté. Vous savez comment la Prusse a traité l'Alsace-Lorraine et la Pologne. L'Autriche s'est obstinée à persécuter, tout en les opposant les uns aux autres, les Tchèques, les Slovènes, les Italiens; la Hongrie à tenir sous le joug les Roumains et les Slaves. Si la guerre est déchaînée aujourd'hui c'est que, pour les raisons que vous savez, par volonté d'impérialisme, les Empires centraux ont voulu faire une nation opprimée de plus, en détruisant l'indépendance de la Serbie.

Et aujourd'hui, quand nous sommes sous les armes, en pleine lutte, on nous demande d'offrir à ces empires, qui ne reconnaissent d'autre droit que celui que confère la force, un arbitrage immédiat. Je n'insiste pas sur la difficulté de donner à ce projet une forme pratique et réalisable. Quand dix individus se battent dans la rue et qu'il n'y a pas de sergent de ville à l'horizon, qui les séparera et les contraindra à s'expliquer? Nos désirs ne changent pas la réalité. Pour qu'il y ait arbitrage, il faut un code, auquel se réfèrent les arbitres, un tribunal qui rende l'arrêt, une force organisée qui en assure l'exécution : tout nous manque.

Vous nous dites: « Pour les Empires du centre, le seul fait d'accepter une procédure du droit, les obligerait à abandonner par avance toute prétention arbitraire sur le territoire ou la liberté d'un quelconque des pays alliés, envahis ou non envahis. » Mais, en admettant la valeur de l'argument, pouvons-nous nous contenter de ce retour au *statu quo ante?* Pensons-nous oublier les vols, les pillages, les incendies, les crimes de droit commun? Pouvons-nous faire retomber la réparation des dommages de guerre sur les populations qui en ont été les victimes? Est-ce assez, pour que justice soit faite, que l'ennemi prenne l'engagement tacite de ne pas annexer les territoires envahis, de retirer ses troupes de nos villages en ruines, de nos cités dévastées, de la Serbie ruinée, dépeuplée, de la Belgique assassinée par un acte de véritable félonie?

Et que faites-vous des nationalités opprimées? Quelles mesures, quelles garanties espérez vous pour elles? Vous leur avez prodigué les belles promesses, vous avez éveillé leurs espérances, vous avez exploité leur sentiment d'indépendance et de révolte. Au terme, vous ne leur aurez apporté qu'un surcroît de misère et de persécution. Pour avoir, sur vos instigations, affirmé leur volonté d'autonomie, les Tchèques, les Serbo-Croates, les Yougo-Slaves sont plus que jamais suspects. Allons-nous, avant d'avoir fait tout ce qui est en notre pouvoir, livrer ces vaillants petits peuples à la bureaucratie et à la police autrichiennes? N'oublions pas le député italien Battisti, pendu à l'heure même où il agonisait. N'oublions pas ces procès de haute trahison, engagés contre des centaines d'innocents sur des pièces fausses, d'une fausseté si évidente qu'en dépit des juges elle éclatait à tous les yeux au cours des débats. Sous le prétexte d'être fidèles aux principes de la Ligue des Droits de l'Homme, voulez-vous abandonner ces nationalités à la tyrannie autrichienne et leurs chefs au bourreau? Ah! cela jamais! (*Vifs applaudissements*)

Voilà pourquoi je dis que le contre-projet, qui se donne pour le seul conforme à nos principes, parce qu'en pleine bataille il demande l'arbitrage, que nous demandions hier, en réalité les contredit. On ne choisit pas le devoir, et la guerre peut être une forme de combat pour la justice.

En demandant que la lutte soit poursuivie sans défaillance, que les crimes commis trouvent leur châtiment, que les questions de droit, auxquelles nous ne pouvons plus nous dérober, soient résolues par les moyens de violence qui nous ont été imposés, nous ne prétendons pas éterniser les haines nationales et faire de la guerre l'argument suprême des peuples dans les différends qui s'élèvent entre eux. Il n'y a pas d'ordre légal en dehors des sanctions qui en imposent à tous le respect. Parce que nous tenons compte des faits, nous ne renions pas notre idéal. Pas plus entre les peuples qu'entre les individus, la paix ne peut sortir du conflit des intérêts et des passions. La paix suppose un ordre juridique que nul ne puisse violer impunément. Nous posons comme première condition d'une paix durable la constitution d'une Société des Nations, et pour relier l'idéal aux faits, qui en rendent la réalisation possible, nous demandons que les puissances de l'Entente, unies pour lutter contre l'impérialisme germanique, commencent cette société, en convenant de soumettre à l'arbitrage les conflits qui pourraient les opposer dans l'avenir.

Ce matin, en me rendant à la séance du Congrès, j'ai eu le plaisir et la surprise de lire dans *l'Humanité* les fragments d'un article de M. G. Hanotaux, qui établit la nécessité de l'arbitrage international pour prévenir le retour d'une catastrophe qui menace l'Europe et la civilisation. On nous a bien avertis qu'il ne fallait pas confondre les vues de cet homme politique, mêlé aux grandes affaires de son pays, avec les rêves ambitieux des utopistes que nous sommes. L'utopie, une fois encore, aura été le pressentiment et l'anticipation de la réalité. Si M. Hanotaux a raison, nous ne pouvons avoir tort, car ce que je trouve dans son article, ce sont, exprimés presque dans les mêmes termes, les idées que j'ai exposées et soutenues dans le rapport qui vous est soumis :

Il faut une sécurité, une garantie plus ferme encore, écrit M. Hanotaux; les intentions ne suffisent pas : il faut des institutions. L'Europe et le monde doivent être assurés contre le retour de pareils événements. C'est pourquoi l'heure est venue de créer une autorité suprême ayant qualité pour assurer la paix.

Seule, une institution internationale, fondée avec le consentement de tous, aura désormais la haute situation nécessaire pour connaître le droit des traités et pour mettre en mouvement la force coercitive commune chargée de les maintenir.

Cette institution serait, comme je le disais tout à l'heure, la clé de voûte de l'Europe organisée.

Ne sent-on pas que l'heure est arrivée d'en venir délibérément à la fondation de cette Société des Etats, que tant de nobles aspirations et les instincts populaires ont appelée de leurs vœux? L'histoire européenne est, depuis des siècles, en marche vers cet idéal. L'heure est venue : qu'on la saisisse.

. . . .

Ainsi se trouverait réalisée, dans la force et la liberté, la politique de l'équilibre. Déjà la Conférence de La Haye avait signalé cette solution comme le résultat le plus désirable de ses travaux : « Ce que la confiance universelle entrevoit dans la deuxième Conférence de La Haye, écrivions-nous en 1907, c'est la Constitution prochaine et peut-être définitive d'une institution magistrale, — celle qui fut prévue par Leibnitz, — et qui, seule, peut influer réellement sur les destinées du monde : l'institution du premier *Parlement universel* délibérant devant l'opinion, la convocation solennelle et réitérée des *Etats généraux du monde*. Si le vingtième siècle, à peine né, développe le germe (combien fragile encore!) qui lui fut confié ; si la coutume des délibérations internationales publiques s'introduit dans les relations entre les peuples, que ne doit-on pas espérer de l'avenir? L'opinion est reine et maîtresse du monde. Qu'on se fie en elle. Partout où elle est admise, elle apporte la clarté et la franchise. Le plus puissant agent de la paix, c'est la lumière. Tous les pays du monde ont appris à délibérer dans des assemblées libres. La discussion publique est la garantie la plus forte que le bon sens et la raison aient obtenue jusqu'ici. Cette longue expérience des « parlements » doit profiter aux peuples dans leurs relations internationales. Après qu'ils ont appris à délibérer chez eux, ils doivent apprendre à délibérer entre eux.

Si M. Hanotaux, ancien ministre des Affaires Etrangères, était parmi nous, il s'associerait à nos résolutions, il les appuierait de son autorité et de son vote. Nous ne pourrions que nous en réjouir. Disons seulement que, si l'arbitrage est possible, que s'il doit rendre

de si grands services et prévenir de si grands malheurs,
il est dommage que les hommes pratiques aient attendu
si tard pour s'en aviser. Cette adhésion, si grand qu'en
soit le prix, ne doit pas susciter en nous des illusions
dangereuses. Notre Président avait bien raison de nous
dire que la besogne que nous accomplissons n'est pas
stérile, que, citoyens, nous avons le devoir de parler,
d'agir, de prendre notre part d'initiative et de responsabilité dans les grands événements qui s'accomplis-
sent sous nos yeux.

Ne nous abandonnons pas nous-mêmes, ne mettons
pas toute notre confiance dans la bonne volonté des
hommes d'Etat, dans la pureté de leurs intentions. Si
les peuples sont las d'être livrés en sacrifice, ils feront
bien de prendre en mains leur propre cause. (*Vifs applaudissements.*) Leur cause est celle du droit, des institutions juridiques internationales qui, seules, peuvent
prévenir les calamités qui les accablent. Ceux à qui la
guerre n'apporte que la souffrance et la mort, ne peuvent
admettre que la providence ou le destin les condamnent
à l'égorgement périodique. En 1813, je l'ai rappelé, pour
briser l'impérialisme napoléonien, les rois ont promis à
leurs sujets la liberté, et, le danger conjuré, ils leur
ont donné le despotisme. Au cours de cette guerre, les
chefs de Gouvernement ont prodigué les promesses,
éveillé les espérances. Ils ont dit que cette guerre devait
être la dernière des guerres, que « le sang ne devait
plus être sur l'humanité ». Il faut que ces paroles ne
soient point oubliées et que, le moment venu, elles se
retrouvent dans toutes les bouches ; que les peuples
ne comptent pas sur les diplomates pour supprimer la
diplomatie secrète, les intrigues de chancellerie : un
mal n'est jamais supprimé dans ses causes par ceux
dont il fonde le principe et l'autorité. Si nous voulons
la paix durable par les institutions juridiques qui,
seules, peuvent la garantir, n'attendons pas qu'elle soit
donnée à notre indifférence et à notre inertie, n'oublions
pas que la paix est comme la liberté, qu'il faut la mériter
et la conquérir. (*Vifs applaudissements.*)

M. Moutet. — Je suis saisi d'un certain nombre de contre-projets. Et d'abord, le contre-projet déposé par notre collègue Alexandre. Quelqu'un demande-t-il la parole sur les dispositions particulières de ce contre-projet ?

M. Oscar Bloch. — Je voudrais simplement dire, en réponse à la discussion de M. Séailles, qu'il n'entre pas dans nos intentions d'abandonner les nationalités opprimées aux vengeances de leurs oppresseurs. Nous arriverons plus efficacement à les protéger par l'arbitrage que par le sort des armes, contraire à nos principes.

M. Séailles. — Vous avez l'exemple d'hier.

M. Moutet. — La parole est à M. Ferdinand Buisson pour combattre les contre-projets.

M. J. Cahen (Section du 9ᵉ arr. de Paris). — Vous donnez la parole pour combattre les contre-projets avant même qu'ils aient été développés Je demande la parole pour une motion d'ordre.

M. Moutet. — Ils ont été discutés hier.

M. J. Cahen. — Non, pas du tout. Je prie M. le Président de bien vouloir renoncer à la parole momentanément; puisqu'il veut combattre les contre-projets, il est nécessaire de les développer. (*Bruit.*) Je regrette cet incident, mais étant parti hier soir lorsqu'on avait déclaré qu'il n'y aurait pas séance de nuit, j'avais considéré le vote comme acquis. Il a paru nécessaire de faire une séance de nuit, on l'a faite et on a clos la discussion générale quand il n'y avait plus personne. (*Exclamations; nombreuses interruptions.*)

M. Moutet. — J'invite l'orateur à ne pas critiquer les décisions qui ont été prises.

M. J. Cahen. — Je ne critique pas, je constate. (*Bruit.*) Je veux bien reconnaître, pour vous faire plaisir, qu'il y avait encore beaucoup de monde dans la salle quand on a clos la discussion générale, mais vous ne m'empê-

cherez pas de dire que le vote contre une séance de nuit
était acquis.

Plusieurs voix. — Vous n'y étiez pas ! (*Bruit.*)

M. J. Cahen. — Je vous demande simplement de
m'écouter et de ne pas m'interrompre ; c'est la seule
façon de me permettre d'être bref.

Un Délégué. — On a déclaré que le vote était acquis
pour le moment !

M. Moutet. — Cet incident n'a aucune importance.

M. J. Cahen. — Je ne veux pas m'en prendre au
Président, mais je déclare que le Président a une façon
un peu spéciale de présider. (*Bruit, interruptions.*) Je
vous prie de ne pas m'interrompre (*Nouvelles interruptions*), car je considèrerai toute interruption comme une
injure personnelle et la réglerai comme une affaire
personnelle.

Je n'ai pas déposé de nouveau texte. J'ai simplement
demandé, dans mon contre-projet, de supprimer le paragraphe 2 et le commencement du paragraphe 3. Les
raisons qui m'ont fait déposer cette demande sont très
simples. Si la Ligue veut s'occuper de la paix future,
elle ne le peut pas puisqu'elle n'a pas dans les mains
tous les documents et qu'il lui est donc impossible
d'indiquer à ceux qui, demain, feront la paix, les conditions de cette paix. Et peut-être n'aurais-je présenté
aucune observation au paragraphe 2, si, dans le début
du paragraphe 3, le Comité Central et son rapporteur,
l'honorable M. Gabriel Séailles, n'avaient pas inscrit la
phrase que je vous prie de méditer : « En conséquence,
le Congrès estime que conclure la paix avant qu'il soit
possible de l'établir sur les bases qu'il a définies, ce
serait humilier le droit devant la force et condamner le
monde à une prochaine et plus terrible catastrophe ».

Un Délégué. — Mais absolument !

M. J. Cahen. — Vous allez voir le danger qu'il y a de
voter cette phrase. Nous avons tous, c'est certain, la

pensée de poursuivre la guerre jusqu'à une victoire complète ; mais dans votre paragraphe 2, vous avez mis des détails précis. Vous avez dit : « Il consacrera le droit des peuples à disposer d'eux-mêmes ». Je suis d'accord avec vous sur cette clause, mais je suis d'accord en cela pour tous les peuples, c'est-à-dire aussi bien pour ceux du centre de l'Afrique qui passeront des Allemands aux Anglais ou aux Français, que pour les Polonais, pour les Tchèques, pour tous ceux qui appartiennent à des nations opprimées. Il faut qu'il n'y ait aucune restriction dans votre pensée.

Vous dites ensuite : « Il instituera (c'est le traité de paix qui instituera) un régime économique qui, sous réserve des mesures temporaires appliquées comme sanctions, garantira à chaque peuple l'exercice de son activité légitime, sans permettre aucune organisation agressive de conquête économique ». C'est la phrase la plus grave qu'il y ait dans votre proposition.

Un Délégué. — C'est le fait de la guerre qui est grave.

M. J. Cahen. — C'est la guerre, nous sommes tous d'accord ; mais comme vous discutez sur les conditions de la paix avec une proposition de résolution qui, demain, sera publique, qui sera répandue à travers le monde, vous n'avez pas le droit de prendre simplement des phrases, de les ajouter les unes après les autres, de les livrer à la publicité, pour qu'ensuite elles soient disséquées par des gens qui, en dépit de l'Union sacrée, ne sont pas encore de nos amis, et qu'elles fassent apparaître le Congrès de la Ligue comme une manifestation inutile. Je dis que s'il est bon de rédiger votre premier paragraphe en faveur d'une paix durable, il n'est pas sérieux de vouloir imposer aux plénipotentiaires de l'avenir des conditions que vous ne savez pas encore aujourd'hui s'ils pourront les tenir, parce que, comme moi, vous êtes ignorants de toutes les choses de la guerre.

Vous ne pouvez donc pas conserver le paragraphe 2, ni la première partie de votre article 3. Je sens bien,

après les observations présentées, que la rédaction du
contre-projet Alexandre a choqué l'ensemble de l'Assemblée. Mais, si au lieu de mettre dans sa rédaction le
« dès maintenant », qui est impossible parce qu'on ne
peut rien livrer à l'arbitrage, M. Alexandre avait indiqué
aux Etats alliés que l'arbitrage s'exercera dès qu'il
apparaîtra que la guerre puisse être arbitrée dans le
sens que nous l'entendons, nous, Français, qui avons
donné tout notre sang, qui avons tout fait pour la victoire, la rédaction pourrait peut-être être acceptée. Le
Gouvernement, qui doit être mieux renseigné que
nous, serait juge du moment.

Donc, si nous pouvons ajouter à ces deux paragraphes, le paragraphe 1er et le paragraphe 3, les mots
« dès qu'il apparaîtra aux Gouvernements alliés que ce
sera possible », je crois que nous aurions fait aujour-
d'hui œuvre sage.

En tout cas, je vous demanderai au vote de repousser
le paragraphe 2, depuis les mots : « Il consacrera le
droit des peuples », jusqu'au paragraphe 3, pour des
raisons à mon sens déterminantes. Car, lorsque vous
les aurez votés, vous vous serez livrés à la même
manifestation inutile que les partis politiques, et vous
n'êtes pas un parti politique; vous aurez donné, à
ceux qui rédigeront le traité de paix, des indications
qu'ils ne pourront peut-être pas suivre; vous vous serez
condamnés vous-mêmes, parce que vous aurez dit : si
ce n'est pas cette paix-là, il ne faut pas la faire, il faut
continuer la guerre tant que nous n'aurons pas la paix
que nous avons indiquée. Or, ce que vous voulez, c'est
une paix de justice et de droit pour notre pays et pour
les Alliés.

M. Ferdinand Buisson. — Pour tout le monde.

M. J. Cahen. — C'est entendu, Monsieur le Président. Avec votre haute conscience, vous voulez une
paix qui soit conforme à l'intérêt de la justice et du
droit; mais vous savez beaucoup mieux que moi, avec
votre haute expérience, que, lorsque des plénipoten-

tiaires se trouvent devant un tapis vert et sont assis les
uns à côté des autres, les questions de droit, de justice,
de conscience, disparaissent souvent devant les nécessités de signer le traité de paix et de faire arrêter le
conflit qui ensanglante l'humanité. C'est donc pour ces
raisons que je me permets de demander à la Ligue
d'être logique avec elle-même, d'indiquer qu'elle fera
dans l'avenir le maximum d'effort pour maintenir la
paix dans le monde ; mais je lui demande également
de ne pas faire de manifestations inutiles qui pourraient
se retourner contre elle et nuire à sa glorieuse réputa-
tion. (*Vifs applaudissements.*)

M. Moutet. — Ce n'est pas, à proprement parler, un
contre-projet ; c'est simplement un amendement au
projet de résolution. Nous le mettrons aux voix, non
comme un contre-projet. mais comme un amendement
préalable. Comme contre-projet, nous avons, en réalité,
le contre-projet Alexandre. Si je suis saisi d'autres
contre projets, je les lirai avant de discuter la motion
du Comité Central.

Discours de M. Ferdinand Buisson

M. Ferdinand Buisson. — Je viens vous demander
un effort de travail et d'attention, je ne dirai pas seulement d'impartialité, je suis bien sûr que l'impartialité
est au fond de nous tous une sorte d'engagement tacite
commun auquel nous ne voulons pas manquer, mais
je vous demande la permission de lire avec vous, pour
ainsi dire phrase par phrase — ce qui est assez long,
vous pouvez le craindre - le contre-projet sur lequel
vous allez avoir à voter. Et j'ai à vous expliquer non
pas les vues générales qui trouveront leur place dans
l'examen du projet du Comité, mais la réponse précise,
point par point, à la proposition de nos collègues et
contradicteurs.

Ils ont fait une chose louable, il faut que nous
sachions en profiter : ils nous ont donné par un écrit

imprimé, bien clair, le texte et les motifs de leur motion.
Dans les séances d'hier, nous avons échangé un peu
confusément, c'était fatal, des vues générales A présent, nous en sommes à une proposition précise, formelle. Il faut l'entendre, il faut la discuter minutieusement. Vous en serez d'avis surtout après le témoignage
si flatteur que notre ami Séailles vient de rendre à son
principal auteur. Il est certain qu'un homme, dont le
contradicteur et l'ancien maître a parlé avec un tel
accent d'estime et de sympathie. ne peut que souhaiter
qu'on dissèque sa pensée, qu'on la suive dans tous ses
détails, et non pas avec une sorte d'entraînement, mais
en en prenant une connaissance précise. Qu'est-ce
qu'on nous demande? Lisons. La première phrase
indique :

« Les gouvernements alliés proclament que, s'il faut poursuivre jusqu'au bout la lutte actuelle, c'est uniquement afin qu'à l'avenir les différends ne soient plus tranchés par la violence. Ils attestent ainsi que la force victorieuse, quand elle a beaucoup tué, n'a encore rien prouvé, ni rien résolu. Mais, après avoir reconnu que la guerre n'est toujours qu'une voie de fait, jamais une voie de droit, ils repoussent, pour le présent conflit, toute autre solution qu'une solution par la force.

Il y a là une contradiction. Comment les esprits libres ne la voient-ils pas? »

« Il y a une contradiction! » Voilà le premier dire de
nos contradicteurs. Ils prétendent que les gouvernements alliés ne veulent pas, au conflit actuel, d'autres
solutions, et ils répètent les mots, que « la solution par
la force ». Où donc M. Alexandre a-t-il vu cela? Je vois,
moi, que pour qu'il y ait conflit, il faut qu'il y ait deux
adversaires. Mais si l'un des deux s'est précipité sur
l'autre, lui a mis le pied sur la gorge, l'écrase et le
menace d'anéantissement, appelez-vous encore cela
un conflit? Et voulez-vous attendre, pour le terminer,
l'entrée en scène d'un arbitre qui arrivera trop tard?
Évidemment, il n'y a plus besoin d'arbitrage si nous
consentons à être égorgés. C'est à quoi la France, la
Belgique n'ont pas consenti ; et vous appelez cela « la

violence »? Vous dites qu'elles ont voulu « trancher le conflit par la violence ».

M. Alexandre. — Mais non.

M. Ferdinand Buisson. — Pardon, laissez-moi exposer. Si j'ai quelque vivacité, à mon âge elles ne sont pas bien dangereuses. (*Rires.*) Laissez-moi suivre le mieux possible votre exposé. Il y a une question qui se pose : le premier jour, le 2 août 1914, fallait-il se laisser faire? Fallait-il que la Belgique laissât passer le torrent allemand ? Fallait-il que la France s'inclinât, reculât toujours? Fallait-il faire cela? Le Gouvernement, la nation, la conscience publique ont crié : non ! Et la conscience belge, — ah ! jamais nous ne le redirons trop —, a eu un sursaut d'honnêteté qui est sublime et qui lui a coûté des sacrifices épouvantables. (*Longs applaudissements.*) Cela ne veut pas dire que le peuple belge et le peuple français aient déclaré ne vouloir résoudre ce conflit que par la force. Cela veut dire qu'ils n'ont pas voulu commencer par être écrasés. Et où en serions-nous aujourd'hui, si la Belgique n'avait pas eu la force de résister et si nos soldats, malgré l'affreux désastre de Charleroi, n'avaient pas fait l'effort qui, finalement, leur a permis de résister à l'ennemi, où en serions-nous ? Il n'aurait pas été parlé d'arbitrage, si les Allemands étaient venus faire à Paris ou à Versailles le traité de paix. Est-ce que vous pouvez condamner les Gouvernements qui n'ont pas voulu que la guerre se terminât d'un seul coup par cet écrasement de peuples libres? Voilà la première objection que me suggère votre première phrase.

Continuons ; il y a là une contradiction, dites-vous. Non! il y a ce que nos pères, en 1789 et en 1793, ont inscrit dans la "Déclaration des Droits de l'Homme" : ils considéraient, comme sacré, le droit de résistance à l'agression. C'est tout ce que nous avons fait : nous avons résisté de notre mieux, avec toutes nos forces, et même sans avoir la force qu'il eût fallu, nous avons résisté à l'envahisseur, à l'agresseur, au bandit. (*Vifs applaudissements.*)

Pour cela, je crois que pas un Français, pas un des hommes qui appartiennent aux nations alliées ne pourra blâmer son gouvernement d'avoir commis ce que vous appelez « une contradiction », qui était de ne pas commencer par se laisser écraser. Il faut résister à l'attaque, tenir tête tout seul au brigand en attendant que du secours arrive. Celui qui commence par s'abandonner, par se laisser tuer, c'est comme un suicide qu'il commet. Et alors qu'il est sûr que, lui disparu, la cause, les principes qu'il défend, disparaissent avec lui, ce suicide-là est coupable. (*Vifs applaudissements.*)

Et alors nos contradicteurs, nos collègues, se livrent à une suite de raisonnements. Dans la deuxième page de leur papier, ils prennent la peine de parler pour nous ; c'est trop d'obligeance, nous aimerions mieux nous expliquer nous-mêmes.

Voici leur formule :

Hier, l'arbitrage au-dessus de tout. Demain, l'arbitrage au-dessus de tout. Mais aujourd'hui, alors que s'égorgent vingt millions d'hommes pacifiques, au-dessus de tout : la violence ! L'arbitrage est tenu en réserve pour des temps meilleurs.

Deux remarques : d'abord, le mot « la violence ». Quoi, c'est la violence, d'avoir résisté à la ruée allemande ? Quoi, c'est la violence que de n'avoir pas voulu au premier choc de cette invasion formidable, comme jamais on n'en avait vu de pareille, nous déclarer d'avance vaincus ? C'est de la violence ! Ah ! permettez-moi de vous le dire : « J'ai été en Suisse depuis, j'ai été en Amérique l'année dernière, j'ai entendu beaucoup de gens qui faisaient des réserves à notre égard, et qui, tout en étant des partisans du droit et de la justice, n'étaient pas sans témoigner quelques critiques à notre endroit, mais jamais je n'ai entendu qui que ce soit taxer du nom de « violence » la résistance héroïque de nos armées à une invasion qui faillit nous faire perdre à jamais notre rang de nation (*Applaudissements*) et j'ajoute qu'il m'est pénible d'entendre un Français (*Très bien!*) s'élever pour la première fois contre ce qu'il y a au monde de plus légitime, de plus nécessaire, de plus national : la résistance d'une nation qui ne veut pas se laisser anéantir. (*Applaudissements.*)

Quant aux mots « l'arbitrage est tenu en réserve pour des temps meilleurs », vous savez lire, Séailles nous l'a dit. Comment ! « tenu en réserve pour des temps meilleurs » ? Mais c'est nous qui proposons l'arbitrage, nous l'avons mis dans les trois paragraphes de notre projet. Il y a l'arbitrage dans le principe, art. 1er, il y a l'arbitrage dans le traité de paix, art. 2, et finalement, que sollicite le Comité Central du Congrès ? Il vous demande l'ordre d'aller porter au Gouvernement l'avis qu'il faut parler haut, vite et clair et, devant le monde entier, réclamer l'arbitrage. Et vous dites que nous mettons l'arbitrage en réserve, alors qu'il est dans toutes les pages, dans toutes les lignes de notre papier.

Nous demandons que vous nous donniez acte au moins de cette protestation, contre une affirmation que je considère comme erronée.

Puis viennent trois raisonnements.

On nous prête d'abord un premier raisonnement assez enfantin. On dit : « Pour les uns, il y en a peut-être parmi vous, l'arbitrage ne peut s'appliquer à un aussi vaste et grave litige ». Nous n'avons jamais dit cela : nous, nous faisons de l'arbitrage une règle universelle, sans exception ni réserve.

Passons au deuxième argument :

On dit que d'autres, plus doctement (toujours la petite pointe d'ironie) demanderont avec mépris par quels moyens nous obtiendrions l'exécution d'un accord conclu par voie d'arbitrage, puisque le gouvernement allemand, par grâce spéciale, trahit tous ses engagements.

Nous n'avons pas demandé cela, nous avons si peu douté de la possibilité de rendre le pacte exécutoire que nous avons dit en toutes lettres qu'il s'exécutera par le moyen de la force internationale créée tout exprès pour cela. Et, comme Séailles vient de le rappeler tout à l'heure, il se trouve, par une heureuse circonstance, que ce rêve

des utopistes que nous sommes est exactement celui de
l'esprit positif qui s'appelle Hanotaux. A son article
d'hier, nous n'avons rien à retrancher, sauf la politique qui n'est pas la nôtre et qui n'est pas notre sujet
aujourd'hui.

Reste le troisième argument; on nous prête cet autre
raisonnement :

*On dira plus justement qu'une Nation libre n'a pas le droit,
surtout après d'immenses sacrifices, d'accepter la mise en discussion de son existence ou de son indépendance.*

Certainement, nous ne pouvons pas accepter la mise
en question de notre indépendance. Mais « il se trouve
préc sément. dit-on, que l'arbitrage proclame la reconnaissance du droit à l'existence ». Sans doute, qui dit
arbitrage dit reconnaissance du droit à l'existence. Si
l'Allemagne proposait à la Be'g que l'arbitrage, cela
impliquerait qu'elle reconnaît à la Belgique le droit
d'exister. Mais, en sommes nous là? Y a-t-il, oui ou non,
à l'heure actuelle, en Belgique et dans nos départements
envahis. des gens qui reconnaissent, comme vous dites,
notre indépendance ?

Ah! oui, M. Bethmann-Hollweg l'a reconnu pendant
un quart d'heure, cela lui a échappé, il a dit une vérité
historique qui durera : « Nous avons fait, a-t-il avoué,
quelque chose qui est contraire au droit ».

Mais, depuis, est-ce que vous entendez M. de Bethmann-Hollweg renouveler, confirmer cette déclaration?
Pas du tout. L'Allemagne tout entière, jusqu'à présent.
persiste, sauf des protestations indi idue'les auxquelles
je rends hommage, à nier le droit à l'indépendance des
petits peuples.

Par conséquent, les trois raisonnements que vous nous
prêtez ne sont pas les nôtres. Et vous dites, ce raisonnement est touchant :

*Pour les Empires du Centre, le seul fait d'accepter l'arbi-
trage, les obligerait à abandonner par avance toute prétention
arbitraire sur les domaines d'autrui.*

C'est évident. mais quelle langue parlons-nous là?
« L'acceptation de l'arbitrage les obligerait à recon-

naître le droit des peuples »? Mais, même sans arbitrage, ils pouvaient le reconnaître. Et ils le nient effrontément, cyniquement, par la plume des savants, ils le nient par les déclarations des hommes d'Etat, c'est là le fait actuel. Ils le nient pour la Belgique, pour la Serbie comme pour l'Alsace-Lorraine et pour le Schlesvig. Nous ne sommes pas en présence d'une Allemagne qui nous dit : nous reconnaissons le droit des peuples et par conséquent nous nous soumettons à l'arbitrage. Si l'Allemagne faisait cette proposition, nous aurions le droit d'éprouver quelque surprise. N'y aurait-il que la première lettre du mot que cela vous permettrait de dire qu'il y a un commencement de velléité d'accord sur la base du droit. Mais il n'y a jusqu'à présent rien de semblable.

Que concluez-vous? Vous concluez, en substance : l'arbitrage, c'est excellent dans tous les cas : ou les Empires du Centre l'accepteront — s'ils l'acceptent, nous aussi, cela va très bien — ou ils le repousseront, alors, je vous cite :

Que si les Empires du Centre le repoussaient, ce refus n'apporterait-il pas à la cause des Alliés une aide nécessaire et sans prix? Soit qu'il réussisse, soit qu'il échoue, l'arbitrage reste, pour les Alliés, la meilleure de leurs armes et la plus digne.

C'est très commode cela, mais qu'est-ce que cela veut dire? Vous vous êtes chargé vous-même de la réponse : « S'ils le repoussent, dites-vous, il faudra continuer à se battre ». A la bonne heure. Par conséquent, vous-même qui venez crier contre la continuation de la guerre, vous-même qui appeliez cela tout à l'heure de la « violence », le « droit de la force », du « carnage », vous-même aboutissez à cette conclusion : il faut se battre! C'est en effet de toute évidence le premier de tous les devoirs, la première de toutes les nécessités. Même ceux qui s'imaginent qu'on peut dès à présent réclamer l'arbitrage, même ceux-là déclarent que la seule conduite possible, c'est celle des millions de Français qui donnent en ce moment leur vie pour la défense du sol national. Etrange conclusion des critiques qu'on nous adresse.! Au cas où il n'y a pas d'accord avec les envahisseurs, il n'y a qu'une chose à faire : c'est de les repousser. Je suis très heureux de constater cet accord que confirme, quelques lignes plus loin, une déclaration plus formelle encore, en ces termes : « Réclamer l'arbitrage tout en continuant à se battre ». Eh bien ! mais, citoyens, si nous en sommes-là nous et nos contradicteurs, quelle différence reste-t-il entre le Comité Central et M. Alexandre ?

La formule d'Alexandre et de ses amis, c'est : «Réclamer l'arbitrage, tout en continuant à se battre ». Celle du Comité Central est : « Continuer à se battre, tout en réclamant l'arbitrage ». Peut-on nier que, l'une comme l'autre, ces deux formules contiennent exactement et la même affirmation théorique et la même affirmation pratique ?

Pour la théorie, nous voulons tous l'arbitrage ; nous sommes ici une réunion d'hommes qui, tous, en tout temps, avant la guerre, pendant la guerre, après la guerre, furent et seront des partisans de la paix par le droit, et, par conséquent, de l'organisation de l'arbitrage non pas reléguée au trente-sixième siècle, mais aussi immédiate que possible. C'est pourquoi nous proposons d'aller porter au Gouvernement le vœu du Congrès tendant à une déclaration officielle en faveur de la paix par le droit et l'arbitrage.

Quant à la pratique, nos contradicteurs pensent comme nous : il n'y a qu'une chose à faire, c'est de se battre. Pourquoi ? Parce que nous ne pouvons pas laisser les Allemands en possession des « gages », dont ils entendent se prévaloir pour imposer leur domination à l'Europe.

Nous sommes donc, et quant aux principes et quant aux nécessités de l'heure actuelle, en plein accord.

La différence, citoyens, puisqu'il y en a une au fond, tâchons de la découvrir et de la mesurer. Pour cela, il faut aller à la dernière page. Nos collègues signataires de la motion Alexandre nous disent :

...Prend acte des déclarations des hommes d'Etat de l'Entente, qui, tous, reconnaissent la nécessité d'instituer dans l'avenir,

*afin d'éviter le retour d'une catastrophe semblable à la guerre
actuelle, un tribunal d'arbitrage permanent, auquel devront
être obligatoirement soumis, désormais, les contestations
d'ordre international de quelque nature qu'elles soient.*

Voilà où nous nous séparons. Le remède que proposent
nos collègues, c'est l'institution d'un tribunal d'arbitrage.
Nous répondons, nous : cette procédure purement juridique serait d'une insuffisance, d'une inefficacité telle
qu'on n'en peut attendre la paix définitive. Leur erreur,
leur illusion consiste à ne voir qu'un rouage judiciaire
et à s'imaginer qu'il existe et qu'il n'y a qu'à le faire
fonctionner. Ils semblent nous dire : « Mais pourquoi
pas l'arbitrage tout de suite ? Il y a la Cour de La Haye,
ce serait bien simple ». Trop simple en vérité. Il est
même incroyable que des esprits aussi éclairés se con-
tentent de ce semblant de solution, que je ne sais comment qualifier. Vous nous parlez de la Cour de La Haye ?
Je ne vous demande pas : de qui est-elle composée ?
Quelles garanties nous présenterait-elle ? De qui tient-
elle ses pouvoirs ? Supposons tous ces doutes écartés.
Je vous demande : que pourrait-elle faire ? Une Cour,
c'est un tribunal qui applique des lois. Où sont ces lois ?
Est-ce que le premier article des textes en vertu desquels
se réunirait la Cour de La Haye n'exclut pas, en termes
formels, précisément les intérêts vitaux, tout ce qui
touche à l'honneur des peuples ? C'est uniquement à la
lettre et à l'esprit de ces textes que la Cour est liée, elle
n'a ni titres ni pouvoirs pour en sortir. Son rôle a été
intentionnellement restreint à juger de petits conflits,
les conflits juridiques, comme l'affaire des déserteurs de
Casablanca ou celles du tribunal des prises. Si vous pré-
tendiez la faire juge des questions sur lesquelles roule
la guerre présente, immédiatement, on vous dirait :
« Vous vous moquez du monde, il faut d'abord faire la
loi pour qu'une Cour puisse l'appliquer. Il faut qu'une
Convention internationale ait posé les principes dont
elle sera la gardienne. »

La vérité est que le problème à résoudre n'est pas de
constituer une procédure d'arbitrage ; il s'agit de consti-

tuer la Société des Nations avec les trois pouvoirs qui représentent la souveraineté. De même que ces trois pouvoirs distincts, législatif, judiciaire et exécutif, doivent être organisés pour qu'il y ait une nation, de même, il n'y aura pas de Société des Nations, tant qu'ils n'y auront pas été établis par un acte souverain des nations réunies. Jusque là il n'y a rien, rien, rien. (*Applaudissements.*) Ne vous prêtez donc pas à cette espèce de jeu de mots, car ce n'est rien de plus que de s'en remettre à je ne sais quel arbitre sans mandat qui n'aurait ni base législative internationale, ni qualité pour juger, ni moyens, ni droit d'intervenir, ni aucune trace de pouvoir exécutif militaire, économique ou autre pour servir de sanction à cette comédie d'arbitrage. Soutenir une pareille folie, ce serait le meilleur moyen de déconsidérer la cause sainte du véritable arbitrage. (*Applaudissements.*)

Je crois que les partisans de l'arbitrage ne peuvent pas hésiter : ils veulent l'arbitrage intégral, qui n'est possible que par l'organisation de la Société des Nations. Ils veulent, suivant la formule universellement acceptée en Amérique comme en Europe, l'établissement de la paix du monde par un nouveau statut constitutif de la société humaine, et ce statut suppose ces trois conditions également indispensables : 1° un code du nouveau droit des gens établi par un pouvoir représentant authentiquement les nations ; 2° une Cour chargée d'appliquer les dispositions de ce code ; 3° une force coercitive qui sera celle du genre humain tout entier désormais décidé à briser la révolte ou l'agression de ceux qui voudraient en rester au vieux droit de la force. (*Applaudissements.*)

Ce n'est pas vous, signataires de la motion Alexandre, qui nous reprocherez d'en demander trop, de vouloir changer le monde. Vous le voulez comme nous. Ne nous y trompons pas : comme on l'a dit hier, ce ne sont que des mots qui nous divisent. Tâchons donc d'en dissiper l'équivoque en disant bien clairement ce que nous voulons les uns et les autres.

La proposition du Comité Central tend à affirmer une fois de plus intégralement le principe de l'arbitrage, comme faisant partie de la révolution qui substituera le régime du droit à celui de la guerre. Quand doit prendre naissance ce nouveau pacte social de l'humanité? Il sera immédiatement réalisable à l'instant même où toutes les nations civilisées, ou, du moins, la majorité d'entre elles, seront résolues à proclamer cette déclaration du Droit des Peuples comme elles ont promulgué, il y a cent trente ans, la Déclaration des Droits de l'Homme. Voilà notre thèse, celle du Comité Central, celle de la Ligue. Je demande donc au citoyen Alexandre et à ses amis : cette thèse est-elle la vôtre? C'est là ce que nous voulons : le voulez-vous aussi? Voulez-vous, vous aussi, que la guerre soit supprimée par la volonté réfléchie et par l'effort concerté du genre humain? Voulez-vous que l'ancien ordre de choses soit remplacé par un droit international qui reconnaissant du droit de tous, lui donnera pour sanction la force de tous mise au service de chacun et tout d'abord du plus faible. (*Vifs applaudissements.*)

Si c'est cela que vous voulez, vous et vos cosignataires, Alexandre, eh bien! ayons le courage de dire publiquement que nous sommes d'accord.

Mais si ce que vous voulez, c'est autre chose, si ce que vous voulez, c'est que nous allions demander l'arbitrage à l'Allemagne, si au lieu de déclarer la paix aux nations et l'arbitrage au monde, nous arrêtions dans ce moment-ci notre effort militaire pour faire signe à l'Allemagne et aux neutres qu'il nous faut l'arbitrage comme un dernier espoir de salut, ah! là, citoyens, nous rompons avec vous. (*Vifs applaudissements.*) Nous ne vous suivrons à aucun prix, car le seul résultat de cette attitude, à supposer qu'elle en ait un, ce résultat serait acquis au prix de la dignité française et de la dignité humaine.

Je vous supplie donc, en finissant, de nous dire clairement quel est le sens de votre article équivoque, énigmatique, que voici :

Emet le vœu que les Gouvernements alliés prennent dès maintenant l'initiative de soumettre à un arbitrage le conflit qui a déterminé la guerre mondiale.

Cela peut s'entendre de deux façons, de la nôtre et de la vôtre.

De la nôtre : cela veut dire que nous allons, en effet, demander aux gouvernements alliés de manifester publiquement qu'ils veulent l'arbitrage pour régler tous les conflits présents et futurs, mais un arbitrage fortement constitué sur une entente internationale et sur l'engagement des peuples à soutenir de leurs forces collectives le droit du faible contre le fort, quel qu'il soit. C'est la paix organisée que nous voulons, la paix garantie non seulement par la signature de tous, mais par l'organisation collective d'une force mondiale capable d'imposer d'irrésistibles sanctions militaires, économiques et diplomatiques, à quiconque voudrait renouveler l'attentat de 1914. Voilà un texte.

En avez-vous un autre à lui opposer ? Dites-nous ce que signifient ces mots : « que notre Gouvernement prenne l'initiative d'une demande d'arbitrage ». Nous ne voulons pas, vous ne pouvez pas vouloir non plus que notre Gouvernement prononce tout seul ce mot d' « arbitrage » en l'isolant de tout ce qui fait la noblesse et la fierté, et qu'il prononce cette parole équivoque à une minute ou dans une forme qui signifierait : capitulation. (*Vifs applaudissements.*) Nous ne concevons pas que de bons Français comme vous puissent l'exposer à ce danger. Pour demander l'arbitrage, il ne faut pas se placer dans une position d'inférieurs, dans une attitude de vaincus, ce serait une mauvaise action et ce serait la préface de la pire des solutions. Vous l'avez prévu vous mêmes quand vous dites : « Tout au plus la force brutale est-elle bonne pour mutiler ou pour asservir temporairement une nation ». C'est ce « tout au plus » que nous n'acceptons pas, nous ne voulons pas être mutilés ni asservis, même temporairement, c'est pourquoi ne pouvant pas encore opposer à la force brutale de l'agresseur la force du genre humain, en attendant,

nous lui opposons les seules forces, dont nous disposons, c'est à dire la nôtre et celle de nos alliés. Oui,
de nos alliés, y compris des peuples qui ne sont pas
semblables à nous, qui n'ont pas passé par 1789, par
notre expérience démocratique, mais qui, comme nous,
répugnent à la servitude. Eux et nous, nous n'implorons
pas, nous résistons, sachant bien que, mendier la paix
sous le nom d'arbitrage, ce serait le moyen de ne pas
l'obtenir.

Ma conclusion est donc bien claire : ou vous voulez
que la Ligue aille, dès demain, demander au Gouvernement l'affirmation éclatante que les seuls buts pour-
suivis par les Alliés pendant la guerre, c'est l'établissement de la paix par l'arbitrage et l'organisation de
l'arbitrage par la Société des Nations : alors vous avez
satisfaction. Ou, au contraire, vous voulez que, par un
biais quelconque, nous rompions l'effort héroïque dont
notre nation donne l'exemple au monde, pour aller faire
auprès des Empires du Centre une démarche qui, quoi
qu'on fasse, trahira l'abattement et la défaite. Si c'était
cela, nous vous demandons de le dire bien haut, et bien
haut aussi, nous en sommes convaincus, le Congrès
vous donnera tort. (*Vifs et longs applaudissements.*)

Discours de M. Alexandre

M. Alexandre. — C'est une tâche difficile d'intervenir
après les paroles si émues que vous venez d'entendre.
Je m'efforcerai, du moins, de ne leur opposer aucun
parti pris.

En abordant cette tribune, je ne sais pas encore et
je ne veux pas savoir si nous pouvons ou non nous
mettre tous d'accord. Ce qui importe, c'est que chacun,
comme notre vénéré Président l'a dit, comprenne clairement ce qu'il soutient et ce qu'il combat. Je vous prie
donc de ne pas passionner le débat. Pour mon compte,
je répondrai en toute clarté aux questions que M. Ferdinand Buisson nous a posées.

Et d'abord, quoiqu'il ne s'agisse peut-être que d'une

question de mots, je veux relever ce qu'a dit notre
Président en ce qui concerne la violence. Il s'est montré
plus qu'ému, indigné de nous voir qualifier l'attitude
de la France de la façon suivante : « Le Gouvernement
français repousserait, pour le conflit présent, toute
autre solution qu'une solution par la force, c'est-à-dire
par la violence ».

Il nous a demandé si véritablement le 2 août, la Belgique en résistant à l'invasion, si la France en s'opposant à l'entrée des armées allemandes, ont vraiment eu
recours à la « violence », si elles n'ont pas, au contraire,
accompli un acte conforme au droit? Vous avez tous
applaudi. Mais laissez-moi faire appel à votre réflexion.
La question posée par M. Buisson n'a rien à voir avec
notre proposition; il n'est pas question pour nous de
savoir si une nation doit se défendre. Des Tolstoïens
pourraient poser cette question et soutenir avec grandeur la thèse de la non-résistance. Mais nous ne l'avons
même pas posée. Et certes, nous admirons, autant que
vous tous, l'effort des hommes qui se sont levés pour
défendre leur patrie. Mais la question qui nous angoisse
est tout autre; nous ne sommes plus au 2 août, nous ne
sommes plus au 4 août 1914...

Un Délégué. — Alors, laissez rentrer les Allemands
(*Bruit*).

Plusieurs Délégués. — Pas d'interruptions !

M. Alexandre. — Les interruptions ne m'empêcheront
pas...

M. Moutet. — Nous ne permettrons d'interruptions à
aucun collègue. Chaque orateur a le droit d'exprimer
entièrement sa pensée; si vous interrompez, si vous
vous laisser aller à votre passion, nous n'arriverons à
rien.

M. Alexandre. — Je m'engage à ne pas passionner
le débat. Faut-il rappeler la voix éloquente qui évoquait
hier le bruit du canon? Nous ne sommes plus au 2 août.
Depuis notre entrée en guerre, deux ans et demi se sont

écoulés. Et il ne s'agit plus du tout de savoir si nous ne devions pas, à ce moment, répondre par la force à la force qui nous envahissait. Il s'agit de savoir présentement par quelle voie résoudre le conflit. Et nous disons : ceux qui, actuellement, ne veulent entendre parler que d'une paix conquise et imposée par les armes — c'est-à-dire par la guerre — sont partisans d'une solution par la force, par la violence. Nous ne pensions vraiment pas insulter notre pays, en disant avec tous les dictionnaires que la guerre c'est la violence. Si vous en doutez, demandez aux soldats. Il est trop clair que la guerre, même la plus légitime, ne consiste qu'en actes de violence. J'ai toujours appris à désigner par violence le fait pour deux individus ou deux peuples de renoncer à discuter et de s'affronter par voie de fusillades ou de canonnades. Ainsi, nous sommes bien d'accord et il ne doit rien rester dans vos esprits de l'indignation de notre Président.

Mais on me dit : « Puisque vous admettiez le recours à la force, à la violence en août 1914, pour repousser l'invasion, pourquoi le blâmez vous aujourd'hui ? Qu'y a-t-il de changé, puisque la force ennemie nous menace comme au premier jour ? Les armées allemandes ne campent-elles pas à Noyon ? ». Je réponds : « Certes, la guerre est là, et il serait même très désirable qu'on s'en souvienne un peu plus. » Certes, le seul procédé pour se protéger d'une force, c'est d'opposer force à force.

Mais comment avez-vous pu comprendre, si vous avez lû impartialement notre papier, que nous proposions de capituler, de licencier nos armées ? Il n'est pas question de ne pas continuer sur le front la lutte inévitable. Et je réponds par là à une question, presque tragique, que m'a posée notre Président ; il m'a dit : « Oui ou non, êtes-vous avec nous pour ne pas arrêter l'effort militaire de la France ? » Mais il n'est pas question de cela, la guerre existe, c'est un fait. Une objection analogue nous a été faite hier soir par M. Ruyssen : « On nous propose un arbitrage, c'est-à-dire une procédure de droit ; mais, actuellement, la

guerre est un fait qui domine tout ». A quoi nous
répondons : « Le fait est le fait, le droit est le droit ».
Quand Dreyfus était à l'île du Diable, il fallait bien que
les médecins tâchent de le soutenir, c'est-à-dire de le
conserver dans sa prison, ce qui n'empêchait par ailleurs de mener pour sa délivrance le grand combat du
droit. Que nous maintenions intactes, que nous multi-
plions nos forces, voilà ce qui relève de l'effort militaire. Mais si nous voulons un résultat de droit, c'est
dans l'ordre du droit que nous devons agir. Vous l'avez
tous compris. Votre Comité Central vous propose de
réclamer des Gouvernements, qui se proclament « champions du droit », des déclarations et des engagements
formels. Et, certes, nous approuvons très volontiers
cette proposition ; nous souhaitons vivement, nous
disons même qu'il est grand temps que les Gouvernements alliés fassent entendre des promesses, au lieu de
paroles vagues et contradictoires. Oui, il est grand
temps que les armées qui se battent soient bien sûres
de la cause pour laquelle elles se battent. Mais en
entrant dans cette voie, où le Comité Central vous
engage, vous reconnaissez par là même qu'il y a en
dehors et au-dessus des batailles un effort à faire, et
que pendant la durée de la guerre, pendant que se
poursuit cette mêlée aveugle, il y a une autre lutte à
mener.

C'est qu'en effet il y a deux façons de régler un conflit
entre les nations : ou bien par la violence ou bien par
le droit. Actuellement, nous sommes obligés, par le fait
de la guerre, d'opposer la force à la force. Vous savez
quelle réalité de telles phrases dissimulent. Je n'ai pas
besoin d'évoquer le spectacle d'horreur. Or, pendant que
les forces continuent à s'affronter, pourquoi ne pas tenter
une solution par le Droit ? Il n'y a de vraie solution que
celle là, — c'est vous-même qui le proclamez. La force,
par elle-même, ne résoud rien ; ce n'est pas parce qu'une
des parties aura remporté quelques victoires, parce que
ses armées auront avancé de 20 ou de 200 kilomètres,
que cela résoudra quelque chose en Europe. (*Bruit ; inter-*

ruptions.) Je ne dis pas que les événements militaires ne réagissent pas en fait sur les rapports des Etats. Ce n'est pas la question. Je veux dire, et il est impossible qu'à cet égard tous les membres de la Ligue ne soient pas d'accord, je veux dire que, lorsque des forces humaines sont en lutte, aucun progrès réel, aucune solution juste et durable ne peut résulter du triomphe purement matériel d'une de ces forces sur l'autre. Aussi demandons-nous que le présent conflit soit soumis à un de ces jugements que vous préconisez pour l'avenir et qui peuvent seuls établir le droit. Nous souhaitons que la Ligue réclame aux gouvernements alliés, au nom de leurs propres principes, de se déclarer prêts, en face du monde, à accepter aujourd'hui encore une solution par l'arbitrage, comme, plus ou moins clairement et sincèrement, la Russie et la Serbie avaient déclaré qu'elles acceptaient l'arbitrage fin juillet 1914. Quand nous réclamons cet acte de raison, comment peut-on nous accuser de vouloir arrêter pendant ce temps le choc des forces? Il est donc étrangement inexact de nous prêter l'intention de rompre ou d'interrompre l'effort militaire de la France.

Reste l'objection de Mme Vérone, selon qui toute déclaration relative à un arbitrage immédiat serait de nature à *démoraliser* l'armée et le pays.

Un Délégué. — C'est une certitude.

Un autre Délégué. — Vous nous affaiblissez vis-à-vis des Allemands.

M. Moutet. — Je vous en prie...

M. Alexandre. — Sans insister longuement sur ce point, je ferais appel très sincèrement à ceux qui, tout récemment encore, ont voyagé avec des soldats dans les trains. La plupart de ces soldats se battent, les événements le prouvent assez, comme des héros ; ce ne sont donc pas des êtres « démoralisés ». Or, vous savez bien que tous, y compris les meilleurs, ne parlent constamment entre eux que de paix. Sincèrement, loyalement, reconnaissons-le. (*Une voix : Nous aussi !*) Les plus vaillants, quand il s'agit de prendre une tranchée, tendent constamment l'oreille à tous les bruits de paix. Quand ils ouvrent encore les journaux qu'ils méprisent (*Applaudissements*), qu'y cherchent-ils ? Ils regardent si on parle de paix. Et ce sont ces hommes que vous craignez de démoraliser en prononçant ce mot « Paix », en vous déclarant prêts à une juste paix par arbitrage !

Nous considérons, au contraire, comme nécessaire à tous égards, que les Go vernements alliés s'informent publiquement si les Empires du Centre, qui sont des « Empires de proie » — c'est entendu —, si ces Empires, après la dure leçon qu'ils ont subie, ne sont pas disposés actuellement à abandonner toutes ces prétentions insolentes et à se soumettre aux sentences impartiales d'un arbitre. Nous considérons comme moralement indispensable qu'à un moment quelconque, mais proche, les Gouvernements alliés — s'ils sont sincères — fassent une déclaration en ce sens. Il ne suffit pas qu'ils proclament, même plus clairement, leur intention, après la guerre, d'établir un régime sérieux d'arbitrage ; il faut, s'ils veulent prouver leur sincérité, qu'ils se déclarent prêts pour le conflit actuel, et, indépendamment des événements militaires, à accepter à tout moment, dans des conditions sérieuses d'impartialité et de sûreté, *un arbitrage...*

Un Délégué. — Sur quoi ?

Un Délégué. — Par qui ?

Un Délégué. — Et d'après quel droit ?

M. Alexandre. — Je répondrai à ces trois questions. Mais auparavant je dois encore faire remarquer que notre Président nous a posé tout à l'heure, sans bien nous comprendre, un dilemne très différent. Il nous a demandé : « Vous suffit-il ou non que la Ligue déclare aux Gouvernements alliés qu'ils doivent s'engager à ne poursuivre la guerre qu'en vue d'établir un régime véritable d'arbitrage ? Voulez-vous d'un tel régime ? » Nous répondons : « Cet engagement ne nous suffirait pas ! » Certes, nous voulons bien d'un tel régime pour l'avenir. Nous y croyons peut-être un peu moins que certains d'entre vous, mais nous le souhaitons bien sincèrement. A vrai dire, nous avons gardé de nos souvenirs d'avant-guerre un peu plus de défiance que vous à l'égard de tous les Gouvernements.

M. G. Séailles. — Vous avez raison !

M. Alexandre. — Et, certes, les faits qui se déroulent autour de nous, — je pourrais presque dire tous les actes de nos Gouvernements « démocratiques » depuis le début de la guerre —, ont encore contribué à ébranler notre foi ; ou plutôt, car une foi, par définition, doit être inébranlable, disons qu'ils nous ont rendu de plus en plus difficile cette confiance un peu aveugle qu'on appelle l'Union sacrée. (*Applaudissements.*)

Je ne parle pas spécialement du Gouvernement français ; mais, dans les actes du Gouvernement du Tsar, pouvons-nous trouver, à part les déclarations du premier jour trop évidemment intéressées, un seul acte qui nous permette de le différencier des « Gouvernements dits de proie » ? Voyons, je fais appel à votre conscience ; et je ne parle pas des ambitions italiennes, etc., etc... Il y aurait trop à dire.

La Ligue, puissance bien limitée, va donc faire un geste en réclamant l'organisation future de la Société des Nations ; mais ne nous illusionnons pas sur notre influence. J'ai souffert souvent, dans le Parti socialiste ou à la Ligue, de ces mouvements d'orgueil qui prennent les assemblées. On parle de la France, comme si on en disposait. Il est très beau de s'unir ainsi à la France et à tous les partis ennemis du droit ; mais, eux, s'unissent-ils à nous ? Que voyons-nous actuellement en France ? Certes, l'âme du peuple est pacifique ; elle conserve vaguement le culte de la Révolution : on peut donc dire que la plus grande partie du peuple français est pour la justice et pour l'organisation d'un droit international. Mais faites donc le pourcentage des journaux français...

M. Cahen (*ironiquement*). — Ils sont tous vendus. (*Bruit.*)

M. Alexandre. — En tout cas, vis-à-vis de l'étranger, ils représentent l'opinion française. Eh bien, y compris les journaux radicaux, il y a encore actuellement 90 0/0 des journaux français qui sont avides d'annexions. Voilà un fait bien frappant. Donc, souhaitons que nos Gouvernements se convertissent réellement aux principes de la Société des Nations, mais n'exagérons pas trop ni leur bonne volonté, ni notre pouvoir; plaçons-nous en face des réalités. Aucun acte de ces Gouvernements alliés, dans lesquels nous, ligueurs, n'avions du reste aucune confiance avant la guerre, aucun de leurs actes n'est venu prouver jusqu'ici leur volonté de réaliser la moindre partie de votre programme de « Paix définitive ». (*Applaudissements.*) De sorte qu'au bout de deux ans et demi de guerre, nous en sommes à inviter — ou plutôt, car le mot est malheureusement trop fort — à prier les Gouvernements alliés de prononcer quelques paroles un peu moins vagues sur leurs buts de guerre. Et je ne veux pas rappeler d'autres paroles de nos Gouvernements, beaucoup moins vagues, mais en sens inverse de nos aspirations !

Du moins, vous voilà résolus à faire un effort sur nos gouvernants. Vous reconnaissez qu'il y a deux luttes à mener, une lutte sur le terrain militaire, c'est entendu, mais une lutte pour le droit à l'intérieur de notre pays; car c'est à chaque peuple, n'est-ce pas, à faire triompher le droit chez lui ? Vous jugez urgent que les Gouvernements alliés précisent leur position et déclarent enfin clairement se rallier à la cause du droit.

M. G. Séailles. — Nous sommes d'accord.

M. Alexandre. — Peut-être, mais nous vous demandons d'aller « jusqu'au bout » de votre effort. Nous disons que la Ligue doit demander aux Gouvernements alliés, non pas simplement de faire des déclarations même précises sur le régime qu'ils désirent instituer après la guerre, mais de se déclarer prêts immédiatement à régler le conflit par des voies de droit, c'est-à-dire par l'arbitrage.

Un Délégué. — Vous risquez de dépasser le but.

M. Alexandre. — Notre Président a dit : « Implorer l'arbitrage en pleine guerre, ce serait une dangereuse et coupable imprudence ». Certes. Mais qui parle de l'implorer? Nous ne demandons pas que, saisie de lassitude, la France, brusquement, en pleine bataille de Picardie ou de Verdun, s'adresse d'un ton suppliant aux Gouvernements ennemis : « Est-ce que vous n'accepteriez pas un arbitrage? » Certes, une telle demande aurait tout l'air d'une capitulation. Et, sous cette forme caricaturale, nous repoussons autant que vous une pareille démarche ; comme vous, nous en voyons le danger. Mais une offre sereine et impersonnelle d'arbitrage est un défi à l'adversaire, bien loin de ressembler à une capitulation. Vous redoutez, comme une marque de faiblesse, tout pas en avant fait vers la paix. Mais nous sommes sensibles, nous, à l'autre aspect des choses. Nous ne jugeons pas qu'il soit beau, ni peut-être possible, ni juste en tout cas, que la force seule apporte une solution. Et si, avant que nous ayons remporté la « victoire finale », l'adversaire se déclarait disposé à accepter l'arbitrage, nous sommes tout prêts à nous priver de la « joie » des arcs de triomphe et des victoires éclatantes; et nous disons, nous, qu'au nom des Droits de l'Homme, vous n'avez pas le droit de ne pas y renoncer avec nous. (*Applaudissements.*)

M. G. Séailles. — Nous sommes d'accord.

M. Alexandre. — Fort bien. Mais approuverons-nous alors les déclarations hebdomadaires de la plupart de nos dirigeants qui répètent avec obstination : aucun rapprochement n'est possible, aucun autre effort n'est légitime que celui de la guerre à outrance ! Nous voulons donner « le coup de grâce à nos ennemis », s'écrie M. Lloyd Georges; et d'ici-là nous ne voulons entendre parler d'aucun arrangement quel qu'il soit, fût-ce par l'arbitrage le plus impartial. Nous ne voulons à aucun

prix que le conflit cesse avant que nous ayons fait
expier à l'Allemagne par une défaite écrasante les fautes qu'elle a commises, etc., etc... Il y a là deux attitudes opposées entre lesquelles vous n'avez pas le droit
de ne pas choisir : oui ou non, voulez-vous la guerre à
outrance ou admettez-vous que le conflit cesse, si, à un
moment quelconque, avant toute victoire écrasante,
l'adversaire accepte des solutions conformes au droit?
Après la Marne et l'Yser, après Verdun, vous faut-il
de nouvelles victoires? Tenez-vous à la victoire par
amour de la victoire ou voulez-vous que les Gouvernements alliés se déclarent prêts à régler le conflit à
tout moment, sur la base du droit? (*Bruit, mouvements
divers.*) Je n'interroge pas l'assemblée.

M. Cahen. — Demandez ça aux marchands d'obus !

M. Alexandre. — Nous disons, nous, qu'aucun progrès réel ne sera accompli si on n'applique pas le
régime de l'arbitrage au conflit présent. De quel droit
attendre les conflits futurs? La tuerie actuelle peut
durer dix ans, nous n'en savons rien. Mais si nous voulons que la procédure de l'arbitrage soit appliquée au
conflit présent, alors il ne faut pas exiger d'abord que
l'adversaire se rende à merci...

M. F. Buisson. — Nous ne disons pas cela.

M. Alexandre. — Pas nettement en effet. Mais que
vous le vouliez ou non, il y a actuellement, dans le
pays, deux grandes thèses en présence. D'après l'une,
il ne peut être question d'un règlement quelconque du
conflit avant l'écrasement militaire et définitif de l'Allemagne ; voilà une thèse courante.

Un Délégué. — Et c'est la pure vérité !

M. Alexandre. — C'est une thèse parfaitement soutenable et assez conforme à certaines doctrines prussiennes : quand une guerre est engagée, il faut coûte
que coûte faire capituler l'adversaire ; c'est la solution
traditionnelle, c'est celle de tous nos grands journaux,
celle de tous les Gouvernements. Sans doute elle n'est

pas soutenue dans la motion du Comité Central, mais ne
l'admet-on pas par prétérition, puisqu'on affirme que les
Gouvernements alliés n'ont à organiser l'arbitrage que
pour l'avenir, et par le traité de paix. Or, ce traité de
paix ne sera conclu que dans deux ans, que dans dix
ans peut-être. D'ici-là, guerre à mort ! Pourtant ce
régime de vie internationale fondée sur l'arbitrage, il
est étudié depuis vingt ans et plus. Ce n'est pas au
moment du traité de paix qu'on va l'inventer. Nous
sommes aujourd'hui même en état d'organiser, si nos
Gouvernements le veulent, un régime d'arbitrage sérieux. N'est-ce pas, M. Ruyssen ? Pourquoi donc voulez-vous attendre le traité de paix pour l'organiser ? Si
nos Gouvernements sont sincères, qu'ils formulent de
suite leur système futur d'arbitrage et qu'ils le proposent au monde, prêts à y soumettre le présent conflit.
Quand on est sincère, on ne remet pas à quelques
années l'application de ses principes. (*Applaudissements.*)

Un Délégué. — Et le moyen ?

M. Alexandre — Vraiment ? Pourquoi donc ne pourrait-on pas tenter immédiatement l'application de ce
système ? Pourquoi attendre « la prochaine fois » quand
la situation est aussi tragique qu'elle l'est, quand toutes
les heures coûtent ce qu'elles coûtent. Vous n'aurez
jamais de meilleures occasions.

Un Délégué. — Il faudrait d'abord dire aux Allemands de s'en aller !

M. Alexandre. — Si les Gouvernements alliés veulent réellement un régime d'arbitrage, qu'ils le défi-
nissent en quelques règles claires et qu'ils se déclarent
prêts à y soumettre le présent conflit.

A vous de prendre parti entre les deux grandes
thèses ! Soyez ceux qui ne veulent pas d'arbitrage
avant l'extermination de l'Allemagne ; ou ceux qui
l'appellent de leurs vœux ; parce qu'ils repoussent
comme injuste et vaine toute tentative pour châtier

ou briser par la force aucun peuple. Notre choix est fait; nous déposons cette résolution pour tous ceux qui ont senti leur conscience se révolter devant le massacre quotidien, pour ceux qui considèrent que c'est un acte coupable, criminel, que d'exiger encore des carnages sans essayer d'organiser un arbitrage pacificateur. Je voudrais savoir parler ici comme un homme du peuple et vous dire : il y a trop de gens qui veulent l'arbitrage pour après la guerre, mais qu'ils l'organisent donc tout de suite! — Vous dites : l'arbitrage après le traité de paix; d'abord il faut les avoir écrasés. Mais je vous en supplie, si nous pouvons arrêter ainsi la saignée stupide, essayons-le.

M. G. Séailles. — Mais, et toutes les nations opprimées que vous sacrifiez ?

M. Alexandre. — Je répondrai tout à l'heure ; ne remettons pas forcément au-delà du traité de paix le seul régime tolérable pour la raison humaine, alors que l'état actuel est, de votre propre aveu, monstrueux, horrible. Pourquoi remettre votre effort jusqu'à l'époque du traité de paix? Rien ne prouve qu'à ce moment là, après quelque triomphe militaire, nous autres, démocrates, serons assez forts pour imposer ce régime de droit. Mais si nous le pouvons alors, quels remords aurons-nous de n'avoir pas fait plus tôt le même effort? Qui vous dit que dès à présent nous ne serions déjà assez forts pour imposer l'arbitrage. Peut-être l'Allemagne et même les autres Gouvernements ne sont-ils pas si éloignés de chercher un moyen honorable pour se tirer d'affaire? Si à la fin du conflit, les organisations démocratiques de France et d'Angleterre sont vraiment assez fortes pour imposer aux gouvernements ce régime nouveau, et d'ailleurs bien simple, d'arbitrage international, pourquoi par un mouvement d'opinion, par des démarches énergiques, ne suggèreraient-elles pas, dès à présent, aux Gouvernements alliés de proposer la paix par le droit? Quels remords aurez-vous plus tard! Vous aurez attendu des années avant de faire l'effort de délivrance. Usez de tous les ménagements nécessaires ; mais faites-le tout de suite. Vos Gouvernements veulent un régime d'arbitrage international, qu'ils le proposent immédiatement au monde ; cela ne les empêchera pas de faire des canons et des munitions pendant ce temps là, nom d'un chien..., je vous demande pardon. (*Rires et applaudissements.*)

Un Délégué. — C'est ce que vous avez dit de mieux !

M. Emile Kahn. — Je veux faire une remarque. M. Alexandre a bien voulu nous promettre tout à l'heure de nous donner des renseignements sur trois points : arbitrage sur quoi, devant qui, et d'après quel droit ? Il ne nous a pas répondu.

Plusieurs Délégués. — Tout est là !

M. Alexandre. — C'est ce que j'allais faire. Mais pour répondre, je suis obligé d'admettre que vous acceptez provisoirement l'idée d'un arbitrage immédiat. Vous me posez trois questions.

Sur quoi ? C'est en somme la question posée hier par M. Victor Bérard. Sur quoi ? Mais sur tous les sujets dont s'entretiendraient les diplomates au traité de paix. Quels sont ces sujets ? Je peux, si vous y tenez, en faire l'énumération.

Mme Maria Vérone. — Lesquels ? (*Protestations.*)

Un Délégué. — S'agit-il de savoir par arbitrage si Lille est à la France ou à l'Allemagne ?

M. Alexandre. — Toutes les questions concernant l'indépendance et l'intégrité territoriale des nations envahies seraient en effet les premières dont s'occuperaient les arbitres. Mais il est trop évident qu'ils n'auraient même pas à les trancher par jugement. La question de savoir si Lille est français n'est pas une question litigieuse. Un tribunal d'arbitrage se refusera, de prime abord, à accueillir aucune contestation à ce sujet. Ainsi du premier coup, par le fait même de porter le conflit devant des arbitres, l'indépendance et l'in-

tégrité de toutes les nations envahies se trouvent res-
taurées et garanties.

M. G. Séailles. — Vous livrez aux bourreaux des
populations entières.

M. Alexandre. — Oui, nous les condamnons à la tor-
ture si nous voulons les reconquérir par la force. Les
libérer par les armes ! Mais avez-vous songé à ce que
toute offensive coûte aux populations et aux territoires ? Il n'y restera pas pierre sur pierre si vous voulez aller « jusqu'au bout ». N'oubliez pas par conséquent
que le résultat immédiat de l'arbitrage serait de libérer
toutes les populations envahies, celle de Lille, et celles
de la Belgique et celles de Serbie, sans les ensevelir
sous de nouvelles ruines. Cela vaut, peut-être, d'être
examiné. Mais vous voulez davantage et vous me dites : oui, les populations envahies seront libérées mais
n'interviendront comme parties devant les arbitres que
les Etats d'Europe existant avant la guerre. Or, il y
avait en Europe, avant le conflit, des nationalités privées de toute existence légale, et des Etats hybrides où
ces nationalités vivaient opprimées. Et M. Séailles me
demande : comment pouvez-vous admettre que devant
les arbitres, seuls les oppresseurs aient le droit de paraître ? Je réponds : croyez-vous donc que, lorsque
nous aurons remporté une victoire décisive, éclatante,
nous aurons amélioré par là la situation réelle de ces
malheureuses populations que la guerre martyrise ? Si
vraiment les Alliés veulent le bien de ces opprimés,
s'ils veulent leur assurer un sort meilleur, qu'est-ce qui
les empêcherait, en cas d'arbitrage, de se faire leurs défenseurs devant les arbitres ; renonçant à l'illusion de la
violence libératrice, pourquoi leurs délégués ne récla-
meraient-ils, au nom du Droit, la libération de la Pologne, etc., etc...

M. G. Séailles. — Mais vous ne pouvez pas ne pas
voir l'objection...?

M. Alexandre. — L'objection, c'est sans doute que
nous ne sommes pas sûrs que les arbitres nous don-

heront raison. En effet. Mais je fais appel à tous ceux
d'entre nous qui, avant la guerre, menaient la lutte en
faveur de ces nationalités opprimées. Si on leur avait
dit, il y a trois ans : nous allons avec le consentement,
plus ou moins obligé, des pays oppresseurs, nous allons
pouvoir enfin confier la solution de ces questions à des
arbitres en lesquels il est permis d'avoir quelque
confiance (car enfin, un arbitre peut très bien ne pas
être de notre avis, mais il faut bien supposer qu'il n'est
pas opposé systématiquement à la justice ; certes, il
peut se tromper, mais il a toujours conscience de la dignité de sa tâche). Si donc avant la guerre on vous avait
offert cette solution, n'auriez-vous pas trouvé qu'elle
était inespérée et admirable ?

M. G. Séailles. — Je l'ai dit tout à l'heure.

M. Alexandre. — Comment ! vous allez pouvoir faire
comparaître devant un tribunal d'arbitrage les oppresseurs des Yougo-Slaves, des Polonais, etc. Vous pourrez confier à des arbitres le soin d'arracher à leurs maîtres ces peuples victimes. Et cela ne vous suffirait pas !
Et vous feriez encore tuer des millions d'hommes pour
en « libérer » d'autres par la violence ?

Ainsi : 1° L'arbitrage immédiatement libère les populations envahies du fait de la guerre ; 2° Il permet de
remettre à un tribunal le sort des nationalités opprimées. Pour parler franc, j'aime autant remettre ces
questions à des arbitres qu'aux lumières des Gouvernements alliés, y compris la Russie (*Applaudissements*),
et surtout après une victoire.

On me pose une seconde question : l'arbitrage devant qui ? L'objection ne vaut que dans le cas où
nous recourrions à un arbitrage de fortune, sans organisation préalable d'un régime sérieux d'arbitrage Car
au cas où un régime sérieux d'arbitrage serait organisé, au cas où les Gouvernements alliés le propose-
raient et s'y rallieraient immédiatement, cette organisation comporterait évidemment une juridiction régu-
lière composée de neutres...

Un Délégué. — On n'est pas neutre devant le crime.

M. Alexandre. — Vraiment! Mais dans les conflits à venir, vous oubliez qu'il y aura toujours des pays qui seront accusés d'être agresseurs, donc criminels ; et il faudra bien pourtant confier à des neutres le soin de régler les conflits. Je sais bien que, depuis ces années de guerre, nous avons accumulé des sympathies et des antipathies et que bien des neutres nous semblent aujourd'hui suspects. Mais, si jamais l'arbitrage doit fonctionner un jour, il faudra bien, bon gré mal gré, se soumettre à la bonne foi d'un tribunal d'hommes désintéressés.

Vous demandez enfin sur quel droit se fonderaient les arbitres ? Vous craignez sans doute qu'à l'heure actuelle, recourir à l'arbitrage ce ne soit se livrer à l'arbitraire de quelques juges, parce que le droit international est encore trop vague. Pour mon compte, je suis persuadé qu'à tout moment, dix hommes sincères et éclairés, auxquels on confierait le soin de régler le conflit, le règleraient sans code d'une façon juste et acceptable. Mais, en tout cas, l'objection ne vaut pas contre nous, car si la proposition d'arbitrage immédiat a pour condition préalable l'acceptation par les Gouvernements alliés et l'introduction dans leur proposition d'arbitrage de ce régime d'arbitrage sérieux et complet que vous mêmes proposez, alors toute difficulté s'évanouit. Sur quel droit se fonderont les arbitres ? Mais sur les principes de droit que vous avez définis dans votre projet de Société des Nations : droit des peuples à disposer d'eux-mêmes, etc., etc...

En conséquence, nous vous proposons la résolution suivante, sous forme d'adjonction à votre projet de résolution sur la Paix durable :

Le Congrès émet le vœu que les Gouvernements alliés se déclarent prêts à soumettre immédiatement à l'arbitrage le conflit qui a déterminé et détermine encore la guerre mondiale, mais aux conditions suivantes :

a) que les principes d'organisation d'une Société des Nations

*déterminés ci-dessus, fassent partie intégrante des conditions
pour la paix soumises aux Alliés par l'arbitrage;*

b) *que l'arbitrage du présent conflit consiste à faire une
première application de ces principes aux faits du conflit;*

c) *que le tribunal arbitral soit composé par les Etats actuellement neutres dans des conditions garantissant l'impartialité;*

d) *que ces Etats neutres, comme garantie de leur impartialité, acceptent pour eux-mêmes les principes ci-dessus définis
et se déclarent prêts à entrer dans la Société des Nations;*

e) *Enfin qu'au cas où les Empires du Centre repousseraient
un tel arbitrage ou, l'ayant accepté, chercheraient à s'y soustraire, les Etats neutres se déclarent prêts à rompre avec eux
toutes relations et à participer au blocus.*

On nous demandait hier « des précisions ». Voilà une
proposition claire, précise et immédiatement réalisable.
(*Applaudissements.*)

M. Moutet. — Je mets aux voix la clôture de la discussion après les trois orateurs inscrits. (*Adopté.*)

M. F. Buisson. — Je m'en tiens à la proposition
finale. Nous avions demandé à Alexandre et à nos collègues, leur projet étant qualifié de contre-projet, si
cela voulait dire qu'ils n'acceptaient rien du nôtre. Il
vient de nous répondre avec une grande précision et
avec des développements qui vous ont certainement
intéressés, il vient de nous dire : nous sommes disposés à retirer notre contre-projet à la condition que
nous soyons sûrs de pouvoir faire entrer dans le projet
de résolution du Comité Central, que nous acceptons
dans son ensemble, certaines additions. Il nous les a
lues. Je dois vous avouer que, bien que je les aie écou-
tées avec la plus grande attention, il me semble nécessaire de les relire avant de les voter. Nous les relirons
au moment voulu. Pour à présent, s'il est bien entendu
que nos collègues sont disposés à accepter notre projet
de résolution, sauf à y ajouter des additions considérables peut-être, brèves peut-être, je n'en sais rien; je
crois que nous pourrions abréger beaucoup le débat. Il
n'y a plus de contre-projet puisqu'il est remplacé par

eux par la proposition qui vient d'être déposée sur le bureau à titre d'amendement. Passons donc au vote du projet.

Je cherche à mettre le Congrès en présence d'une situation très claire.

Il est avéré que nos contradicteurs ne demandent pas qu'on manque au devoir patriotique, ni qu'on arrête la guerre. Nous avons pris acte avec bonheur de leurs paroles qui ne nous ont pas surpris. Que veulent-ils donc ? Reconnaissant loyalement que nous avons proposé nous-mêmes la proclamation du principe de l'arbitrage non pour un avenir indéfini, mais comme base du règlement du conflit actuel, ils veulent que nous ajoutions certaines dispositions immédiates. Nous les examinerons quand ils les présenteront comme amendement ou comme addition au texte du Comité Central. Ce qui est acquis, c'est que le contre-projet étant retiré, nous n'avons plus qu'à examiner le seul projet dont vous soyez saisis, sauf à inviter, si vous le voulez, la commission que vous avez nommée pour éplucher... (*Cris : Non ! non !*)

M. Guernut. — Il n'a été nommé aucune commission semblable.

M. F. Buisson. — Il n'y a donc pas autre chose à faire que de passer à l'examen du projet du Comité Central dans lequel, à son ordre, au N° 3, viendrait la proposition Alexandre.

M. Ruyssen. — Je renonce à la parole.

M. Hadamard. — Je renonce à la parole.

M. Moutet. — Je comprends de la façon suivante la position de la question : le contre-projet est retiré et repris sous forme d'amendement. Donc, nous ne nous prononçons pas sur le contre-projet. (*Cris: Non ! non !*) Je suis donc en présence d'un certain nombre de projets de résolution : l'un émane du Comité Central, il a pour lui une demande de priorité ; l'autre de la Fédération Girondine; l'autre de M. Maillard ; l'autre de M. Tromelin.

M. Guernut. — Il y en avait un de M. Lemercier ; il l'a retiré.

M. Moutet. — Eh bien ! je vais donner lecture des divers projets de résolution. Vous connaissez celui du Comité Central ? (*Oui !*) Il y a celui de la Fédération Girondine. Le voici :

La Ligue, en dépit, ou plutôt en raison de la cruelle expérience de la guerre, reste indéfectiblement attachée à l'idéal de justice et d'humanité qu'elle s'honore d'avoir toujours professé. Elle estime que la guerre n'est pas une sorte de calamité naturelle devant laquelle l'homme n'ait qu'à courber le front, mais au contraire que, déchaînée par des volontés humaines, elle doit et peut être combattue par les volontés concertées de tous ceux qui ne se résignent pas à reconnaître la force comme la base du droit.

En même temps, la Ligue demeure invariablement fidèle à ce principe qu'une guerre d'agression étant une atteinte au droit de la nation attaquée, celle-ci a le devoir de défendre son existence et son indépendance jusqu'à l'intégrale réparation du droit; mais elle considère que l'emploi de la violence, nécessaire à cette réparation, ne doit pas s'y borner et qu'il doit tendre à garantir à l'avenir les nations pacifiques contre les entreprises de la force. En particulier, la France, victime d'une agression injustifiée, doit à son passé révolutionnaire, à son esprit démocratique, à la mémoire de ses enfants morts pour la défense du Droit, de contribuer de toutes ses forces à faire de la guerre même qui lui a été imposée l'instrument d'une paix durable.

I. Traité de Paix

En conséquence, le futur traité de paix ne devra contenir aucun germe de guerre nouvelle. A cet effet, la Ligue proclame les principes suivants :

1° Les traités secrets seront nuls de plein droit ;

2° Les traités ne seront ratifiés qu'après avoir été approuvés par les Parlements ;

3° Il n'y aura ni démembrement d'Etats, ni annexions, ni transferts de territoires, contraires aux intérêts ou aux vœux des populations. Dans les cas douteux, la volonté de la population sera constatée soit par un plébiscite entouré de toutes les garanties de sincérité, soit au moyen d'une commission internationale d'enquête ;

4° Les Etats contractants s'efforceront dans la plus large mesure de donner satisfaction aux aspirations légitimes des nationalités ;

5° Les Etats qui comprennent sur leur territoire des nationalités diverses leur garantiront une représentation auprès du pouvoir central, l'égalité civile, la liberté religieuse, le respect de leurs traditions et le libre usage de leur langue dans toutes les relations publiques et privées et en particulier à l'école ;

6° Au point de vue économique, il est juste de faire supporter aux Empires centraux, responsables de la guerre, la plus large part des charges que celle-ci impose aux belligérants ; mais il importe, pour cette fin même, d'éviter à leur égard tout boycottage systématique, et, *a fortiori*, toute spoliation ou destruction qui n'aurait d'autre effet que de diminuer chez le débiteur la capacité d'acquitter la dette écrasante qui pèsera sur lui.

7° En ce qui concerne les responsabilités initiales de la guerre et les violations du droit des gens, le futur traité de paix instituera une Cour de justice à laquelle seront déférés tous les coupables dont la responsabilité personnelle pourra être établie.

II. Conditions générales d'une Paix durable

a) La Ligue pose en principe que le développement de la Paix internationale est étroitement solidaire de la forme politique des Etats ; elle dénonce comme un péril permanent pour la sécurité internationale le fait que certaines dynasties ou castes puissent disposer souverainement du droit de déclarer la guerre ; elle aperçoit dans l'évolution générale des sociétés modernes vers la forme démocratique la condition la plus efficace d'une paix durable.

En ce qui concerne les relations entre Etats, la Ligue reste fermement attachée à ce principe général qu'une Paix durable doit être recherchée dans l'institution d'une Société universelle des nations, c'est-à-dire dans un système de Droit universel respectant pleinement l'autonomie et la vie intérieure de tous les Etats contractants, mais établissant entre eux des relations de justice analogues à celles qui, à l'intérieur des Etats démocratiques, assurent à tous les citoyens un minimum de sécurité et de liberté.

Notamment, elle reste convaincue que l'œuvre des conférences de La Haye est féconde, et qu'il convient seulement de la parfaire, principalement en instituant une juridiction arbitrale obligatoire dont les sentences seraient exécutoires sous peine de sanctions effectives : blocus économique, emploi d'une force de police internationale.

b) Mais il se peut qu'après la guerre le trouble des esprits soit si profond, le désarroi des idées morales et juridiques si grave et si durable, qu'il soit chimérique de poursuivre immédiatement la réalisation du Droit universel ; il se peut que certaines résistances catégoriques mettent en échec la bonne volonté des puissances libérales.

Dès lors, la Ligue estime qu'il convient de ne plus laisser, comme l'ont fait les Conférences de la Paix de 1899 et 1907, l'institution d'un Droit international obligatoire à la merci de quelques puissances réactionnaires. Elle rappelle qu'en 1907, une majorité écrasante de 35 puissances sur 44 s'étaient déjà déclarées en faveur de l'arbitrage obligatoire. Elle demande donc aux puissances libérales de réaliser sans plus attendre entre elles l'accord juridique que l'hostilité de l'Allemagne et de ses alliés actuels a fait échouer à La Haye.

La Ligue émet en particulier le vœu que, dès la conclusion de la paix, les Alliés signent entre eux une convention générale par laquelle ils s'engageraient :

1° A soumettre tous les différends qu'ils n'auraient pu aplanir entre eux par voie diplomatique à une Commission permanente d'enquête et de conciliation ;

2° A soumettre tous les différends qui n'auraient pu être résolus par cette voie à la Cour d'arbitrage de La Haye ;

3° A unir leurs forces économiques et militaires contre toute puissance signataire de la convention qui entrerait en guerre ou se livrerait à des actes d'hostilité contre une ou plusieurs des puissances cosignataires ;

4° A convoquer périodiquement des conférences chargées de formuler et de parfaire le code du Droit international public, code qui serait obligatoire pour tout Etat qui n'aurait pas formellement dénoncé la convention dans les délais prévus.

c) La Ligue émet le vœu que cette libre union des puissances libérales soit déclarée ouverte à toute puissance qui en accepterait intégralement les clauses et que des négociations soient entamées avec toutes les puissances en vue d'élargir l'union et de l'étendre graduellement à toute l'humanité civilisée.

d) Au point de vue économique, la Ligue, s'inspirant des résolutions du Congrès coopératif inter-allié, demande que les Alliés négocient entre eux des traités de commerce aussi larges que possible et favorisent de toutes manières entre eux les relations économiques ; notamment par l'unification des systèmes de mesures et de monnaies, des lois ouvrières, des tarifs de transports, par l'abaissement des tarifs postaux et des tarifs douaniers.

En ce qui concerne les colonies non encore constituées en Etats autonomes, la Ligue recommande l'adoption entre Alliés du principe de la porte ouverte.

En ce qui concerne les neutres, elle recommande aux Alliés de leur accorder autant que possible la clause de la nation la plus favorisée.

A l'égard des Empires centraux et de leurs alliés, la Ligue propose de ne les admettre sur le marché des pays alliés qu'à la condition qu'ils acceptent d'adhérer à la convention mutuelle d'arbitrage obligatoire ci-dessus définie.

e) En ce qui concerne le désarmement, la Ligue reconnaît dans la guerre mondiale la faillite éclatante du système de paix armée.

Elle considère avec les deux Conférences de la Paix de 1899 et 1907 que la réduction du fardeau militaire, qui écrase les peuples civilisés, est une fin hautement désirable pour la réalisation du progrès social et que cette fin doit être poursuivie sans relâche.

Mais elle reconnaît que, les armements étant fonction de la sécurité internationale, le problème du désarmement ne peut être résolu par voie de solution unilatérale. En d'autres termes, ni un Etat ne peut désarmer seul, ni un groupe d'Etats armés ne doit en contraindre un autre à désarmer. Seule l'institution du Droit commun des nations, garantissant la sécurité de chacune au moyen d'une police internationale, rendra possible la réduction des armées nationales. Le désarmement n'est pas l'instrument de la paix, il la suppose.

Mais il importe qu'aucun facteur autre que la sécurité nationale, aucun intérêt particulier industriel ou financier ne puisse exercer une pression sur la fixation des dépenses de guerre d'un Etat. Le patriotisme n'est pas matière à spéculation. C'est pourquoi la Ligue insiste pour que la fabrication du matériel de guerre soit exclusivement réservée au monopole des Etats sous le contrôle des Parlements.

***

Le Congrès charge le Bureau de la Ligue de faire connaître cet ordre du jour au Gouvernement de la République et d'exposer à celui-ci qu'à son avis une déclaration précise au sujet des fins que les Alliés se proposent de réaliser après la victoire militaire contribuerait puissamment à fortifier le sentiment national et peut-être même à accélérer la fin des hostilités.

M. Ruyssen. — Je retire ce projet ; je proposerai deux additions au texte du Comité Central.

M. Moutet. — Voici le projet de résolution de M. Maillard :

Pour établir une paix durable, le futur traité devra s'efforcer de supprimer les germes de guerres de revanche en diminuant le nombre des peuples traînant avec eux la mentalité de vaincu. Pour cela :

Il désolidarisera les nations allemandes de la Prusse, de façon à ne faire qu'un vaincu (puisque, hélas ! il en faut un) : la Prusse ;

Il restituera à toutes les nations spoliées, si lointain que soit le rapt, les parties de leur territoire qui leur ont été arrachées par la force ou par des manœuvres ou marchandages diplomatiques ou autres dont ne doit plus être victime aucun peuple ;

Le Droit, enfin rétabli et vengé, c'est-à-dire toutes les restitutions territoriales faites, il ne procédera point contre la volonté des peuples à des démembrements d'États ni à des annexions de territoires ; en un mot, il consacrera le droit des peuples à disposer d'eux-mêmes ;

En conséquence, si une fraction de peuple sollicitait son annexion à un autre peuple, le futur traité ne reconnaîtrait acceptable cette annexion que si la nation tout entière, dont fait partie la fraction dissidente consentait, elle aussi, à la séparation : les individus n'ayant pas le droit de disposer au gré de leur caprice d'une parcelle quelconque du territoire commun qui appartient d'abord à toute la nation ;

Il instituera un régime économique etc., etc. (La suite comme le texte du Comité Central).

Cela se rapproche assez du texte du Comité Central.

Voici la conclusion du projet de résolution de M. Rousseau :

Le Congrès décide que le Comité Central de la Ligue des Droits de l'Homme entrera aussitôt en correspondance avec

*tous les groupements français qu sont résolus à préparer
méthodiquement l'établissement d une paix durable et d'un
statut des relations des Nations entre elles, fondé sur la justice et la liberté.*

Voici les conclusions de la proposition Tromelin :

*Qu'aussitôt après le règlement définitif de cette guerre d'a-
gression les nations alliées fassent appel à toutes les puissances
civilisées du monde pour l'institution de ce tribunal et l'organisation de cette force armée unique; mais qu'il ne saurait
être question de demander à qui que ce soit d'arbitrer un
conflit tant que l'agresseur n'aura pas réintégré ses frontières
et offert de justes et équitables réparations des dommages
qu'il a causés ;*

*Que le principe de responsabilité soit établi, ou mis en ap-
plication pour tous ceux qui détiennent une fraction, si mi-
nime soit-elle, de l'autorité ;*

*Que le système d'instruction et l'organisme administratif
soient refondus pour que l'oligarchie qui sévit soit remplacée
par une démocratie consciente dans laquelle les droits à la
vie soient assurés dès l'heure de la naissance, ces droits impli-
quant les devoirs de tous les adultes.*

*Le Congrès enfin, déclarant que l'unique moyen d'empêcher
la guerre est d'empêcher la naissance des causes, passe à
l'ordre du jour.*

Maintenant, je mets aux voix la priorité demandée
sur le projet du Comité Central.

(La priorité est accordée à l'unanimité.)

Les Amendements

M. Moutet. — Je vais donc lire ce projet de résolution, et, au fur et à mesure que j'avancerai dans la
lecture, les amendements qui sont proposés. Je prie les
auteurs d'amendements, étant donné qu'ils les ont, le
plus souvent, mis sur une seule feuille, et qu'en suivant la lecture, il est très difficile d'insérer ces amendements exactement à leur place, de bien vouloir me
signaler l'endroit où leur amendement devra trouver
place.

Le préambule du projet de résolution est ainsi conçu :

Le Congrès de la Ligue des Droits de l'Homme déclare que de la guerre présente doit naître, par la victoire des Alliés, un ordre international nouveau fondé sur la justice, et résume dans les propositions suivantes la doctrine constante de la Ligue sur les conditions d'une paix durable.

Il y a un amendement de Mlle Jeanne Melin. Le voici :

_*Le Congrès de la Ligue des Droits de l'Homme, affirmant à nouveau la nécessité d'un ordre international nouveau fondé sur la justice, résume dans les propositions suivantes la doctrine constante de la Ligue sur les conditions d'une paix durable...*

Mlle Jeanne Melin (de la Fédération des Ardennes). — Je demande la parole.

M. Moutet. — Il est entendu que, sur les amendements, on ne peut pas prendre la parole plus de deux minutes.

Mlle Jeanne Melin. — Quand c'est une femme qui prend la parole... (*Exclamations.*) Je n'ai pas l'habitude d'être longue. Je voulais dire ceci : on pourrait ne pas laisser « par la victoire des Alliés » dans le texte. Pourquoi voulez-vous dire que cela ne pourra se faire que par la victoire ?

M. Ferdinand Buisson. — L'Assemblée, tout entière, comprendra pourquoi la suppression de ce mot est impossible. Tout a été dit à ce sujet. Le Congrès peut voter immédiatement. Il ne peut pas y avoir d'hésitation sur la pensée dans laquelle nous sommes et devons être unanimes ; nous ne nous plaçons pas dans l'hypothèse des demi-mesures, mais dans celle d'une victoire, d'où, suivant nous, doit naître un ordre international nouveau.

M. Moutet. — Je mets aux voix le préambule du projet de résolution.

(*Adopté à l'unanimité, moins 9 voix.*)

Les délégués des régions envahies

Mlle Jeanne Melin. — Je veux poser une question sur la situation des pays envahis.

M. Moutet. — Ne mêlons pas tout, je vous en prie. La première partie du projet de résolution est adoptée et l'amendement de Mlle Jeanne Melin est repoussé.

Mlle Jeanne Melin. — Je demande la parole.

M. Moutet. — Cela démontrera que les femmes sont plus bavardes que les hommes. (*Rires*)

Mme Maria Vérone. — Ah ! non, par exemple, ce n'est pas possible. (*Nouveaux rires.*)

Mlle Jeanne Mélin. — J'ai voulu poser une question au sujet de nos compatriotes des pays envahis, qui n'ont pas au Congrès les mêmes droits que nos autres collègues. Je demande des explications exactes au Secrétaire général.

M. Guernut. — 1° Les statuts disent en propres termes que les délégués au Congrès doivent recevoir leur mandat des sections. Comment pourrions-nous, hélas ! consulter les sections des pays occupés ? Nous avons fait le relevé de nos malheureux collègues qui, ayant fui l'invasion, ont trouvé un refuge à Paris, dans la banlieue ou les départements de l'intérieur. Pour 8.000 ligueurs des régions envahies, nous avons compté 80 réfugiés. Estimez-vous qu'un homme puisse voter pour 100 autres ?

2° La plupart de ces réfugiés se sont inscrits, la guerre devenant longue, dans les sections des communes où ils habitent actuellement. Là, ils ont élu leurs délégués au Congrès. Pourrons-nous les autoriser à en élire d'autres, à voter deux fois ? (*Assentiments.*)

J'ajoute que dans une pensée que vous comprendrez, le Comité Central a décidé que tous les réfugiés, sans exception, porteurs de leur carte, seraient admis au Congrès, et pourraient y prendre la parole, sans réserves. Nous avons cru concilier ainsi le respect des statuts et le souci de l'amitié. (*Applaudissements.*)

Mlle Jeanne Mélin. - Je vous remercie de vos explications.

Les Amendements *(Suite)*

M. Moutet. — Le 1er paragraphe du titre I est ainsi conçu :

Une paix durable n'est possible que par l'établissement d'une Société des Nations, instituant entre elles le même régime que chacune applique à ses membres : le règlement des litiges par le droit et non par la force.

M. Ruyssen. — Je propose au lieu du mot « chacune » qu'on mette « que les nations démocratiques... »

M. G. Séailles. — L'addition, que nous propose notre ami Ruyssen, est en réalité une limitation. Vous savez que par un paradoxe étrange, la première Conférence de la Paix a été convoquée sur l'iniative du tsar. Il ne faut désespérer de rien ni de personne. (*Rires.*)

M. Guernut. — Il se trouve que le règlement des conflits par le droit et non par la force est appliqué par des nations qui ne sont pas démocratiques.

M. Moutet. — L'amendement de M. Ruyssen est repoussé par le Comité Central.

M. Ruyssen — Je le retire.

M. Peuret-Hatton. — Je demande la suppression des mots « le même régime que chacune applique à ses membres. »

M. G. Séailles. — Les mots dont on demande la suppression ne sont pas inutiles. Sous une forme brève ils apportent un argument. Que reproche-t-on à ceux qui demandent de soumettre les différends entre les peuples à l'arbitrage ? On leur reproche d'être des chimériques, de se placer en dehors de la réalité. Or, au sein d'une même nation, il y a entre les citoyens des conflits incessants qui pourraient faire de la vie sociale une guerre perpétuelle. Même dans une réunion comme la nôtre, des opinions s'opposent, des partis se forment. Les citoyens d'un même pays vivent cependant dans une paix relative, parce qu'ils ont renoncé au droit de se faire justice eux-mêmes, parce qu'ils se résignent à soumettre leurs différends à un arbitrage qu'ils attendent impartial. Ce que demandent les partisans d'une juridiction internationale n'a donc rien d'inouï, ils demandent l'extension du droit qui règne à l'intérieur de chaque société à la société des nations. Les mots signalés ne sont pas une superfétation, ils sont un argument.

M. Moutet — Je mets aux voix le paragraphe. Son vote impliquera le rejet de l'amendement.

(*Le paragraphe est adopté à l'unanimité, moins 1 voix.*)

M. Moutet. — Le deuxième paragraphe du titre Ier est ainsi conçu :

Cette société reposera sur la reconnaissance du droit égal des nations, petites et grandes, à l'indépendance; sur l'institution de l'arbitrage obligatoire applicable à tous les conflits internationaux sans exception ni réserve, et sur l'organisation de pouvoirs internationaux capables de réprimer, par des sanctions appropriées, toute tentative de révolte ou d'agression.

J'ai un certain nombre d'amendements. M. Gaston Moch propose d'insérer à la deuxième ligne, après les mots « à l'indépendance » :

Sur la réduction des armements de chaque pays à la quotité qui, d'un commun accord, sera jugée nécessaire et suffisante pour le maintien de l'ordre dans la métropole et aux colonies, ainsi que pour sa contribution à la défense commune; sur la publication de toute convention internationale aussitôt après sa conclusion;

Après le mot « agression » (fin du 2e alinéa), ajouter cette phrase :

Ces sanctions seront essentiellement d'ordre économique, mais pourront entraîner en dernier ressort des mesures d'exécution militaire, en vue desquelles toutes les forces des États contractants devront être en permanence à la disposition de la Société des Nations.

7

M. Ferdinand Buisson. — Je combats l'addition de ce texte purement explicatif et auquel vous pourriez en ajouter dix autres non moins raisonnablement. Tout ce qui vient d'être dit est très juste, mais il n'y a pas de raison pour n'y pas ajouter tout le reste. Nous nous sommes bornés, au Comité Central, à vous demander d'énoncer trois idées, mais tellement considérables, ayant tellement le caractère de principes, que vous en avez tous saisi la liaison et la portée :

1° Il faut reconnaître le droit des nations, petites et grandes ;

2° Il faut instituer l'arbitrage obligatoire pour tous les conflits présents et futurs, sans exception, sans limitation, sans réserve. La formule est aussi absolue que possible. C'est la théorie de l'arbitrage substituée à la guerre ;

3° Conséquemment, il faudra organiser non pas en un jour, sans doute, mais le plus promptement possible, ce que j'appelais tout à l'heure un monde nouveau, avec ses trois pouvoirs : législatif, judiciaire et exécutif, et nous résumons cela dans le troisième paragraphe. Maintenant, si vous voulez entrer dans l'énumération, ce n'est pas un article, c'est un livre qu'il faudrait écrire. (*Très bien !*)

M. Moutet. — Je mets aux voix l'amendement de M. Gaston Moch, repoussé par le Comité Central.

(*Rejeté à l'unanimité.*)

M. Moutet. — Je mets aux voix le paragraphe.

(*Adopté à l'unanimité.*)

Voici le 3ᵉ paragraphe du titre I :

Le maintien d'une paix durable est étroitement lié aux progrès de l'éducation et à ceux de la démocratie, qui rendront impossible toute provocation à la guerre et toute pratique de diplomatie secrète.

Mlle Jeanne Melin dépose un amendement et propose la rédaction suivante :

Le maintien d'une paix durable est étroitement lié aux progrès de l'éducation et à ceux de la démocratie par les droits égaux des hommes et des femmes, qui rendront impos-

sible toute provocation à la guerre et toute pratique de diplo-
matie secrète.

M. F. Buisson. — Je ne veux pas combattre cette proposition. (*Très bien.*)

Mlle Jeanne Melin. — Je vous en remercie.

M. Raynal. — Je veux faire, non une objection, mais une observation. La formule présentée par Mlle Melin ne me paraît pas devoir être acceptée. Elle suppose que c'est le seul moyen et le seul élément de progrès. Il faudrait trouver une autre rédaction.

M. Moutet. — Mlle Melin, ce que vous voulez qu'on vote, c'est le principe de l'égalité des droits de l'homme et de la femme? (*Approbation.*) La Commission de rédaction trouvera une forme qui ne diminuera en rien la force de votre amendement. (*Approbations.*)

M. Emile Kahn. — Je demande à la commission de rédaction une petite satisfaction grammaticale : remplacer le futur « rendront » par l'expression « doivent rendre ». Nous avons tous la conviction que les institutions démocratiques collaborent par elles-mêmes au maintien de la paix, mais l'éducation, par elle-même, n'y collabore pas nécessairement : il peut y avoir une éducation belliqueuse. Il faut indiquer ce que doit être l'éducation.

M. Guernut. — C'est justement pour une raison grammaticale que je vous demande, mes chers collègues, de ne pas écouter Emile Kahn (*Rires.*) Le mot « devoir » a au moins trois sens. A une demi-clarté nous substituerions l'équivoque. Renvoyons à la Commission de rédaction. (*Oui !*)

M. Moutet. — Je mets aux voix le principe dont l'adoption est demandée par Mlle Jeanne Melin.

(*Adopté à l'unanimité, moins quelques abstentions*)

Je mets aux voix l'ensemble du paragraphe.

(*Adopté à l'unanimité*).

Je pense que nous pouvons en rester là, et renvoyer la suite de cette discussion à 2 heures.

La séance est levée à 12 h. 10.

CINQUIÈME SÉANCE

(2 Novembre, après-midi)

La séance est ouverte à 2 h. 30.

M. Moutet. — Je vous rappelle que nous avons pris hier l'engagement de terminer la question des Conditions de la paix durable, aujourd'hui à 4 heures. Je compte que l'Assemblée voudra bien faciliter la tâche du Président.

Nous en étions arrivés au titre II du projet de résolution :

Pour établir une paix durable, le futur traité ne devra contenir aucun germe d'une guerre de revanche.

Il consacrera le droit des peuples à disposer d'eux-mêmes. Il ne procédera point, contre la volonté des populations, à des démembrements d'Etats ni à des annexions de territoires. Il annulera, au contraire, les annexions imposées par la force, comme celle de l'Alsace-Lorraine. Il relèvera toutes les nationalités opprimées, assurant à chacune d'elles un régime conforme à ses vœux manifestes.

Il instituera un régime économique qui, sous réserve des mesures temporaires appliquées comme sanctions, garantira à chaque peuple l'exercice de son activité légitime, sans permettre aucune organisation agressive de conquête économique.

La justice exige que le futur traité de paix prévoie des sanctions contre les auteurs responsables de la guerre, des pénalités contre ceux qui l'ont faite au mépris du droit des gens, des réparations imposées aux Etats agresseurs et proportionnées à l'énormité des dommages, enfin un ensemble

*de garanties qui, sans porter atteinte aux principes ci-dessus
posés et, notamment, sans recourir à l'annexion par la force,
mettront le monde à l'abri d'un nouvel attentat.*

Un premier amendement émane de M. J. Cahen, qui
demande la suppression pure et simple du paragraphe.

Dicours de M. J. Cahen

M. J. Cahen. — Je maintiens ma demande de suppression ; j'en ai expliqué ce matin les raisons. Je me
permets, si l'Assemblée le veut bien, de les compléter,
pour qu'il ne soit pas dit que la Ligue des Droits de
l'Homme a fait une manifestation qui puisse apparaître
dans l'avenir comme une manifestation inutile.

Il s'agit de lire en détail le texte qui nous est présenté, et en approfondir les termes. La rédaction de
l'article II, qui, au premier abord, apparait comme
inoffensive, est, au contraire, une de ces rédactions qui
peuvent occasionner de terribles méprises, parce qu'elle
est liée indissolublement au début du § 3. Il s'agit de
faire décider par la Ligue que le traité ne pourra être
établi que lorsque les conditions posées au § 2 auront
été intégralement remplies. Vous m'excuserez, Mesdames et Messieurs, de reprendre paragraphe par paragraphe. Le premier dit que le traité de paix contien-
dra le droit des peuples de disposer d'eux-mêmes. Je
vous ai dit ce matin que je l'admettais comme tous les
membres de la Ligue l'admettent, mais vous me permettrez bien de le demander pour les nègres de l'Afrique,
pour les Marocains, pour les Tunisiens, comme pour
toutes les populations européennes. *(Applaudissements.)*

« Il ne procèdera point, dit encore le texte, contre la
volonté des populations, à des démembrements d'Etats,
ni à des annexions de territoires. Il annulera, au contraire, les annexions imposées par la force, comme celle
de l'Alsace-Lorraine. »

Je reprends les fortes paroles prononcées ici, hier, par M. Blumenlhal : « L'Alsace et la Lorraine, ce sont des départements français, ce sont les départements du Bas-Rhin, du Haut-Rhin, de la Meurthe-et-Moselle. »

Si je fais cette observation, c'est qu'en se servant toujours du même mot « Alsace-Lorraine », on permet à certaines personnalités de venir dire : mais à la paix, l'Alsace-Lorraine ne pourra pas avoir le statut d'un département français, il faudra lui faire une organisation spéciale.

C'est donc vous, Ligue des Droits de l'Homme, qui allez, dans une rédaction faite par le Comité Central, consacrer des observations de ce genre. En aucune façon, vous n'avez le droit de maintenir votre rédaction.

L'Alsace-Lorraine appartient à la France, elle reviendra à la France, il n'y a pas besoin de l'inscrire dans un texte.

Puis on dit : « Il relèvera toutes les nationalités opprimées, assurant à chacune d'elles un régime conforme à ses vœux mánifestes ».

Nous sommes d'accord, mais dans la première rédaction, vous aviez mis : la Pologne, le Schleswig-Holstein ; dans celle-ci vous insérez une phrase plus vague, vous ne nommez pas expressément la Pologne, vous parlez toujours des nationalités opprimées ; parce que vous savez bien que ceux qui peuvent être demain des plénipotentiaires, auront des difficultés inhérentes au règlement de la paix sur la question de la Pologne.

Je ne voudrais pas croire, que c'est par suggestion d'une haute personnalité que vous avez enlevé le mot « Pologne » de votre ordre du jour, mais enfin cela est possible. S'il en est ainsi, la Ligue apparaîtra n'avoir pas voulu surtout mécontenter un allié de la grande France.

M G. Séailles. — Nous l'avons fait pour rendre...

M. Cahen. — Je veux bien le croire. Maintenant, qu'est-ce que vous demandez à la Ligue et à ses délégués venus de tous les coins de province ? Vous leur

demandez d'élaborer un statut sur les questions économiques pour un traité de paix à venir. Vous dites
même qu'il ne peut y avoir d'autre traité de paix que
celui que vous avez fixé; vous-mêmes vous demandez
un régime économique garatissant à chaque peuple
l'exercice de son activité légitime sans permettre aucune organisation agressive. Or, j'ai compris cette
liberté pour tous les peuples de pouvoir se développer
économiquement comme ils l'entendront, sous réserve
de mesures temporaires appliquées comme sanctions,
c'est-à-dire faire une élévation de tarifs de douanes, de
façon telle qu'il n'y ait pas un développement économique de l'Allemagne nuisible au développement de la
France. Seulement ici, Ligue des Droits de l'Homme,
vous dépassez votre but, vous ouvrez une discussion
sur un sujet que vous n'avez jamais abordé en détail ;
vous vous exposez à ce que la majorité des Français
qui, actuellement sont protectionnistes outranciers,
viennent vous demander : de quel droit avez-vous
déposé un statut sur ce sujet?

Vous voulez être, non plus la Ligue des Droits de
l'Homme, mais la Ligue du Droit des Peuples. Vous
en avez le droit, c'est certain, mais ce que vous n'avez
pas le droit, c'est de mettre dans une proposition qui
sera, à n'en pas douter, votée tout à l'heure, des principes économiques qui ne sont pas des principes
adoptés par ceux qui ont plus particulièrement compétence pour discuter ces questions.

Enfin, j'arrive au dernier paragraphe, et je m'excuse
de m'animer ainsi. Il est d'une extrême importance.
Sa rédaction est telle que tous les Français pourraient
le contre-signer. Certes, il y en a bien appartenant à tous
les partis qui pensent que la rédaction aurait pu être
modifiée, mais je ne veux pas discuter là-dessus; pour
être logique avec moi-même, j'ai toujours à l'esprit le
premier chapitre de votre article 3 : pas de paix, avant
que des sanctions aient été édictées contre les auteurs
responsables de la guerre.

Nous n'allons pas ouvrir aujourd'hui une discussion

complète et documentée à ce sujet. Vous me permettrez
cependant, sur cette question, de ne pas lier l'avenir
général de tous les partis à une phrase que vous allez
voter. Certes, les responsables de la guerre, ce sont nos
ennemis, ils sont là-bas, de l'autre côté des frontières ;
ils s'appellent le Kaiser, François-Joseph et tous leurs
suivants. Certes, l'Allemagne a voulu la guerre, l'Allemagne a déclaré la guerre, mais il appartiendra de discuter — plus tard, quand nous aurons la victoire, —
avec les Livres jaunes, bleus, blancs, gris, orange, sur
les conditions dans lesquelles la guerre a pu se faire
et a été déclarée. (*Très bien! Vifs applaudissements.*)

C'est pour cette raison que je demande la suppression
du paragraphe. Je ne veux pas allonger cette discussion, mais en ce qui concerne la réparation des dommages, je veux faire une observation.

Oui, l'Allemagne a violé le droit des gens, elle a
brulé, pillé, volé; elle est responsable de ces méfaits.
Mais qu'a fait l'État français ? Il y avait des violations
du droit des gens commises par l'Allemagne, et en
pleine guerre, l'État français, par un projet de loi,
substitue au droit des gens le droit de l'Etat. Il vient à
la tribune du Parlement dire : moi, État, je prends vis-
à-vis des malheurs des populations envahies la responsabilité de tout ce qui a été dévasté et violé par l'ennemi ;
il substitue à la violation du droit des gens, dont s'est
rendue coupable l'Allemagne, le droit de l'État. (*Mouvements divers.*)

M. Moutet. — Ce n'est pas parce que vous mettez les
parlementaires en cause, mais vous avez dépassé votre
droit de 6 minutes.

M. Cahen. — Je savais qu'en énonçant ces pensées,
je soulèverais les observations d'une partie de l'Assemblée, mais je l'ai fait pour expliquer les raisons qui
m'ont fait demander la suppression de cet alinéa.

Mesdames, Messieurs, j'en ai fini, j'ai démontré point
par point pour quelles raisons tous les alinéas du paragraphe 2 devaient être supprimés.

Je crois, en mon âme et conscience, que la Ligue des Droits de l'Homme n'est pas faite pour voter un ordre du jour de cette nature, qui deviendra public demain ; elle est faite pour sauvegarder l'avenir, pour assurer à l'humanité une paix durable. Le Comité Central l'a très bien compris dans son premier paragraphe et la deuxième partie du troisième paragraphe ; mais il a été moins bien inspiré en vous présentant le deuxième paragraphe. Dans l'intérêt de la Ligue, je persiste à en demander la suppression. (*Applaudissements.*)

Discours de M. Gabriel Séailles

M. G. Séailles. — Il n'y a qu'un procédé sûr pour ne pas se compromettre, c'est de se taire. Quand j'ai écrit mon rapport, comme quand le Comité Central a voté ses conclusions, nous n'avons pas eu la prétention de jouer aux diplomates. Ne craignez pas d'ailleurs que ce que nous disons exerce sur les évènements une influence décisive. Si nous voulons que les paroles de sagesse soient entendues, restons dans les limites que les faits nous imposent.

Nous avons écrit d'abord : pour obtenir la paix durable, le futur traité ne devra contenir aucun germe de revanche.

M. Cahen. — Je n'ai pas demandé la suppression de cela.

M. G. Séailles. — La situation européenne est assez compliquée pour que nous ne soulevions pas les questions coloniales. Nous nous proposons de formuler des résolutions qui aient un caractère pratique, qui répondent aux engagements qu'ont pris les hommes d'État de l'Entente. Il me paraîtrait dangereux d'y mêler des vœux d'un caractère idéal et théorique. Nous avons traité la question coloniale de la façon la plus libérale dans nos Congrès antérieurs.

Au terme, je ne vois pas bien quelle est l'arrière pensée de M. Cahen.

M. Cahen. — Je l'ai déclaré très nettement.

M. G. Séailles. — Voulez-vous que nous supprimions tout ce qui empêche de faire la paix immédiate? Si c'est là ce que vous sous-entendez, dites-le clairement.

M. Cahen. — Je ne vous ai jamais dit cela.

M. G. Séailles. — Je ne réussis pas à saisir votre pensée qui ne nous paraît pas conséquente avec elle-même. Vous nous dites tour à tour que nous demandons trop et que nous ne demandons pas assez. Dans l'ordre politique, vous nous trouvez trop exigeants, dans l'ordre économique, trop libéraux. N'oubliez pas que, pour l'Allemagne, ce qui plus que tout importe, c'est la libre expansion de son activité économique. Au terme, la question est de savoir si, en maintenant ce paragraphe, nous exigeons de la France et des Alliés un trop grand effort? Aucun événement décisif n'est encore survenu nous ne savons pas ce que nous réserve l'avenir et ce qu'il permettra. Mais, pour parler de la paix et de ses conditions, nous sommes bien obligés de nous mettre dans une situation définie.

Nous nous sommes placés dans l'hypothèse de la victoire, puisque sans elle la paix ne dépend pas de nous et que, dès lors, nous n'en pouvons rien dire. Nous avons supposé la victoire aussi parce que nous n'y renonçons pas, parce que nous sommes résolus à faire tous les efforts nécessaires pour l'obtenir, et cela précisément pour pouvoir donner une réalité aux principes que nous avons toujours défendus. (*Applaudissements.*) Si nous combattons la motion de la minorité, c'est que, loin de la trouver conforme à nos principes, nous pensons que, dans les circonstances actuelles, elle les contredit. Les mots « annuler les annexions » ne sont pas inconciliables avec ce que j'ai dit de l'Alsace-Lorraine : l'Alsace et la Lorraine n'ont jamais cessé d'être Françaises.

Maintenant on nous reproche de n'avoir pas inscrit le nom de la Pologne. Je dirai seulement ce qui a été dit déjà : un projet de résolution vaut surtout par sa

brièveté, par sa concision. Il est un résumé et une conclusion, il ne développe pas les arguments, il n'entre
pas dans le détail, il n'énumère pas les cas particuliers, il pose les principes, il n'en dilue pas les conséquences.

M. Lackenbacher (de la section du 9ᵉ arrondissement de Paris). — Mes chers collègues, je viens vous
demander de repousser le projet de résolution de notre
camarade Cahen. Je vous demande de repousser son
système qui consiste à vous faire voter sur quelque
chose qui ne sera plus rien, qui sera une formule vague,
qui ne sera qu'une formule de souhaits que nous for-
mulerions simplement pour l'avenir, mais qui ne
préciserait rien. Je viens appeler simplement votre
attention sur les conséquences qu'on pourrait tirer du
vote que sollicite de vous Cahen.

Si nous supprimions de notre résolution tout ce qu'il
vous demande de supprimer, nous aurions l'air implicitement de vouloir réclamer des annexions, ou bien
nous aurions l'air implicitement de renoncer à l'Alsace-
Lorraine, puisqu'il nous demande de supprimer dans
la résolution soumise, tout ce qui en constitue l'essence
même. Et par conséquent, si nous supprimions de cette
résolution les conditions mêmes que nous voulons
imposer pour la paix durable, celles que nous voulons
pour que cette paix durable soit, eh bien! qu'aurons-
nous fait? Nous aurons simplement dit que le Congrès
de la Ligue des Droits de l'Homme déclare que de l'état
de la guerre présente doit naître un ordre de choses, un
ordre social nouveau. Lequel? Et après? Si nous voulons
faire cela, si nous votons une résolution vague qui ne
contienne plus rien du tout, je déclare que le Congrès
fera une œuvre vaine. J'estime qu'il doit prendre ses
responsabilités.

Qu'est-ce que nous devons dire? Ce que nous pensons
tous. Si nous reculons devant le devoir qui nous incombe, j'estime que nous commettrions, Cahen me
permettra de le dire, une véritable lâcheté. (*Quelques
applaudissements.*)

M. Moutet. — Je mets aux voix l'amendement Cahen repoussé par le Comité Central.

(*Rejeté à la majorité.*)

M. Moutet lit le 2e paragraphe du titre II (voir p. 196).

M. Maillard. — Sur le paragraphe précédent, j'avais déposé un amendement.

M. Moutet. — Mais vous avez repris sous forme d'amendement votre proposition contre laquelle le vote de priorité avait eu lieu. Vous ne pouvez pas reprendre une résolution qui a deux pages pour en faire un amendement.

M. Maillard. — J'en fais un amendement.

M. Moutet. — Vous donnerez lecture de votre amendement immédiatement après l'amendement suivant. M. Gustave Bloch avait déposé un amendement tendant à ajouter le mot « autonomie », mais M. Bloch n'est pas là.

M. Guernut. — M. Bloch m'a expliqué son idée. Il entend la libération de toutes les nationalités opprimées, en assurant à chacune d'elles l'autonomie. Le Comité Central ne peut accepter cet amendement. Il y a plusieurs manières de libérer : l'autonomie n'en est qu'une et il y en a d'autres ; il y a par exemple, il y a surtout l'indépendance. (*Applaudissements.*)

M. Moutet. — En tout cas, M. Bloch n'est pas là.

Discours de M. Georges Bienaimé

M. Georges Bienaimé (Section de Givors). — Citoyens, nous voudrions, un certain nombre de mes amis et moi, que l'on énumérât au moins quelques-unes des nations opprimées. Il nous paraît impossible qu'un Congrès comme le nôtre puisse se terminer sans qu'on cite la Pologne, la Bohême, les Yougo-Slaves...

Un Délégué. — Et pourquoi pas le Maroc?

M. G. Bienaimé. — ...Et tant d'autres nations pour lesquelles les membres de la Ligue des Droits de

l'Homme ont si souvent, avec tant de vaillance, rompu
des lances. Nous voudrions qu'on énumérât, dans le
projet de résolution, au moins un certain nombre de
ces grandes nationalités. Vous me permettrez de dire,
parce que je me suis spécialisé dans l'étude de la
Pologne depuis dix ans, qu'à mon avis, il est impossible que le nom de la Pologne ne figure pas dans le
projet de résolution. Ce nom résume toutes les souffrances qu'un peuple a pu supporter pendant 150 ans;
nous voulons revendiquer l'indépendance de la nationalité polonaise, à l'encontre de nos ennemis, mais
aussi à l'encontre même de nos alliés. Le temps me
fait défaut pour aborder la question dans toute son
ampleur, je me contenterai d'apporter un certain
nombre d'affirmations. Vous voudrez bien les prendre
comme venant d'un homme qui s'intéresse spécialement à la question de la Pologne.

Il est impossible que le Congrès de la Ligue n'affirme
pas ici le caractère international de la question
polonaise.. Il n'y a pas seulement que les réactionnaires russes qui considèrent cette question comme
question intérieure, il y a ceux aussi à qui nous
donnons le nom avec trop de facilité de libéraux
russes. Nous avons entendu, même à la Ligue des
Droits de l'Homme, des réflexions de certains visiteurs
russes au sujet de la Pologne, qui nous ont laissé
quelque peu rêveurs. La question de la Pologne n'est
pas une question intérieure russe; il existe une Pologne
prussienne, une Pologne autrichienne. Il existe la violation du traité de 1815 aux dépens de la Pologne; il
faut donc qu'il y ait une réintégration de la Pologne
dans tous ses droits. En conséquence, la question de
la Pologne est une question d'ordre international.

Comme nous ne pouvons pas oublier que nous avons
un intérêt français qui sollicite d'une façon toute particulière notre attention, je dirai qu'au point de vue
français, la question de la Pologne est de tout premier
ordre.

Quel est le but que vous cherchez tous? N'est-ce pas

de rendre impossible à la Prusse, qui a été l'armature militaire de l'Allemagne, qui a élevé l'Allemagne dans les sentiments d'offensive militaire que vous connais-sez, n'est-ce pas de rendre impossibles à la Prusse les agressions et cet esprit d'agression dont elle s'est rendue coupable depuis 50 ans ?

Notre but est donc d'affaiblir la Prusse. On a dit hier : nous ne voulons supprimer personne de la carte du monde, mais notre devoir est de rendre impossible à la Prusse de faire régner en Allemagne cet esprit de Frédéric, de Bismarck, de Moltke et de Guillaume, qui empoisonne l'esprit allemand.

Nous voulons empêcher l'Allemagne d'être la plus forte des puissances, grâce aux annexions injustes qu'elle a faites. Or, s'il est une nation qui a souffert de la Prusse, dont les dépouilles ont enrichi la Prusse, c'est certainement la Pologne. Et Bismarck qui avait un esprit politique supérieur disait : le jour où l'aigle blanc de Pologne reprendra son vol, l'aigle noir de Prusse devra baisser la tête. Et Guillame 1er, au lende-main de l'ouverture du Landtag, en 1886, dénonçait « l'insolence des Polonais » qui consistait à ne pas devenir Prussiens. Ceux-ci, en effet, ont pu constater combien est redoutable la vitalité incroyable du peuple polonais. Plus près de nous, en 1904, lorsque Guil-laume II alla à Marienbourg, revêtu du grand manteau blanc des chevaliers Teutoniques, orné de cette même croix noire, de cette croix de fer que portent les avions allemands, destructeurs de nos villes, Guillaume s'écriait : « La garde de la Vistule est plus importante que la garde du Rhin! »

Aujourd'hui que nous voulons arracher à cette Prusse tout ce qu'elle peut avoir d'agressif et de méchant, il ne faut pas hésiter à réclamer la reprise des provinces polonaises de la Prusse, puisque nous obéirons ainsi aux nécessités historiques et que nous ne ferons que restituer à la Pologne des provinces demeurées polo-naises.

A vrai dire, Mesdames, Messieurs, nous savons que

la Pologne est opprimée, non seulement du côté allemand, mais aussi du côté russe. Le simple fait de
nommer la Pologne dans notre projet de résolution
indiquerait que nous avons la ferme volonté de réclamer
justice, non seulement à nos ennemis, mais aussi à nos
alliés. (*Applaudissements.*) Nous ne voudrions pas qu'on
pût admettre et laisser croire en Russie que la question
de Pologne est une question d'ordre intérieur russe.
Nous avons assisté souvent en voyageant en Russie
à l'expression de la pensée russe et des erreurs de
nos amis russes à ce sujet. On constate qu'il y a comme
une tromperie générale à l'égard de cette question de
Pologne. Nos alliés russes se trompent sur la question
polonaise. Ceux qui n'ont pas étudié la question s'imaginent au sortir du lycée russe que la Pologne est simplement une province rebelle de la Russie; ce n'est que
s'ils vont à Varsovie, s'ils pénètrent plus entièrement
l'étude de l'histoire qu'ils commencent à comprendre
la réalité de l'existence de la Pologne.

Nous demandons au Bureau de vouloir bien ajouter
au projet de résolution le nom de la Pologne et ceux de
la Bohême, des pays yougo-slaves; il est possible que
nous laissions dans l'ombre d'autres nations plus importantes, mais nous attirerons l'attention des diplomates sur les questions les plus difficiles. Qui peut le
plus, peut le moins.

Nous aurons ainsi démontré que les questions les
plus ardues de la politique extérieure ne nous effraient
pas, puisque nous aurons demandé à tous de rendre
justice à tous ceux qui le méritent. (*Applaudissements.*)

M. Gustave Bloch (Section du 14e arrondissement de
Paris, Petit-Montrouge, Santé, Montparnasse.) — J'avais
proposé un amendement, en ayant sous les yeux la
première rédaction de l'ordre du jour qui nous était
soumis. J'avais vu les mots « Indépendance de la
Serbie, de la Belgique et de la Pologne ». Eh bien! ce
mot « indépendance » appliqué à la Pologne m'avait
paru imprudent et j'avais proposé d'y substituer le
mot « autonomie » qui n'a pas le même sens. Par

exemple, la Hongrie est autonome et n'est pas indépendante. Depuis, j'ai constaté que ce mot avait disparu
dans la deuxième rédaction de l'ordre du jour, que la
formule qui y est inscrite est une formule plus vague.
ouvrant le champ à des combinaisons diverses, et, en
conséquence, mon amendement n'a plus sa raison
d'être. Toutefois, si on en a le désir, je suis prêt à
expliquer en peu de mots la pensée qui l'avait inspiré. (*Cris : Non !*)

M. F. Buisson. — Je ne voudrais pas laisser croire
qu'il y a des divergences de vues entre nous tous. Il
n'y a qu'une question de rédaction qui est difficile. Et
le Comité Central a pensé que le Congrès serait le
meilleur juge de cette difficulté.

Nous avions commencé par vouloir établir une énumération des principales nations au moins mentionnées
comme opprimées et recommandées par vous à cette
libération que nous jugions indispensable, nécessaire.
Puis nous nous sommes aperçus que cette énumération
serait forcément incomplète, alors nous avons pénsé y
ajouter ce moyen grammatical un peu médiocre, le mot
« etc. » Puis, enfin, nous nous sommes aperçus qu'une
formule unique quelle qu'elle soit, violenterait la réalité
et ferait rentrer, sous une apparence d'uniformité, des
choses qui ne sont pas uniformes et qui ne peuvent être
uniformisées. C'est pourquoi nous nous sommes décidés
à vous présenter un texte qui a l'inconvénient et
l'avantage tout ensemble, de ne pas prêter à des discussions détaillées relativement à l'exactitude de chacun
des mots.

Aujourd'hui on nous dit : il est impossible moralement, question de sentiment si vous voulez, que nous
ne nommions pas en toutes lettres et la Belgique, et la
Serbie, et la Pologne. Soit, je ne demanderais pas
mieux que de revenir à cette méthode, mais, laissez-
moi vous demander une addition que personne dans
cette Ligue, si longtemps présidée par Francis de
Pressensé, ne pourra refuser : c'est l'Arménie. Il suffit
de rappeler le nom de Francis de Pressensé pour se

rappeler l'Arménie. Nous sommes tenus de la mettre dans la liste. Et cela fait, nous n'aurons pas mis tout ce qui doit y être : il faut donc quand même reconnaître la nécessité d'un « etc. », sous peine de voir quelques nations opprimées se plaindre d'avoir été omises par nous. Choisissez donc entre les deux façons de rédiger, dont aucune n'est complètement satisfaisante. L'une est plus correcte, mais brève et elliptique, l'autre répond mieux à nos sentiments, mais elle contient des lacunes. C'est sur ce point que le Congrès peut se prononcer.

M. Moutet. — Je vais profiter de l'occasion pour vous donner connaissance d'un télégramme et d'une lettre que j'ai reçus et qui me paraissent à leur place dans cette discussion :

La Renaissance Juive remercie la Ligue pour ses démarches infatigables en faveur des Juifs. Elle espère que le Congrès n'oubliera pas dans ses résolutions l'émancipation des Juifs opprimés et les droits nationaux en Palestine pour ceux qui ont la conscience nationale.

Enric F. Braunstein.

Les membres de l'Amicale des Volontaires Juifs, assemblés le 31 octobre, sont heureux de profiter de cette occasion pour exprimer à la Ligue des Droits de l'Homme, en leur nom et au nom des volontaires juifs qu'un devoir poussait à défendre la France de la Révolution et des Droits de l'Homme, où ils ont trouvé un asile et un refuge en fuyant les pays des persécutions et des progroms qui sont la honte de l'humanité, leurs plus chaleureuses sympathies et leur entier dévouement pour l'idéal d'émancipation humaine et de libération des peuples qu'elle poursuit.

Ils sont persuadés que, grâce à l'action de la Ligue des Droits de l'Homme, qui incarne le véritable esprit de la France républicaine, de la France du grand et inoubliable Jaurès, le sang des volontaires juifs n'aura pas coulé pour rien, s'il est vrai, hélas ! qu'il fallait verser des flots de sang humain pour faire pousser sur notre pauvre et misérable planète, où nous nous agitons durant notre courte existence comme des ombres vaines et insignifiantes, les germes d'Humanité, de Justice et de Fraternité qu'ont ensemencés les sublimes prophètes d'Israël il y a près de 3.000 ans !

Il appartient en effet à la France, champion des Droits de l'Homme et des Droits des Peuples, de ne plus tolérer, au jour de sa victoire sur le militarisme, que des hommes, parce qu'ils sont et veulent rester Juifs, sans employer pour cette fin les armes, à l'exemple des autres, soient traités hors la loi et, bien plus, massacrés en masse par les gouvernements qui les envoient se faire tuer pour leur gloire et leurs ambitions.

Il appartient à la France, champion des Droits des Hommes et des Droits des Peuples, de ne pas tolérer que, dans les nouveaux territoires qu'ambitionnent certains gouvernements pour agrandir leurs patries, les Juifs qui s'y trouvent deviennent, du fait de ce changement, des parias à leur tour, à côté des frères qu'on libère.

Il appartient aussi à la France de faciliter, par son influence au Congrès de la Paix, la réalisation du rêve bimillénaire des Juifs qui ont conservé leur conscience nationale propre, et qui est de reconstituer un foyer national et un centre de culture juive en Palestine, le berceau de leur antique civilisation, afin que le peuple juif, à qui l'Humanité doit tant, puisse lui aussi avoir sa place d'honneur dans la Fédération des peuples réconciliés et poursuivant dans la Paix, dans l'émulation pour le Bien et le Progrès, leur libre développement.

Vivent les Droits des Hommes et des Peuples !

Vive la France du Droit !

Vive Sion !

Le Comité de l'Amicale des Volontaires Juifs.

(*Applaudissements.*)

M. G. Séailles. — Ces lectures montrent bien la difficulté dans laquelle nous nous débattons. Nous faisons un projet de résolution. Un projet de résolution se caractérise tout à la fois par la généralité et par la précision des formules : il pose le principe, il n'énumère pas toutes les espèces. Ne croyez pas que j'évite l'énumération des nationalités opprimées par timidité ou par complaisance. J'ai fait sur la Pologne une conférence qui a été publiée presque intégralement malgré la résistance d'une censure qui croit supprimer les questions, quand elle a imposé le silence sur elles. Allez-vous énumérer toutes les nationalités qui revendiquent léur autonomie ? Croyez-vous que cette liste ajoutera quelque chose à la revendication générale que vous formulez?

Inscrivons, si vous le voulez, à titre d'exemples, la Pologne, la Bohême, la Yougo-Slavie, l'Arménie, etc. Mais parlerons-nous du sionisme ? Au Congrès de Lausanne, seize nationalités, dont nous ne connaissons même pas toujours les noms, ont apporté leurs doléances. Laissons la porte ouverte aux revendications possibles. En précisant, vous voulez satisfaire les nationalités, vous risquez bien plutôt de mécontenter celles que vous ignorez. Contentons-nous donc d'inscrire les noms qui sont sur toutes les lèvres et dans tous les esprits : la Pologne, la Bohême, la Yougo-Slavie, et aussi l'Arménie qui a mérité par ses souffrances inouïes de n'être pas oubliée.

M. Moutet. — Je lis le vœu suivant de M. Otlet :

La Commission Permanente de la Conférence des Nationalités adresse son salut de sympathie au Congrès de la Ligue des Droits de l'Homme. Elle l'invite à appuyer de son autorité la *Déclaration des Droits des Nationalités* proclamée à Lausanne le 29 juin 1916 par les délégations de 23 nationalités opprimées ou mutilées.

Le Président de la Conférence,
Paul OTLET.

M. Otlet, secrétaire de l'Union des Associations Internationales, à Bruxelles. — Une Conférence des nationalités s'est tenue à Lausanne, en pleine guerre, le 29 juin dernier, avec toutes les difficultés que vous pouvez imaginer. Cette Conférence excessivement surveillée et dont les délégations, d'ailleurs, ne pouvaient être que des délégations de fortune, n'a pas moins abouti à un résultat important. Ayant eu l'honneur de la présider, je vous demande la permission de vous l'exposer.

23 nationalités étaient représentées. Des invitations avaient été adressées à toutes les nationalités, opprimées ou mutilées, sans distinction. 23 d'entr'elles ont répondu à l'appel et ont apporté les cahiers de leurs

doléances. La première partie de l'œuvre de la Conférence a consisté à enregistrer ces doléances, ces réclamations, ces aspirations, ces demandes de droits. Sans les discuter à fond, la Conférence s'est bornée à susciter des observations et à ouvrir le dossier qui sera présenté au Congrès des Puissances au moment de la paix. Se limiter à cela eut été insuffisant. Il a semblé qu'une idée commune devait être dégagée de l'ensemble de ces revendications et nous avons arrêté le texte d'une *Déclaration des droits des nationalités*. Elle est composée de 4 articles. Je ne vous les lirai pas, parce qu'il y a beaucoup de répétitions dans leur texte avec les idées qui viennent d'être émises ici. Je les caractèriserai ainsi : nous avons établi une échelle des droits, depuis les droits des individus et des minorités, jusqu'à ceux des nationalités autonomes, des nationalités indépendantes et des associations de nationalités. Nous avons établi, d'autre part, une procédure pour l'attribution et la garantie de ces droits. Nous sommes heureux de constater que cette déclaration concorde avec l'esprit qui a prévalu au sein de vos délibérations. Nous avons proclamé en effet ce principe que, dans le futur droit international, les nationalités devront être considérées comme des personnes d'ordre moral et politique et que, dès lors, elles devront pouvoir introduire des instances auprès du tribunal de La Haye pour faire reconnaître leurs droits. Vos projets de résolutions sont donc tout à fait en accord avec la Conférence des nationalités.

M. Paul Kron (Section de Saint-Cloud). — Je croyais d'abord pouvoir intercaler l'énumération de quelques puissances opprimées ; je pense maintenant que ce serait d'un intérêt très grand de ne pas la mettre. J'ai l'impression de ce qui se passe dans l'Europe entière et je suis plus ému peut-être que je ne le montre et ne voudrais pas dire un mot en oubliant le sentiment de la Défense nationale, mais, si par suite de quelques tractations, quelles qu'elles soient, on peut arriver à faire cesser cet état abominable d'extermination, cela doit se faire. Nous pourrons ensuite travailler à plus de justice. Et si d'intercaler ces désignations particulières, cela pouvait être une cause d'empêchement, ce serait désastreux. Donc, puisqu'en ne faisant pas cette désignation, nous exprimons la même pensée sans courir de risques, j'appuie de toutes mes forces pour qu'on ne la fasse pas.

M. Maillard (Section du 9ᵉ arrondissement de Paris).— J'ai déposé un amendement qui ne fait que confirmer le projet du citoyen Séailles, je suis donc loin de le combattre, mais j'estime que j'y apporte des précisions.

Il ne faut pas, dit ce projet, que le traité de paix laisse subsister des germes de guerres de revanche et il ajoute que, pour cela « *il ne procèdera point contre la volonté des populations à des démembrements d'Etats.* » Or, justement, vous voulez commencer par démembrer l'Autriche. (*Bruits.*) Ecoutez-moi ! Je ne suis pas contre le démembrement de l'Autriche, au contraire, et je suis toujours en cela d'accord avec le citoyen Séailles, mais je dis : si vous démembrez l'Autriche pour délivrer les nations qu'elle retient de par la loi du plus fort, pourquoi traiter différemment l'Allemagne et ne pas arracher des griffes de la Prusse les nations *allemandes* que celle-ci s'est annexées par la violence et dans le sang.

En faisant cela, on détruirait à jamais tous les germes de guerres de revanche chez les nations allemandes, puisqu'on leur aurait rendu leur indépendance ! Sauf la Prusse bien entendu. Ah ! pour celle-la, il serait enfantin de croire que, de quelque façon qu'on s'y prenne, elle ne pensera pas à la revanche ! (*Aux voix !*) Mais, comme il n'y aura qu'elle seule de vaincue, les chances de guerre en seront tellement diminuées qu'elles pourront être considérées comme nulles.

Mon sentiment, vous le connaissez tous, c'est qu'il faut profiter de notre force pour corriger le mal que la force a fait : c'est la Prusse qui opprime l'Allemagne; c'est donc la Prusse qu'il faut d'abord séparer de l'Allemagne. (*Aux voix !*)

M. Th. Ruyssen. — J'insiste auprès du Congrès pour qu'il adopte sans aucune réserve le texte du Comité Central.

. Si nous faisions une liste nominative des nationalités dont le sort nous est cher, que dirions-nous de la Finlande ? Omettre son nom serait cruel, le mentionner serait sans doute imprudent et, je le crains, contraire à l'intérêt des Finlandais eux-mêmes. (*On crie : Aux voix !*)

Mme Séverine — J'appuierai la réserve du Comité Central, bien qu'elle démente toute la tradition de nos souvenirs, parce que l'abstention me semble encore préférable à la revendication partielle, donc partiale, boiteuse, mutilée.

Ma génération a été élevée dans le culte de la Pologne. C'était l'époque où les bourgeois de Paris se disputaient l'honneur d'accueillir et d'héberger les survivants des insurrections polonaises, les héros en exil (un officier du bataillon des Faucheurs fut, cinq ans, le commensal de ma famille) ; l'époque où la toile célèbre de Tony Robert-Fleury : « L'Ordre règne à Varsovie » faisait frémir la France entière de pitié et d'indignation ; l'époque enfin où l'attentat contre le tzar, au bois de Boulogne — dont l'auteur est encore au bagne, après cinquante ans ! — attestait le désespoir du peuple opprimé...

Ces impressions d'enfance ne s'oublient pas ; elles déterminent à jamais l'orientation des sympathies. Pologne, Irlande, Finlande, d'autres encore, et cette malheureuse Arménie saignée à blanc, m'ont comptée parmi leurs défenseurs — lors même que la mode en était passée et que les défenseurs se faisaient rares.

Aujourd'hui, le doigt sur les lèvres, la prudence dit : « Chut ! », quant à l'Irlande ; « Chut ! », quant à la Finlande. Si l'on passe outre, la censure intervient.

Et pour la Pologne, c'est mieux encore. Elle se débat sous trois maîtres... Toute licence d'en attaquer deux ; interdiction de prononcer même le nom du troisième. Il n'existe pas : on le doit ignorer !

C'est peut-être de la diplomatie, c'est sûrement de la politique — c'est le contraire de l'exactitude et de l'équité !

Mieux vaut donc se taire, s'en tenir aux formules générales, ne pas spécifier. Le silence a du moins ce mérite de comporter des restrictions, de n'être point l'approbation de la servitude : il subit, n'accepte pas. Et c'est encore lui qui se rapproche le plus de la sincérité.

Rayez — pour le moment ! — le nom de la Pologne...

M. Moutet. — Je mets aux voix le maintien du texte primitif du Comité Central. (*Adopté à l'unanimité.*)

Il y a un amendement Charles Haick, qui demande l'adjonction suivante au 2ᵉ paragraphe du titre II :

Ajouter à la fin de ce paragraphe: *Et qu'en tout cas, tous les sujets d'un même État aient les mêmes droits comme les mêmes devoirs, sans aucune restriction.*

(*Repoussé à une grosse majorité.*)

M. Moutet. — Je suis, sur le 2ᵉ paragraphe du titre II, saisi d'un amendement de M. Edmond Benoit-Lévy. Le voici :

Les Alliés ne reprendront avec les Empires Centraux que les rapports strictement nécessaires. La haine contre les auteurs de tant de crimes doit être entretenue soigneusement et il ne peut être question d'ici longtemps de reprendre avec eux des rapports d'amitié ou d'intellectualisme.

(*Exclamations.*)

Discours de M. Edmond Benoit-Lévy

M. Edmond Benoit-Lévy (Section de Cambo). — Après l'accueil que vous venez de faire à mon amendement, je n'ai guère de doute sur le sort qui lui est réservé ; mais je ne puis me dispenser de prendre la parole. En effet, dans le bulletin du mois de juillet 1916, le Comité Central s'est occupé de la Ligue : « Souvenez-vous ! », et je relève ces trois lignes dans la note en question :

« Le Comité Central devrait exprimer sa désappro
bation pour une haine aveugle, générale, éternelle, et
devrait mettre au point, etc... »

J'avoue que, devant le rapport très énergique, très
patriotique, de Gabriel Séailles, j'avais l'intention de ne
pas prendre la parole, mais cela m'est impossible. Je
veux savoir si je suis le seul à penser ici qu'il faut encourager et maintenir la haine que nous inspirent les
crimes commis contre les Allemands (*Bruits, mouvements divers.*) Je sais bien qu'il y en a beaucoup ici
qui veulent distinguer entre le peuple allemand et ses
dirigeants, qu'ils estiment seuls responsables ; ils
admettent qu'il existe des Allemands capables de ré-
prouver les crimes commis... (*Interruptions*), (s'adressant
à un interrupteur placé au fond de la salle) : « Je vous
ai entendu dire tout à l'heure à la porte : « Il faut faire
cesser cette boucherie le plus tôt possible ! » (*Bruits.*)

M. Moutet. — Pas de discussions personnelles ; il
faut s'occuper de ce qui se passe dans l'assemblée et
pas à la porte.

M. Benoit Lévy. — Il n'y a qu'une femme qui ait le
droit de parler ainsi et tout le monde excuse ce que
son grand cœur lui inspire : c'est Séverine, mais je
n'admets pas qu'un citoyen puisse venir dire qu'il est
possible de faire cesser la guerre autrement que par la
victoire la plus complète.

Je maintiens mon amendement pour savoir si, dans
cette Assemblée, je serai le seul à le voter.

Nous avons fondé une Ligue qui s'appelle : « Souvenez-vous ! » et qui veut « perpétuer » le souvenir des
crimes allemands. Oh ! je sais bien qu'on peut critiquer
le mot « perpétuer » et qu'il n'y a rien d'éternel chez
les hommes ; mais ce que je ne peux admettre, c'est
que demain, après-demain, quand la guerre aura cessé,
les Allemands puissent venir reprendre ici la place
qu'ils occupaient avant la guerre. C'est ce qui arrivera
si on admet votre théorie : qu'il faudra alors tout oublier. (*Bruits.*)

Discours de M. Gabriel Séailles

M. Gabriel Séailles. — Messieurs, quand j'ai reçu la circulaire de M. Benoit-Lévy, je lui ai refusé mon adhésion. Il m'a sommé de lui donner mes raisons, une seule suffirait, le droit qu'a tout citoyen de disposer de sa personne et de son nom.

La Ligue : « Souvenez-vous » se propose « de perpétuer à travers les âges le souvenir des crimes allemands », de « mettre en œuvre tous les moyens, conférences, livres de classe et de prix, albums, théâtres et cinémas » pour perpétuer « la haine » de génération en génération dans l'âme de nos enfants. Je le dis au nom de tous ceux qui sont ici, nous connaissons les forfaits des armées allemandes, nous les avons dénoncés, nous les réprouvons avec toute l'énergie d'hommes qui ont dévoué leur vie à la lutte contre l'injustice et la violence, nous en demandons le châtiment. Vous parlez « des ruines accumulées par les Allemands », ne craignez point, en ce qui me concerne, que je les oublie jamais. Je connais les noms d'Ablaincourt, de Guillemont, les Bœufs autrement que par les communiqués, et, quand j'irai revoir ces villages désolés, ce sont mes ruines que j'irai visiter.

Il ne me paraît pas cependant que la Ligue des Droits de l'Homme puisse donner son adhésion à une association, dont l'objet est de perpétuer la haine. L'objet de notre Ligue c'est, en défendant partout et toujours la justice, d'étendre de plus en plus le règne du droit, d'instituer entre les peuples comme entre les citoyens d'un même pays des relations juridiques. La passion ne connaît ni ne veut l'impartialité de la loi. Nous comprenons les défiances trop justifiées, les mesures de défense, nous demandons les sanctions légitimes, nous n'admettons pas le mal éternel, nous ne croyons pas plus à l'enfer dans la vie présente que dans la vie future. Devant tant de négations, tant d'absurdités monstrueuses, nous perdrions le courage de l'action, si nous nous fermions l'espérance.

A la violence il faut opposer la violence : la guerre est un cas du droit de légitime défense qui vaut contre tous les scélérats. Il est vrai aussi que la France doit défendre son commerce et son industrie d'une nouvelle invasion germanique : elle y réussira surtout par le travail, la discipline et l'organisation. Comme les parents, dans l'éducation des enfants, nous pensons que l'égoïsme, la colère, l'esprit de vengeance n'ont pas besoin d'une culture spéciale. La haine est un sentiment spontané, une réaction de défense, qui se produit d'elle-même dans les grandes crises, qui se prolonge autant que le danger et s'apaise. Pour obtenir que les hommes ne s'égorgent que périodiquement, on leur répète tous les jours que Dieu est descendu sur terre tout spécialement pour leur ordonner de s'aimer les uns les autres. Je doute que le plus sage, pour empêcher une guerre nouvelle, soit de nourrir les passions qui, au premier souffle de tempête, en rallumeront l'incendie.

Parmi les victimes de la guerre, en connaissez-vous de plus émouvantes que les centaines de mille Juifs, évacués devant l'ennemi, emportés dans des trains allant n'importe où, errant au hasard, sans vivres, sans abri, semant les routes de femmes, de vieillards, d'enfants tués par le froid et la faim? Allons-nous conseiller à ces Juifs d'entretenir savamment le souvenir des maux qui leur ont été infligés, de se garder du pardon comme d'un crime. Nous demandons pour eux la justice, et, quand ils l'auront obtenue, nous leur demanderons d'oublier.

Je conclus : entre la perpétuité de la haine, qui perpétue la violence, et la volonté de substituer de plus en plus au règne de la violence le règne du droit, il y a contradiction. Il faut opter.

M. Moutet. — Je mets aux vœux l'amendement Benoît-Lévy.

(*Repoussé à une grosse majorité.*)

Il y a un amendement de M. Paul Lévy, délégué de la 15ᵉ Section de la Seine. Le voici :

...et instituera, à côté de la Cour arbitrale de La Haye, un bureau économique permanent qui aura pour mission d'éviter toute cause de conflit en réglementant les relations économiques et commerciales des puissances mondiales.

(Mouvements divers.)

M. Paul Lévy. — Messieurs, les murmures qui ont accueillis et soulignés mon amendement ne me surprennent pas. Dans des Congrès comme celui-ci on est, hélas ! toujours un trouble-fête lorsque l'on soulève des questions d'ordre économique. Quoiqu'elles soient tout à fait primordiales, elles sont considérées comme des intruses qu'il est bon de mettre dehors... et mon amendement était uniquement fait pour attirer l'attention du Congrès sur ce point qui présente à mon sens une extrême importance.

J'ai écouté, avec le plus grand soin, les différents orateurs qui m'ont précédé et aucun ne s'est préoccupé de la question économique. C'est pourtant une des causes initiales de la guerre actuelle, car, si cette horrible conflagration a éclaté, la rivalité économique existant entre l'Allemagne et l'Angleterre, il ne faut pas se le dissimuler, en est pour beaucoup responsable..

(Bruit; exclamations. Une voix : Il y a du vrai.)

Donc, il me semble, indépendamment de la façon dont on envisage le problème, qu'il convient d'étudier la question économique, source de tous les conflits futurs.

C'est la Conférence économique des Alliés qui m'a donné l'idée de ce bureau économique permanent que je désirerais voir créer à côté de la Cour arbitrale de La Haye.

Vous connaissez les causes qui ont amené la réunion de cette conférence économique : l'Italie s'est soudain trouvée gênée dans sa production industrielle par le manque de charbon ; la houille anglaise ne lui arrivait que très irrégulièrement et à des prix très élevés. Les Alliés ont alors considéré qu'il était urgent, si l'on voulait continuer la lutte jusqu'au bout, de régler entre eux les questions économiques, et, à cet effet, se sont réunis à Paris, comme vous savez.

Il me semble donc qu'à l'avenir un bureau économique bien constitué, qui règlerait les questions économiques pendantes entre les peuples, serait à même d'écarter bien des conflits et, s'ils surgissaient cependant, apporter à la cour arbitrale les renseignements et les notes qui lui permettraient de rendre un jugement.

Voilà pourquoi je me suis permis de retenir un instant l'attention de mes collègues, afin de les décider à étudier cette question qui, à mon sens, présente un certain intérêt.

M. G. Séaillès. — Je suis de l'avis de notre collègue. Je l'ai dit moi-même; parmi les causes qui mettent les peuples aux prises. dans les batailles sanglantes, il n'en est pas de plus importante peut-être que les conflits économiques. Est-ce une raison pour préciser dans ces conflits les règles d'arbitrage ? Nous devrions alors ne pas demander seulement l'institution du tribunal international, mais entrer dans le détail de son organisation. C'est la seule objection que j'ai à présenter. Je reconnais que notre paragraphe sur le régime économique se tient dans des termes assez vagues, nous avons cru devoir nous en tenir aux principes généraux. Je m'en remets à votre sagesse.

M. Boutarel. — Je m'associe aux paroles de M. Paul Lévy.

M. Gibert (Section de Moux). — Je viens expliquer mon vote. Je ne voterai pas la motion du Comité Central, pas plus que les autres amendements. Depuis hier, j'ai entendu des avocats, des avocates, des députés, des sénateurs, des hommes de lettres. exposer leur thèse. Malgré toute leur compétence, je ne suis pas encore convaincu que la guerre ait éclaté comme ils l'ont dit. (*Très bien! sur divers bancs.*)

Il est vrai que j'ai été élevé en sauvage et que j'ai passé une partie de mon existence avec des sauvages (*Rires.*)

Pour moi, la guerre actuelle n'est qu'un conflit de capitalistes dressés contre les travailleurs du monde entier. (*Applaudissements. L'orateur qui, jusqu'ici, parlait du fond de la salle, monte à la tribune.*)

Hier, j'ai demandé la parole. Comme je ne dispose que de trois minutes, je n'en abuserai pas, car je suis partisan de la discipline.

Je considère donc que ce conflit qui ensanglante toute l'Europe a été voulu par les capitalistes du monde entier pour mâter la classe ouvrière de tous les pays. (*Quelques applaudissements.*)

Quand on lit l'Histoire, et je ne l'ai pas beaucoup étudiée, n'ayant pas été dans les endroits où on l'apprend, on constate qu'on cherche toujours à canaliser la classe ouvrière. On la considère comme une masse de petits moutons.

Et les bergers? les bergers, eh bien! mais c'est vous les avocats, les avocates, les députés, les sénateurs, les hommes de lettres. (*Quelques applaudissements, mouvements divers*) Je veux bien croire que vous n'applaudissez pas l'éloquence de mes paroles, car n'ayant pas été à l'école je n'ai pas la prétention de discourir comme un orateur. Ici j'ai voulu dire ce que je pensais : la classe ouvrière n'a pas besoin de tous ces individus qui veulent s'élever au-dessus d'elle. Il y a un homme qui dirige le gouvernement, qui a été poussé par qui? Par la classe ouvrière. (*Bruit.*)

J'ai donné mon adhésion à la Ligue des Droits de l'Homme, parce qu'elle a lutté quelquefois pour le droit, parce qu'elle est fréquemment intervenue pour faire rendre justice à ceux qui étaient victimes de l'arbitraire.

Je crains fort que votre motion au sujet de la paix durable n'aboutisse à aucun résultat.

J'en ai vu des arbitrages, des guerres et autres choses encore. (*Rires.*) Quand, dans les réunions exclusivement composées de travailleurs, j'en ai entretenu mes auditeurs, les applaudissements ne m'ont pas été ménagés et ils étaient sincères.

Je ne veux pas dire pourtant que vos applaudissements soient blessants à mon égard, mais moi j'exprime tout haut ce que je crois être l'expression de la vérité.

Je dis qu'on a eu une autre guerre en 1870. Les Allemands se sont conduits comme des saligauds, des vampires. Et qu'a-t-on fait après?

.Après, on a vu le représentant de ces bandits venir à Paris, des sergents de ville veiller à la sécurité de sa personne, des automobiles nationales mises à la disposition de cet individu. Nous avons, en outre, vu cet homme accompagné par nos hommes d'État dans les propriétés nationales; il allait chasser nos faisans, alors qu'à nous on f..... des contraventions quand nous y allions. (*Quelques applaudissements, mouvements divers.*)

La véritable force, dans ce pays, c'est la classe ouvrière. Si nous n'avons malheureusement pas pu empêcher le conflit actuel, nous tâcherons de le faire par la suite. Ce ne sera pas avec des paroles, ni même avec des propositions : nous avons d'autres armes.

Ce qui nous réconforte, ce qui nous engage à agir, c'est lorsque nous voyons des hommes civilisés comme vous autres (*Rires sur certains bancs*) glorifier des assassinats et leurs auteurs qui ont lâchement tué, massacré des hommes à bout portant. Vous en envoyez certains au bagne et vous traitez les autres en amis, en camarades.

Citoyens, je fais allusion en ce moment à l'assassinat du roi et de la reine de Serbie. Les assassins, au lieu d'être envoyés au bagne, ont eté appelés aux postes les plus honorifiques de ce pays.

Il y a un homme que j'admire et surtout son geste ; et j'espère bien que dans un délai qui n'est peut-être pas très éloigné, il aura des imitateurs : j'ai nommé Adler. (*Rires et bruit.*)

Et alors il n'y aura plus de guerre possible.

M. Moutet. — Nous en sommes à la proposition Paul Levy ; j'ai montré pour vous la plus grande bienveillance.

M. Gibert. — Je crie « Vive la classe ouvrière » et je dis : de tous vos amendements je m'en fous.

M. Fabien-Thibault. — Je ne vais pas me tenir à la même hauteur d'éloquence. (*Sourires.*) On propose qu'une section de la cour de La Haye règle les questions économiques. Il y a là un défaut d'entente. La cour de La Haye intervient pour régler les différends politiques lesquels naissent de situations politiques réglées d'une part par la souveraineté de chaque État, d'autre part pour les atteintes portées à cette souveraineté, mais les rapports économiques entre les nations sont réglés par des traités de commerce passés entre elles. Il est donc impossible qu'une section de La Haye règle des questions économiques. Que peut faire la cour de La Haye dans ces circonstances ? Elle ne peut que trancher les différends qui sont susceptibles de s'élever au sujet de l'interprétation d'une clause d'une convention d'ordre économique. Mais déjà certains traités de commerce stipulent que tous les litiges ayant pour objet l'interprétation d'une clause de ces traités seront tranchés par voie d'arbitrage.

Il n'y a donc pas de procédure nouvelle à créer. Il n'y a qu'à persévérer dans la voie tracée par les derniers traités auxquels je fais allusion.

M. Weil (du 9e arrondissement de Paris). — Je suis de l'avis de notre collègue Paul Lévy sur l'influence des intérêts économiques.

M. Péchaubès (Section de Rosny-sous-Bois). — Je n'aurais pas pris la parole, si la question économique n'avait pas été soulevée. Cette question a été laissée un peu trop à l'écart et c'est pourtant elle qui domine la guerre actuelle. Je voudrais qu'à la cour de La Haye une place spéciale soit réservée à cette importante question. Appartenant à une grande association de voyageurs de commerce, je voudrais savoir si l'institution de La Haye peut accepter de mettre, dans le traité de paix, une clause qui empêcherait les voyageurs de commerce allemands, modèles parfaits d'espionnage, de revenir chez nous, comme ils le faisaient précédemment ?

M. Moutet. — Je mets aux voix la clôture de la discussion sur l'amendement.

(*La clôture est prononcée.*)

M. Moutet —La discussion est close. Je mets aux voix l'amendement Paul Lévy repoussé par le Comité Central.

M. Paul Lévy. — Il faut le transmettre à la commission de rédaction.

M. Moutet. — Je mets aux voix l'amendement.

(*L'amendement est repoussé à une grande majorité.*)

M. Moutet lit le 3ᵉ paragraphe du titre II (voir p. 196).

M. Lacourbas (Section de Villers-Bretonneux). — Je ne voterai pas le paragraphe proposé. Je considère la politique protectionniste comme susceptible, après guerre, de créer de nouvelles causes de conflits que nous devons chercher à éviter.

D'ailleurs, nous ne naissons pas tous avec les mêmes talents. Nous répartissons notre activité suivant nos aptitudes, nos moyens, nos difficultés. De même les nations doivent tendre à la division du travail. Que chaque pays n'attache à tirer de son sol que ce qu'il est capable de produire, de mieux, de meilleur marché. Que la France soit industrielle dans les régions où se trouvent les matières premières où la force motrice ; qu'elle soit agricole où son sol le permet, mais que grâce à un protectionnisme bien adapté, elle ne cherche pas à produire de tout et partout. Que l'on n'essaie pas de cultiver la betterave au sommet du Cantal !

Je considère donc le paragraphe comme dangereux en ce qu'il laisse entrevoir, après guerre, une politique de représailles économiques, une continuation de la guerre présente sur un autre terrain et sous une autre forme, une aggravation des conditions de vie de la classe ouvrière déjà si éprouvée.

M. Gabriel Séailles. — Nous sommes d'accord sauf sur un point, celui de la sanction. Mais je ne crois pas possible, après tous les attentats commis contre les biens et surtout contre les personnes, que l'Allemagne puisse reprendre librement sa conquête économique. Nous sommes obligés de réserver des mesures temporaires appliquées à titre de sanctions.

M Moutet. — Je mets aux voix le paragraphe.
(*Adopté à l'unanimité.*)

M. Moutet. — Il y a un amendement Vérone, Gouguenheim, etc...

M. Gouguenheim. — Mes collègues : Madame Maria Vérone, MM. Herold, Raynal, Maxime-Leroy, La Chesnais, Hadamard, Emile Kahn et moi, nous soumettons au Congrès une motion ainsi conçue :

Le traité de paix proclame la liberté absolue de conscience pour tous les peuples.

Il vous apparaîtra, peut-être, qu'il est illogique de présenter cette motion au moment où nous en arrivons à la finale du paragraphe 2. Mais, puisqu'il existe une Commission qui a pour mission de remettre chaque terme à sa place et de grouper les idées dans un ordre logique, nous lui laisserons le soin de remplir son office le mieux possible.

Notre motion n'est ni inutile, ni superfétatoire. La nécessité de proclamer la liberté de conscience absolue pour tous les peuples s'impose.

Les traités antérieurs, qui l'avaient proclamée, ont été honteusement méconnus.

Je ne vous rappellerai, à titre d'exemple, que les malheurs atroces du peuple qui, aujourd'hui, dans les déserts désolés d'Alep, souffre des tortures indignes et clame sa détresse sous le joug combiné de la Turquie et de l'Allemagne : l'Arménie !

Le respect de la liberté de conscience est, à la vérité, à la source de nos préoccupations. Sans qu'il soit imposé, il ne saurait y avoir ni paix juste, ni paix durable.

Le Congrès, je l'espère, adoptera notre motion.

M. G. Séailles. — Je trouve qu'il y a quelque chose de choquant à faire une motion spéciale de la liberté de conscience. Un peuple qui n'accorde pas la liberté de conscience se met en dehors de la civilisation. Il y a des choses qu'on ne demande pas — le droit de respirer, de vivre — parce qu'on n'admet pas qu'elles soient contestées ou refusées. En demandant la liberté de conscience, nous paraîtrions admettre qu'elle est un droit à conquérir, elle est un droit conquis.

M. Moutet. — Voulez-vous me permettre de passer la présidence à notre collègue Vieu pour présenter une observation.

Je trouve qu'il y a dans le texte une part de vérité; d'autre part, l'observation de M. Séailles est judicieuse. Nous ne devons pas réclamer la liberté de conscience; mais n'oubliez pas que, par exemple, au traité de Berlin, on a dû proclamer, pour un certain nombre de peuples, l'obligation de ne faire aucune différence entre les individualités nouvellement incorporées à ces Etats, quelles que fussent leurs origines ou leurs croyances religieuses. Ce texte, vous le savez, n'a pas été respecté par l'Allemagne. Notre devoir absolu est de rappeler aux autres nations contractantes l'obligation déjà sanctionnée par le traité de Berlin et de montrer que l'Allemagne a commis une violation dans un engagement international. Sur ce terrain, la Ligue devra intervenir. Il est évident que le traité de paix qui se rédigera demain va créer un certain nombre de nationalités nouvelles; il est certain qu'il incorporera aux nationalités déjà existantes un certain nombre d'individualités. Pour ces individualités, pour ces nationalités, qui seront créées en quelque sorte dans un statut nouveau par le traité de paix, il est absolument indispensable que celui-ci proclame qu'aucune différence ne pourra être faite au point de vue des croyances religieuses; mais ce ne peut être une nouvelle proclamation des principes que vous demandez? Sinon, qu'est-ce que nous allons faire? Nous allons insérer toute la Déclaration

des Droits de l'Homme dans notre déclaration et il sera
absurde de remettre chaque fois en question les principes qui sont notre raison d'être. Ce que nous voulons
faire, c'est indiquer les principes qui doivent régir la
préparation du traité de paix, dans la mesure où ces
principes doivent faire l'objet d'une réglementation
spéciale. Si vous le voulez, on pourrait renvoyer ce
texte à la commission spéciale. Voici ce que je vous
proposerai :

*Il imposera à toutes les puissances contractantes l'obliga-
tion d'accorder les mêmes droits à tous les individus faisant
partie de ces nations.*

(Applaudissements ; cris : Aux voix !)

M. Gouguenheim. — Nous acceptons cette proposition.

M. Moutet. — Les auteurs de l'amendement se ral-
lient au principe de ma proposition. Je la mets aux
voix.

(Adopté à l'unanimité.)

M. Moutet. — Maintenant vient le 4ᵉ paragraphe du
titre II. *(Voir p. 196).*
Il n'y a pas d'amendement.

M. Oscar Bloch. — Pardon, il y en a un !

M. Moutet. — Voici l'amendement de M. Oscar
Bloch :

*Les responsabilités et les sanctions seront fixées par le Tri-
bunal international.*

M. Oscar Bloch. — Je n'ai pas besoin d'appuyer cette
adjonction. Quand il s'agit d'une œuvre de justice,
nous avons plus confiance dans les juristes que dans
les diplomates.

M. Lackenbacher (Section du IXᵉ arrondissement,
Paris). — Je suis mandaté par la section du 9ᵉ arrondissement pour soumettre au Congrès ce qui suit :

Il a été commis par les belligérants ennemis des crimes de droit commun. Ces crimes sont réprimés suivant des pénalités qui doivent être appliquées à ceux qui, au mépris des droits des gens, ont commis ces faits. Cette question est venue devant le Parlement français ; elle a été traitée par le Gouvernement français sous forme de prétérition, en ce sens que le Président du Conseil nous a déclaré que la seule sanction, pour lui, était de porter ces faits à la connaissance des neutres. Nous avons estimé que cela n'était pas suffisant. Nous demandons au Comité Central s'il ne serait pas sage de faire comme le Gouvernement anglais, d'ouvrir une véritable instruction contre les criminels qui ont commis des crimes. Nous constituerions ainsi un dossier qui servira à punir ceux qui le méritent.

M. Guernut. — Le Comité Central ne peut accepter le texte de M. Oscar Bloch. Il ne faut pas oublier que ce texte vient dans un paragraphe relatif au traité de paix. Or, au moment du traité de paix, il n'y aura point de Tribunal international. (*Interruptions.*) Pardon ! M. Oscar Bloch veut-il bien nous dire où loge son Tribunal international et comment il se nomme ? De quels juges il est composé et d'après quel code il se prononce ? Pour moi, ce Tribunal international, je ne le connais pas. Je le souhaite, comme lui ; je l'espère aussi ardemment que lui ; mais le fait même que nous le souhaitons et espérons tous les deux est une preuve suffisante qu'il n'existe pas. Alors... (*Applaudissements.*)

M. Oscar Bloch. — Je n'insiste pas sur la rédaction, mais ce que je demande, c'est que la question des responsabilités ou des indemnités soit tranchée par un tribunal de juristes et non par un tribunal de diplomates.

M. Guétant. — La demande du gouvernement anglais me paraît très habile au point de vue du gouvernement anglais.

En effet, demander des sanctions contre quelques-uns de nos ennemis, c'est très bien, mais il y aura aussi des crimes commis par les Alliés. Si nous recherchions les crimes anglais, on pourrait voir ce qui s'est passé dans les camps de concentration au Transwaal. (*Bruit.*)

Une voix : Et la guerre de cent ans !

M. Moutet. — Je vous prie d'écouter notre collègue.

M. Guétant. — Est-ce que ce ne sont pas les Russes qui ont pris contre les Juifs certaines mesures bien connues ? Ces crimes-là seront-ils aussi recherchés? Il ne faut pas avoir deux justices. Ayons une justice aussi sévère pour nos alliés que pour nos ennemis, alors nous serons dans le vrai.

Maintenant, au point de vue de la liberté de conscience, je déclare qu'elle n'existe pas chez les peuples civilisés, sans cela il n'y aurait pas de service militaire obligatoire. Ma conscience peut me défendre de tuer mon prochain. Donc, la liberté de conscience n'existe pas.

M. Moutet. — Ce n'est plus la question ; restez dans l'ordre du jour.

M. Guétant. — Je n'insiste pas.

M. Maxime Leroy. — Je renonce à la parole.

M. Chalifour (Section de Saintes). — Tout à l'heure, un de nos collègues demandait qu'on constituât un dossier pour les crimes commis par les Austro-Allemands. Un autre membre de l'assemblée répondait qu'il était inutile de constituer ce dossier. Est-ce qu'il n'existe pas cependant, dès maintenant, des tribunaux de droit commun, auxquels on pourrait déférer ces attentats ?

M. Moutet. — Il y a une confusion dans votre esprit qui vient de ce que vous discutez deux choses à peu près contradictoires. L'énervement de l'assemblée absorbe le président qui s'efforce de la ramener à la patience. J'aurais dû laisser discuter l'amendement Oscar Bloch au lieu de l'amendement Lackenbacher, l'un estimant que les responsabilités ne sont pas fixées, l'autre, que pour juger les crimes de droit commun, il est nécessaire de constituer, dès maintenant, les dossiers de ces crimes.

M. Chalifour. — Ce n'est pas la faute du Président qui a dirigé les débats avec beaucoup de compétence, de clarté et aussi d'autorité. (*Applaudissements.*) Notre collègue Oscar Bloch demande la constitution de dossiers.

M. Lackenbacher. — Non, c'est moi.

M. Chalifour. — Les tribunaux existent à l'heure actuelle, puisqu'il s'agit de crimes de droit commun. Les Anglais, gens pratiques, ont déjà demandé, à différentes reprises, surtout après que le « Lusitania » eût été coulé dans les conditions effroyables que vous connaissez, que les auteurs fussent déférés à une juridiction de droit commun. J'estime que la proposition faite par notre collègue tout à l'heure n'est pas prématurée, qu'elle est bien à sa place à l'heure actuelle, qu'on devrait, dès maintenant, pour faciliter plus tard l'œuvre de la justice de droit commun, constituer des dossiers à l'aide des renseignements qu'on pourrait recueillir de toutes parts de source autorisée.

M. Moutet. — Je mets aux voix la clôture de la discussion après les deux orateurs inscrits.

(*Adopté à l'unanimité.*)

M. Raynal. — Je rappelle que la question posée par les amendements actuellement en discussion est venue devant le Comité Central. Le Comité l'a traitée dans sa proposition de résolution. On a dit tout à l'heure : quelles peines appliquera-t-on ? Après discussion, le Comité Central a reconnu qu'il était impossible, sous peine de violer le droit, de punir des délits par des lois nouvelles, qui n'existaient pas au moment où ces crimes avaient été commis. On a décidé que les répressions qui pourraient être prononcées seraient celles actuellement édictées par les lois en vigueur. Quant à l'organe de juridiction, il avait été entendu que ce serait un tribunal composé de neutres. On pourrait prévoir, dans un membre de phrase, ce tribunal international, sauf à renvoyer la question au Comité Central.

M. Guernut. — Un long vœu, très circonstancié, très fortement et très juridiquement motivé, a été envoyé au Ministère des Affaires Etrangères par le Comité Central. Vous le lirez dans le *Bulletin.*

M. Ferdinand Buisson. — Il y a une question relative à la rédaction. Veuillez remarquer que nous en sommes à la fin du paragraphe 2 ; c'est le paragraphe relatif au traité de paix. Eh bien! dans ce paragraphe, nous avons été unanimes, après de longues études, à penser ceci : nous ne rédigeons pas le traité de paix. D'ailleurs, ce n'est pas le traité de paix qui pourra tout organiser, mais nous pensons qu'il faut que le traité de paix prévoie, non pas dans les détails, mais d'une manière générale, que la justice sera appliquée; or, la justice veut qu'il y ait : 1° des sanctions de diverse nature ; 2° des pénalités pour les crimes reconnus ; 3° des réparations pour les dommages causés ; 4° enfin des garanties contre de nouvelles tentatives criminelles. Voilà les quatre conditions posées, nous n'avons pas pu les détailler et nous convenons avec vous que c'est simplement un principe que nous proposons d'inscrire dans le traité de paix et rien qu'un principe. A entrer dans le détail, vous risquez d'omettre des points essentiels. On propose, par exemple, de mentionner des sanctions qui seront appliquées par le tribunal international, mais que de précisions ne faudrait-il pas y joindre! Il faut que vous ajoutiez, par exemple, pour certains crimes non prévus ou jusqu'ici non définis, une loi qui ne peut être faite que par la Société des Nations. Eh bien, elle n'est pas faite, cette loi. Si, au contraire, vous voulez parler de délits de droit commun dès à présent reconnus comme tels, vous avez des lois existantes, mais elles varient de nation à nation.

Il en sera de même pour chacun des autres articles

Nous ne pouvons pas entrer dans cette énumération, à moins de la laisser tout à fait incomplète. C'est pourquoi je réponds à M. Oscar Bloch : cela va de soi que les sanctions seront appliquées par le tribunal compétent. Mais n'est-ce pas un truisme ? Ces additions ne peuvent que risquer d'embrouiller les idées. Mieux vaut se borner à énoncer le principe.

M. Oscar Bloch. — Je demande la parole. (*Bruit, protestations.*)

Un peu de patience seulement. Je n'ai qu'un mot à dire. C'est d'accord avec le Comité Central que j'avais déposé mon amendement. M. le Président veut bien me dire maintenant qu'il est inutile, puisque sous-entendu. Dans ces conditions, je ne puis que le remercier de ses déclarations ; elles me donnent satisfaction et je retire mon amendement. (*Applaudissements.*)

M. Moutet. — Les deux auteurs d'amendements demandent la parole pour retirer leurs amendements. Je mets aux voix le dernier paragraphe du titre II.

(*Adopté.*)

Je mets aux voix l'ensemble.

(*Adopté à l'unanimité.*)

Voici le titre III :

En conséquence, le Congrès estime que conclure la paix avant qu'il soit possible de l'établir sur les bases qu'il a définies, ce serait humilier le droit devant la force et condamner le monde à une prochaine et plus terrible catastrophe.

Enfin, prenant acte des déclarations faites par les hommes d'Etat de l'Entente, il émet le vœu que, pour donner au monde un premier gage de leurs desseins, dès maintenant, les gouvernements alliés décident de soumettre à l'arbitrage tous leurs conflits éventuels; forment une fédération entre eux, ébauche de la future société des nations, et se préparent à y accueillir tous les Etats, petits et grands, restés en dehors du conflit, qui s'engageront à observer les règles du pacte et à garantir le droit de chacun par la force de tous.

Il y a un amendement de M. Accambray.

M. Guernut. — M. Accambray, qui a dû s'en aller, m'a prié de défendre son amendement. Le voici :

Enfin, prenant acte des déclarations faites par les hommes d'Etat de l'Entente, il émet le vœu que, pour affirmer leur résolution et pour hâter l'heure d'une paix libératrice, dès à présent les Gouvernements alliés s'engagent à soumettre à l'arbitrage tous leurs conflits éventuels ; forment une fédération entre eux, embryon d'une première Société des Nations, et décident d'y accueillir tous les Etats, petits et grands, restés en dehors du conflit qui s'engageront à observer les règles du pacte et à garantir le droit de chacun par la force de tous.

En somme, cet amendement peut s'inscrire dans notre projet par une simple transposition de mots, mais vous remarquerez qu'elle est essentielle. M. Accambray craint que le texte du Comité Central ne soit équivoque et il l'est, en effet. On peut croire que nous voulons tout de suite l'arbitrage entre Alliés — et cela est vrai — mais que nous remettons à beaucoup plus tard la fédération entre Alliés — et cela serait inexact. Nous voulons tout de suite l'un et l'autre. Il suffira pour le dire clairement de mettre l'expression *dès maintenant* en tête de la phrase, et commandant la phrase entière. Nous lirons : « Il émet le vœu que, dès maintenant... » et tout le monde comprendra que c'est sans tarder que les Puissances alliées devront tout à la fois former une fédération et décider l'arbitrage. Nous remercions M. Accambray de nous avoir suggéré cette heureuse modification.

M. Moutet. — Il y a un amendement de Mlle Melin ainsi conçu :

En conséquence, le Congrès estimant que la justice ne peut sortir de la guerre, que seule la procédure juridique de l'arbitrage peut résoudre l'effroyable conflit qui a provoqué la mort de plusieurs millions d'hommes et menace d'entraîner la ruine totale de la civilisation européenne, prenant acte des déclarations faites par les hommes d'Etat de l'Entente qui tous reconnaissent la nécessité de l'organisation juridique internationale, émet le vœu que, pour donner au monde un premier gage de leurs desseins... (Pour la suite, voir le texte du Comité Central).

Il y a dans cet amendement deux parties. La première se rattache à l'amendement Alexandre.

M. G. Séailles. — Je voudrais simplement que la rédaction en soit un peu moins longue : la commission de rédaction s'en chargera.

M. Moutet. — Etant entendu qu'il reste à examiner les additions à la résolution, je vais mettre aux voix le titre III.

(*Adopté à l'unanimité.*)

Je suis saisi de l'amendement suivant de M. Montillet :

La Ligue, estimant que la guerre ou le maintien de la paix dépendent de l'opinion publique, effet de l'éducation, émet le vœu que les Etats alliés organisent, par une entente éducative, une éducation solidaire et pacifique dans leurs écoles de tous degrés.

M. Montillet (Délégué de l'Ain). — Le Congrès s'occupe des conditions d'une paix durable. Or, vous avez prévu parmi elles une condition politique, qui serait la constitution d'une Fédération Internationale et pour commencer d'une Fédération entre Alliés.

Vous avez prévu également l'organisation de conditions économiques. Or, j'estime qu'outre ces deux conditions, il y en a une autre, aussi importante. Pour que les conditions économiques et politiques subsistent, il me semble qu'il est nécessaire qu'elles soient soutenues par l'esprit public, qu'il y ait un consentement universel dans les Etats alliés, afin que les institutions soient permanentes. Il me semble donc de toute nécessité de prévoir dans les Etats fédérés une éducation commune.

M. G. Séailles. — Je fais observer que c'est écrit : étroitement liés aux progrès de l'éducation et à ceux de la démocratie. »

M. Moutet. — Je mets aux voix l'amendement Montillet. (*L'amendement est rejeté.*)

J'arrive à l'addition Alexandre : (*Cris nombreux : Aux voix ! aux voix !*)

Le Congrès émet le vœu que les Gouvernements alliés se déclarent prêts à soumettre immédiatement à l'arbitrage le conflit qui a déterminé et qui détermine encore la guerre européenne, et ce, aux conditions suivantes :

1° Que les principes de la Société des Nations déterminés ci-dessus fassent partie intégrante des conditions préalables posées par les Alliés à l'organisation de cet arbitrage ;

2° Que cet arbitrage consiste à faire application de ces principes aux faits du conflit ;

3° Que le tribunal soit composé par des représentants des Etats actuellement neutres dans des conditions garantissant l'impartialité.

4° Que ces Etats, comme garantie de leur impartialité, acceptent préalablement pour eux-mêmes ces principes et se déclarent prêts à entrer dans la Société des Nations ;

5° Enfin qu'au cas où les Empires du Centre refuseraient un tel arbitrage ou, l'ayant accepté, chercheraient à s'y soustraire, ces Etats se déclarent prêts à rompre toutes relations avec les Empires du Centre et à participer au blocus.

M. Alexandre. — Je demande la parole. (*Nouveaux cris répétés : Aux voix !*)

M. Alexandre. — Je n'ai que deux mots à dire. Premièrement, les conditions indiquées par nous pour l'organisation d'un arbitrage immédiat ne sont que des indications. Elles pourraient être très utilement amendées, si vous preniez notre proposition en considération. Nous avons voulu simplement indiquer que cet arbitrage immédiat pouvait et devait être organisé sérieusement et d'après des conditions assurant l'impartialité. Il suffirait de lui appliquer de suite les règles prévues pour l'arbitrage dans la future Société des Nations. En second lieu, si le mot « immédiatement » vous semble périlleux en ce qu'il ferait croire que le conflit actuel pourrait être arrêté du jour au lendemain par un arbitrage : nous acceptons de rayer ce mot. (*Cris : Aux voix ! aux voix !*)

M. Moutet. — Je mets aux voix l'amendement repoussé par le Comité Central.

Un Délégué. — Laissez expliquer les votes. (*Exclamations...*)

M. Boyet. — Je demande que l'on compte le nombre de voix que va obtenir le texte qui nous est proposé par le Comité Central, afin que nous connaissions tous la force des deux tendances : majorité et minorité.

M. Moutet. — Il n'y a ici ni majorité ni minorité et tous les congressistes sont assez disciplinés pour respecter les décisions prises à la majorité des voix.

Je prie ceux qui sont partisans de l'amendement de lever leur carte.

Trente voix se prononcent pour l'amendement Alexandre. Il est donc repoussé.

Enfin, la Fédération Girondine dépose l'addition suivante :

Le Congrès charge le Bureau de la Ligue de faire connaître cet ordre du jour au Gouvernement de la République et d'exposer à celui-ci qu'à son avis une déclaration précise, au sujet des fins que les Alliés se proposent de réaliser après la victoire militaire, contribuerait puissamment à fortifier le sentiment national et peut-être même à accélérer la fin des hostilités.

M. Ruyssen. — Est-ce que le Comité Central s'y oppose?

M. Ferdinand Buisson. — Le Comité Central acceptera tout mandat qui nous sera donné.

M. Moutet. — Je crois alors qu'il n'est pas nécessaire de faire voter cette addition. Nous sommes d'accord.

M. Ferdinand Buisson. — On peut mettre dans le procès-verbal que le Comité Central prend l'engagement d'exécuter les ordres du Congrès. (*Approbations.*)

M. Moutet. — Il y a une note de la Fédération de la Seine :

Le Congrès émet le vœu que les opérations de guerre soient conduites entre les Alliés en tendant, dans toute la mesure progressive réalisable chaque jour, à une égalisation des charges, notamment en ce qui concerne l'appel sous les armes des différentes classes de citoyens.

Plusieurs Délégués. — Nous n'avons jamais voté ça

M. Lhermitte. — Nous protestons une fois de plus contre l'abus qui est fait de la Fédération de la Seine.

M. Moutet. — Cette adjonction n'a rien à voir avec l'organisation d'une paix durable. Il s'agit du problème des effectifs et de la répartition des effectifs entre les nations alliées.

M. Guernut. — Et j'ajoute que ce projet de résolution ne fait qu'exprimer et reconnaître tout ce qu'a fait dans ce sens la Ligue des Droits de l'Homme, depuis deux ans.

M. Moutet. — J'oppose à ce projet la question préalable et je la mets aux voix.

(La question préalable est votée.)
(On crie dans l'Assemblée : Faites voter l'ensemble!)

M. Moutet. — Je mets aux voix l'ensemble.

M. Alexandre. — Je m'adresse à nos amis, à tous ceux qui ont bien voulu voter l'amendement que nous avons présenté sur l'arbitrage immédiat. Bien que nous soyons, en principe, partisans du régime international défini pour l'avenir dans les paragraphes précédents, j'estime que nous ne devons pas voter l'ensemble comme s'il exprimait notre pensée sur le problème de la paix. Je leur demande donc, tout au moins, de s'abstenir.

M. Moutet. — Je mets aux voix l'intégralité du texte que voici, tel qu'il est présenté par la Commission de rédaction :

PROJET DE RÉSOLUTION
SUR LES CONDITIONS D'UNE PAIX DURABLE

Le Congrès de la Ligue des Droits de l'Homme déclare que de la guerre présente doit naître, par la victoire des Alliés, un ordre international nouveau fondé sur la justice, et résume dans les propositions suivantes la doctrine constante de la Ligue sur les conditions d'une paix durable.

I

Une paix durable n'est possible que par l'établissement d'une Société des Nations, instituant entre elles le même régime que chacune applique à ses membres : le règlement des litiges par le droit et non par la force.

Cette Société reposera sur la reconnaissance du droit égal des nations, petites et grandes, à l'indépendance ; sur l'institution de l'arbitrage obligatoire applicable à tous les conflits internationaux sans exception ni réserve, et sur l'organisation de pouvoirs internationaux capables de réprimer, par des sanctions appropriées, toute tentative de révolte ou d'agression.

Le maintien d'une paix durable est étroitement lié aux progrès de l'éducation et à ceux de la démocratie, au respect absolu de la liberté de conscience, à la reconnaissance des droits de la femme, à tout ce qui peut rendre impossibles la provocation à la guerre et les pratiques de la diplomatie secrète.

II

Pour établir une paix durable, le futur traité ne devra contenir aucun germe d'une guerre de revanche.

Il consacrera le droit des peuples à disposer d'eux-mêmes. Il ne procédera point, contre la volonté des populations, à des démembrements d'États ni à des annexions de territoires. Il annulera, au contraire, les annexions imposées par la force, comme celle de l'Alsace-Lorraine. Il relèvera toutes les nationalités opprimées, assurant à chacune d'elles un régime conforme à ses vœux manifestes.

Il instituera un régime économique qui, sous réserve des mesures temporaires appliquées comme sanctions, garantira à chaque peuple l'exercice de son activité légitime, sans permettre aucune organisation agressive de conquête économique.

La justice exige que le futur traité de paix prévoie des sanctions contre les auteurs responsables de la guerre, des pénalités contre ceux qui l'ont faite au mépris du droit des gens, des réparations imposées aux États agresseurs et proportionnées à l'énormité des dommages, enfin un ensemble de garanties qui, sans porter atteinte aux principes ci-dessus posés et, notamment, sans recourir à l'annexion par la force, mettront le monde à l'abri d'un nouvel attentat.

III

En conséquence, le Congrès estime que conclure la paix avant qu'il soit possible de l'établir sur les bases qu'il a définies, ce serait humilier le droit devant la force et condamner le monde à une prochaine et plus terrible catastrophe.

Enfin, prenant acte des déclarations faites par les hommes d'Etat de l'Entente, il émet le vœu que, dès maintenant, pour donner au monde un premier gage de leurs desseins, les Gouvernements alliés décident de soumettre à l'arbitrage tous leurs conflits éventuels; forment une fédération entre eux, ébauche de la future Société des Nations, et se préparent à y accueillir tous les Etats, petits et grands, restés en dehors du conflit, qui s'engageront à observer les règles du pacte et à garantir le droit de chacun par la force de tous.

(Adopté à l'unanimité, moins deux voix. Il y a des abstentions. Applaudissements prolongés.)

Les Victimes de la Guerre

M. Moutet. — Pour la question des victimes de la guerre la discussion a été close. En ce qui concerne le vote des textes, nous pourrons donner la parole aux membres du Congrès qui auraient à présenter des amendements.

M. Oscar Bloch. — Je voudrais non pas présenter un amendement, mais définir l'esprit dans lequel je pense que nous devrions voter le texte. Evidemment, nous reconnaissons tous la dette que l'Etat contracte vis-à-vis des victimes de la guerre ; mais pour nous, ligueurs et démocrates, cette question n'est qu'une des faces d'un problème plus général. Il nous semble que ce devoir de solidarité que l'Etat accepte et s'impose actuellement, il devrait également et constamment l'assurer en temps de paix. De grâce, ne versons pas, en ce qui concerne les victimes de la guerre, dans cette espèce de mysticité de la guerre qui trouve son expression ampoulée dans les journaux nationalistes, et d'après laquelle on pourrait croire que l'Etat n'a de dette que vis-à-vis de ceux qui sont morts les armes à la main. Même pour ceux morts pendant la paix et au cours des travaux de la paix, l'Etat qui a le même devoir, devrait le reconnaître et s'y conformer.

Autre remarque. On a dit, je rappelle des chiffres, en craignant qu'ils ne soient pas assez précis, qu'un simple soldat mort à l'ennemi ne valait à ses survivants qu'une pension de 900 francs tandis qu'un général de division assurait aux siens une pension de 10.000 francs. Il y a là quelque chose qui nous choque profondément, à quoi on nous répond qu'en ce qui concerne les officiers de carrière, il existe un contrat et que nous devons le respecter pour ne pas pratiquer la théorie du chiffon de papier. Soit, nous nous inclinons devant cette obligation, mais cela ne veut pas dire qu'elle doive se perpétuer à tout jamais. Il serait donc bon de soumettre aux législateurs un vœu concernant le statut des officiers qui entreront *à l'avenir* dans la carrière ; l'iniquité actuelle devra au moins disparaître vis-à-vis de ceux à qui nous ne sommes liés par aucun contrat, de façon que si une nouvelle guerre se produisait, les retraites accordées à toutes les veuves, à celles des soldats et des officiers mobilisés soient égales à celles des officiers de carrière.

M. Colonna (Section de Genève). — La Section de Genève, dont j'ai l'honneur d'être ici le délégué, m'a chargé de présenter au Congrès, elle m'en a donné pour ainsi dire le mandat très impératif, la grosse question des victimes de la guerre.

Nous assistons, à Genève, tous les jours, à des défilés de victimes de la guerre qui constituent pour nous non seulement un objet de pitié, mais je dirai même un spectacle déprimant. N'oubliez pas, mes chers camarades, que nous vivons à l'étranger, et en disant ce mot, je ne parle pas de nos amis Suisses qui nous accordent l'hospitalité, mais nous avons des Allemands, des ennemis, qui voient nos soldats se traîner par les rues et mendiant leur vie. Il serait bon, je crois, que la France généreuse songe un peu à ceux qui sont partis comme un seul homme pour défendre la Patrie. Cette question me paraît assez intéressante pour que nous la considérions à fond. Ce que nous demandons, ce que nous avons décidé à la Section de Genève, et nous comptons sur la grande éloquence de notre grand Président pour l'obtenir d'urgence, c'est la revision complète de la loi de 1831. Cette loi de 1831 n'a pas prévu une quantité de cas résultant des conditions inédites de la guerre actuelle : telles les maladies nerveuses occasionnées par l'éclatement des obus ou autres conséquences de toutes sortes.

Je vous parle tout particulièrement de Genève, car, chez nous, nous avons quelques-uns de ces malheureux qui n'ont pu encore recevoir les secours auxquels ils ont droit de la part de l'Etat. Ici, certains ont trouvé à se placer d'un côté ou d'un autre. Nous n'avons pas, nous, des mairies ou une administration des postes qui pourraient les employer même comme concierges ou autrement.

Nous en sommes réduits au peu que nous pouvons
faire pour eux. C'est pour cela que je crois que le mot
mendicité n'est pas excessif.

Je vais vous citer le cas d'un homme, garçon de café
avant la guerre; il est revenu après avoir subi l'opération du trépan. On lui a recommandé en partant de ne
pas se fatiguer, de ne pas se livrer à des travaux difficiles. Eh bien, il ne gagne pas sa vie, et les quelques
citoyens que nous sommes là-bas sont forcés de lui
donner de quoi vivre. J'appelle ceci de la mendicité, et
la France devrait comprendre que le mot parcimonie,
dans de tels cas, doit disparaitre de son dictionnaire.

Nous avons assisté à un grand mouvement à Genève
au moment de la mobilisation. Il est parti de Genève
8.000 soldats, et j'attire toute votre attention sur ce fait
que beaucoup d'entre eux auraient pu ne pas aller à la
guerre: on n'aurait pas pu aller les chercher; leur acte
n'en est que plus méritoire et la revendication que nous
vous proposons aujourd'hui n'en a que plus de poids.
Nous espérons donc que notre Président a compris ce
que nous désirons. Nous comptons sur les pouvoirs
publics pour voter d'urgence une loi qui s'impose.
Nous nous demandons comment nous allons faire pour
tous ces jeunes gens, pour tous ces braves soldats qui
reviennent chez nous, car nous n'avons aucune ressource. La Ligue sera d'accord avec nous pour déclarer
que l'Etat doit être assez grand pour payer sa gloire.
Il doit commencer par payer d'abord ses infirmes.
Tout en rendant hommage au travail si documenté présenté par M. Gouguenheim, j'estime qu'on a peut-être
agité un peu trop la question des veuves et des orphelins. Il me semble que les infirmes doivent être au
premier rang de nos préoccupations.

Si je ne craignais pas d'abuser de vos instants, je
vous signalerais encore une question qui a une très
grande importance, c'est la question religieuse. Je suis

désolé d'y revenir. Si nous rabachons, pour ainsi dire, à chacune de nos réunions, sur cette question, nous pouvons en faire le reproche à ceux qui ont voté la fameuse loi de Séparation.

Il est mort, dans un hôpital de Lyon, un camarade ligueur ; à son entrée, il n'a pu dire à quelle religion il appartenait. Il a été admis à l'hôpital le samedi, il y est mort le dimanche soir, c'est sans doute la raison pour laquelle il n'a pu dire sa religion ; mais on l'a inscrit d'emblée catholique. Sa malheureuse femme, prévenue par téléphone, est arrivée juste quelques heures avant l'enterrement. Heureusement que des amis furent mis au courant de la chose et, lorsqu'ils se présentèrent à l'hôpital, ils trouvèrent notre pauvre camarade entouré de croix, de cierges et de religieuses. Un d'eux a protesté, bien entendu, et il a pu obtenir qu'on sursît à l'enterrement.

(A ce moment, M. Painlevé, Ministre de l'Instruction publique, fait son entrée dans la salle du Congrès.)

M. Moutet. — Mes chers collègues, vous m'excuserez d'interrompre la délibération pour saluer au milieu de nous notre collègue Painlevé, Ministre de l'Instruction publique et des Inventions intéressant la Défense nationale. Au nom de vous tous, je le remercie très vivement de la marque d'intérêt qu'il veut bien témoigner aux travaux du Congrès. Il nous montre qu'au sein du Gouvernement, il est resté ce que nous l'avons toujours connu comme ligueur : un ami passionnément attaché à nos principes. Nous savons quelle action énergique il y mène pour les faire en tout temps triompher, et si la solidarité gouvernementale le rend responsable d'un certain nombre d'actes, nous savons parfaitement qu'il est là-bas, si nous osons le dire et presque l'accaparer pour nous, le fidèle représentant de la Ligue des Droits de l'Homme. *(Applaudissements unanimes.)*

M. Colonna. — Je reviens au cas spécial que je vous signalais. On a pu arriver assez à temps pour empêcher l'enterrement religieux. Eh bien, au nom de la fameuse loi de Séparation dont on nous parle tous les jours, je pourrais demander à notre Président s'il n'est pas possible d'obtenir une véritable laïcisation des hôpitaux. Il s'opère actuellement dans toute l'armée, nous ne pouvons guère l'empêcher, malheureusement, il s'opère surtout, dans les hôpitaux militaires, un travail sourd, comme les agents que nous connaissons peuvent l'entreprendre, qui peut mettre en péril, beaucoup plus que nous le supposons, la République elle-même. (*Applaudissements.*)

Lorsqu'un citoyen n'a pas déclaré, à son entrée à l'hôpital, à quelle religion il appartient, il doit être considéré comme a-religieux. Je dis et je répète que la question posée à ceux qui entrent dans les hôpitaux, concernant leur religion, ne doit pas être tolérée. On doit mettre la question religieuse sur le même plan que la question politique.

M. Gouguenheim. — Voulez-vous me permettre d'intervenir comme rapporteur et de vous faire observer que nous examinons la question de réparation des dommages de la guerre et que la question de laïcisation qui nous intéresse beaucoup également, n'est pas à l'ordre du jour.

M. Colonna. — Est-ce que les victimes morales ne doivent pas être à côté des victimes matérielles ? Est-ce que vous estimez que la liberté de conscience ne doit pas être une chose essentielle, surtout quand les violations de la liberté de conscience portent atteinte à nos institutions elles-mêmes ? J'estime que le problème peut être plus intéressant que les quelques instants perdus pour les conditions de la paix. Je vous parle d'une actualité d'extrême urgence. Nous avons la chance d'avoir un sous-secrétaire d'Etat pour les hôpitaux, M. Justin Godart, qui est libre-penseur. Il a fait montre d'une politique tout à fait de libre-pensée, quand il est venu à Genève ; mais, à Paris, les idées changent. Je répète que l'on ne doit pas poser la question sur la religion à l'entrée dans les hôpitaux. Cette déolaration doit être faite spontanément par les militaires qui y entrent. Nous n'entendons pas, ce serait contraire à nos principes, empêcher la liberté de conscience ; mais, de même que nous voulons que les religieux aient le droit de prier le bon Dieu en latin, nous voulons que les autres aient le droit de prier le Diable en français. (*Applaudissements.*)

M. Moutet. — Je vais mettre aux voix le projet de résolution. Si vous avez des amendements, vous les présenterez. Voici le premier vœu du Comité Central :

> *Le Comité Central*
>
> *Emet le vœu que, par des modifications aux articles 19 et suivants de la loi du 11 avril 1831, le législateur : 1° reconnaisse non seulement à la veuve, mais encore à chaque enfant légitime ou reconnu, un droit à pension, distinct de celui de la mère, et prenant naissance au jour même de la mort du soldat; 2° qu'il attribue également une pension aux parents nécessiteux, dont le soldat était déjà ou était appelé à être le soutien légal; 3° que la compagne non mariée, justifiant d'un assez long temps de vie commune, puisse être, en certains cas et sous certaines garanties, assimilée à la veuve.*

M. Rousseau. — Permettez-moi de vous soumettre, à titre d'amendement, les trois vœux adoptés, sur ma proposition, par plus de cent veuves de la guerre et d'autres personnes, dans les réunions tenues à Lorient et à Vannes :

> *1° Que toutes les pensions militaires inférieures à 1.000 francs soient majorées d'une indemnité familiale annuelle d'au moins 60 francs par enfant, âgé de moins de seize ans, à la charge du titulaire. (Pensions de veuves et pensions de militaires réformés.)*
>
> *2° Que tout ascendant d'un militaire célibataire mort pour la France, reçoive un secours viager égal à la moitié de la pension de veuve pour le même grade, si cet ascendant est âgé de cinquante-cinq ans ou plus, ou s'il est atteint d'une maladie ou d'une infirmité entraînant une incapacité de travail et si le total de ses ressources personnelles diverses ne dépasse pas 2 francs par jour.*

3° Que des secours annuels renouvelables soient accordés, en outre, après enquête, aux autres ascendants des morts pour la Patrie, qui en auront besoin pour compenser la perte de l'aide de leur fils.

Ceci me semble le minimum à demander aux législateurs pour les familles ayant perdu leur soutien par suite de blessures ou de maladies résultant du service militaire.

Une veuve, parfois malade, sans économies et sans travail rémunérateur, ne pourra pas élever deux ou ou trois enfants avec une pension de 563 francs, ni même de 600 francs. Il en sera de même d'un réformé, veuf et pauvre. Le Gouvernement et une Commission de la Chambre sont partisans d'élever le taux des pensions proportionnellement au nombre d'enfants. Manifestons notre désir de voir ce projet aboutir.

M. Gouguenheim. — Le Comité Central ne fait aucune objection à la motion qui est présentée. Cependant, il demande que l'on vote seulement un principe et non la fixation d'un chiffre déterminé, car nous ne sommes pas des législateurs.

Donc, nous nous déclarons favorables au principe de la majoration, en tenant compte du nombre d'enfants.

M. Reeb. — Ne pourrait-on pas assimiler à ceux qui tombent au front, les cheminots qui sont victimes de la guerre. Ils méritent de l'attention comme les autres.

M. Gouguenheim. — Ils tombent sous le coup de la loi de 1898 sur les accidents du travail.

M. Reeb. — Pas pour les maladies. La loi de 1898 protège les mécaniciens, les chauffeurs, pour les accidents mais elle n'a pas prévu le cas du cheminot qui tombe par suite de maladie de poitrine, de broncho-pneumonie contractée par suite de surmenage dans le travail. Je demande au nom des cheminots qui font 30 et 36 heures de travail consécutif, si vraiment ceux-là ne tombent pas à la tâche comme un vulgaire poilu.

(*Applaudissements.*) Je veux déclarer ici que le surmenage des cheminots ne sera jamais assez considéré. Le cheminot s'est engagé avec le poilu à défendre la frontière; pour cela il donnera son sang, ses efforts, sans hésiter, sans murmurer. (*Applaudissements.*)

M. Doizy (Député des Ardennes, membre du Comité Central). — J'insiste avec le rapporteur pour qu'on ne fixe pas un taux de pension pour les enfants. J'insiste parce que le taux présenté par notre collègue est précisément très inférieur au taux qui a été voté par la commission des pensions et qui sera vraisemblablement voté par la Chambre. L'article 11 du texte que j'ai sous les yeux, et que nous n'avons malheureusement pas le temps d'analyser, propose de donner 100 francs par enfant âgé de moins de 16 ans, jusqu'au grade de commandant inclus. Il ne faudrait donc pas adopter ici le taux inférieur de 60 francs.

M. Baudouin. — Je vous demande la permission de vous rappeler la proposition que j'ai soumise, hier, au nom de la Section de Rouen. Je me permets de vous dire que l'esprit de notre section a été non pas d'établir une loi nouvelle sur le principe d'une allocation majorée pour les enfants, mais à titulariser le droit de l'enfant lui-même, pour une pension à lui décernée.

M. Cadi. (Section d'Argenteuil.) — Je demande au Congrès de prendre en considération la demande très humaine de notre collègue cheminot de la Section de la Plaine Saint-Denis. Il est exact qu'ils sont nombreux les cheminots de toute catégorie, qui, à la suite d'un surmenage intensif, causé par de longues périodes de travail de jour et de nuit, exposés à toutes les intempéries, ont contracté des maladies de toute nature, (bronches, système nerveux, yeux) qui les font réformer sans pension, sans indemnité des Compagnies auxquelles ils appartiennent, lorsqu'ils n'ont pas le temps de service leur permettant de postuler pour la retraite proportionnelle.

La loi de 1898 ne les concerne pas et je demande

qu'il soit retenu par le Congrès qu'ils ont bien droit à des réparations, priant le citoyen Gouguenheim, rapporteur, de s'inspirer de ces quelques indications pour faire l'addition utile au projet en discussion.

M. Gouguenheim. — Je vous apporte une entière satisfaction. Le Comité Central vous propose d'adopter un texte dont je ne vous donne pas, ici, la teneur exacte, mais que nous rédigerons. Il assimile tous les civils, y compris les cheminots, blessés ou malades à l'occasion de la guerre ou pour faits de guerre, aux citoyens qui sont réellement militarisés et qui bénéficieront des lois modifiées que nous a indiquées M. Doisy. Vous comprenez bien que nous n'avons nullement l'intention de ne pas faire droit aux justes revendications des cheminots qui ont été, en effet, et je suis, en ce moment, l'interprète de tout le Congrès, les meilleurs artisans de la future victoire. (*Applaudissements.*)

Un délégué. — Il n'y a pas que les cheminots.

M. Cadi. — Les cheminots ont un statut administratif et sont victimes de leurs administrations.

M. Lhermitte. — On vient de parler d'ouvriers victimes d'accidents du travail. Ils ne doivent pas renoncer, et je le signale dans leur intérêt, aux bénéfices de la loi de 1898 qui leur fait une situation bien meilleure que la loi de 1831.

M. Cadi. — Nous ne parlons pas d'accident. Si vous mourez d'une bronchite, ce ne sera pas un accident si vous appliquez la loi de 1831. Vraiment, il est difficile de se faire comprendre même quand on veut traduire la pensée de ceux à qui on porte le plus grand intérêt. La loi doit vous être applicable non seulement pour les accidents, mais même pour les maladies.

M. Moutet. — Je tiendrais à faire remarquer à nos collègues que celui qui a pris la parole sur un amendement ne pourra la reprendre deux ou trois fois.

Un Délégué. — Au nom de la Section de la Folie-Méricourt, je demande l'égalisation des pensions.

M. Moutet. — C'est un autre sujet; c'est plus loin. Je mets aux voix les deux derniers paragraphes du vœu que j'ai lu. *(Voir p. 245).*

(Adopté à l'unanimité.)

Ici s'ajoute l'addition proposée par M. Rousseau concernant la majoration en raison de charges de famille.

(Adopté à l'unanimité.)

J'y ajoute encore l'addition proposée en faveur des cheminots, mais que le rapporteur étend à tous les civils militarisés malades, qui devraient bénéficier de dispositions analogues.

(Adopté à l'unanimité.)

Nous arrivons au texte de M. Baudouin, de Rouen :

Que la pension militaire accordée à la veuve d'un militaire ne garde son caractère viager qu'en cas de non remariage de la veuve.

Si la veuve qui se remarie a des enfants, le bénéfice de la pension sera reversé sur ceux-ci jusqu'à leur majorité. S'il n'y a pas d'enfants, la pension viagère sera remplacée par un capital représentant cinq annuités.

M. Gouguenheim. — Vraiment, nous entrerions dans le détail de la législation et nous aurions la prétention de faire un véritable code si nous suivions notre camarade dans la voie qu'il nous a tracée. Nous demandons purement et simplement de vous en tenir aux lignes générales d'une amélioration qui serait tellement sensible qu'elle constituerait un progrès immense et très appréciable.

M. Baudouin. — Je comprends très bien que nous ne pouvons pas détailler minutieusement. Alors, prononcez-vous seulement sur le principe.

Nous avons voulu faire qu'au lendemain de la guerre, de cette crise dont les conséquences seront incalculables, la famille puisse jouir d'une reconstitution assurée et puisse garantir aux enfants la sécurité absolue. Nous avons pensé que nous pouvions assurer aux enfants mêmes la propriété de leur pension et non une vague majoration pouvant tomber dans les mains d'une mère imprudente ou coupable qui n'en ferait bénéficier ses enfants que dans la mesure où le lui permettrait sa moralité. (*Très bien*)

Nous avons pensé à d'autres choses encore pour les lendemains de cette crise à laquelle j'ai fait allusion, parce que je suis Rouennais et que je connais les dessous de la vie rouennaise et de ce qui s'y passe.

M. Gouguenheim. — Des cas exceptionnels.

M. Baudouin. — Ah ! vous êtes loin de ces tristesses, citoyen Gouguenheim ! Si vous connaissiez Rouen, les beautés de la conquête anglaise, vous pourriez juger des atteintes portées à la famille. A Rouen, des fillettes de quatorze ans sont attendues aux portes des ateliers, des magasins, par des militaires auxquels je n'en veux pas ; ce sont des militaires !.. Mais nous avons le devoir, nous, d'être prévoyants.

Nous savons très bien que lorsque la guerre, qui fait passer en ce moment sur notre région un torrent d'or, aura cessé, et que la véritable misère, après la cessation des allocations, apparaîtra, nous savons très bien que des familles vont se trouver désolées par la perte d'enfants qui auraient pu faire des femmes et qui tomberont au ruisseau. (*Applaudissements.*)

Au lendemain de la guerre nous voudrions, — nous qui ne nous posons pas en censeurs, loin de là, si nous sommes désireux que les femmes qui vivent honnêtement avec les hommes qu'elles aiment ne soient pas placées, dans le jugement public, sur le même plan que des malheureuses que je ne demande point qu'on méprise, mais qui n'auront pas vécu la même vie, — nous voudrions aussi qu'une femme qui a perdu son mari à la guerre, et qui se trouve suffisamment affligée, ne tombe pas dans une affliction nouvelle en se condamnant, pour conserver sa pension, à vivre en concubinage sous le mépris public. (*Applaudissements.*)

M. Moutet. — Le Comité accepte le projet Baudouin.

M. Gouguenheim. — Le projet élaboré par Doizy et nos collègues donne satisfaction à ces principes de moralité devant lesquels nous nous inclinons.

M. Moutet. — Je mets aux voix la proposition Baudouin.

(Adopté à l'unanimité.)

M. Moutet. — Voici le deuxième vœu du Comité Central :

Le Congrès émet les vœux :

1° Que la mort du mobilisé confère un droit à pension, qu'elle soit causée directement ou indirectement par la guerre, si elle est survenue par le fait ou seulement à l'occasion du service militaire.

(Adopté à l'unanimité.)

M. Emile Kahn. — Je veux exprimer nos remerciements à M. Moutet qui, sur ce point, s'est fait l'expression de l'idée de la Ligue en général et du Comité Central en particulier.

M. Moutet. — J'ai remarqué qu'on dit toujours du mal des parlementaires en bloc et qu'à eux, personnellement, on leur dit du bien en particulier.

Voici les conclusions du rapport sur le taux des pensions :

Le Congrès émet les vœux :

1° Que des taux uniformes de pension soient établis sans tenir compte de la situation de fortune du soldat ou des gains du mobilisé.

2° Que le taux des pensions, accordées aux soldats ou aux gradés jusqu'au grade de capitaine, soit majoré.

3° Qu'une indemnité familiale annuelle, d'au moins 60 francs par enfant de moins de seize ans, soit accordée au titulaire de la pension.

(Adopté à l'unanimité.)

Je poursuis la lecture :

Le Congrès émet les vœux :

1° Qu'une loi proclame dette nationale la réparation intégrale des dommages causés par la guerre.

2° Que les tribunaux de droit commun aient compétence pour fixer les indemnités dues aux sinistrés.

M. Rousseau. — Je demande la suppression de l'adjectif « intégrale » dans le premier des deux excellents vœux que le rapporteur soumet au Congrès.

Certes, je crois que la solidarité nationale fera un devoir à l'Etat d'indemniser, dans la mesure du possible, tous les Français auxquels l'ennemi et les opérations de nos troupes auront causé des dommages. Les travailleurs, les industriels, les producteurs agricoles et les commerçants devront recevoir, par un crédit mutuel spécial, tous les fonds nécessaires au rétablissement de leurs maisons, ateliers, usines, fermes et magasins et à la reprise de l'activité économique dans les régions envahies. Mais je pense que le budget, qui sera probablement de 13 à 14 milliards après la victoire, ne pourra pas dédommager les millionnaires qui auront perdu des objets de luxe. Déjà, quelques députés ont fait des réserves à ce sujet: Et puis, est-ce que les habitants et contribuables des départements non envahis n'auront pas, eux aussi, éprouvé bien des préjudices qui ne seront pas réparés ?

En Bretagne, des gens riches, patriotes mais égoïstes, mènent campagne contre le Gouvernement à propos dé l'impôt sur le revenu. Devant la difficulté de trouver les ressources immenses dont l'Etat aura besoin à la fin de la guerre, je suis d'avis que la Ligue des Droits de l'Homme ne réclame pas la réparation intégrale de tous les dommages ; et je demande que son Comité Central étudie dans quelle proportion décroissante pourraient être dédommagés les rentiers millionnaires et célibataires, et seulement après le remboursement total des pertes subies par les travailleurs pauvres ou peu fortunés de tout le pays dévasté par la guerre et les opérations militaires.

M Baudouin. — Je comprends très bien l'esprit qui anime notre collègue. Mais j'attire votre attention sur le danger qu'il peut y avoir, en entrant dans cette voie, pour les gens qui précisément nous intéressent le plus.

Si vous entrez dans le particularisme, si vous essayez de classer les intérêts en catégories, prenez garde que les millionnaires soient payés presque totalement et que les autres soient sacrifiés.

Mon impression est qu'il y a chez nous un grand

mal. Par exemple : quand il s'est agi des allocations, au lieu d'en faire un droit universel pour les femmes des mobilisés, on a fait des particularités. Toute une armée de juges de paix et de braves gens, de scribes passent leur temps, submergés par des monceaux de dossiers, à discuter des allocations qu'on admet ou qu'on rejette en bloc faute de temps. C'est le défaut.

Je demanderai qu'on reste dans le principe affirmé par notre Ligue : c'est le principe du droit à la réparation *totale*. Et je dis aux socialistes qui sont ici, car je suis socialiste : au lendemain de la guerre, pensez-vous que nous n'aurons pas un mal immense pour accomplir la réorganisation économique ? Croyez-vous que les industries du Nord vont se relever d'un bond si vous les privez de la réparation de leurs dommages ?

Sans doute, il y a des gens qui ont acquis de l'argent aisément. J'ai entendu dire qu'une maison, pas loin d'ici, aurait fêté par un banquet son sixième million. Peut-être ? La guerre a de ces risques. Mais en ce moment-ci, sur la question du droit, il y a eu dommage, il faut réparation. Il y a des chiffres à évaluer. Ce sont ces chiffres-là qu'il faut payer. (*Applaudissements.*)

M. Boutarel. — La guerre a frappé absolument tout le monde. Personne n'a conservé intégralement sa situation d'antan, sauf certains bénéficiaires que nous réprouvons tous. Donc, puisque tout le monde perd par la guerre, je trouve que le mot « intégrale » pour la réparation des dommages est un mot d'immoralité que nous ne pouvons pas supporter-

M. Baudouin. — Mais les bénéfices qui se font, les avez-vous empêchés ?

M. Giraud. — J'estime que les tribunaux de droit commun n'ont pas toute la connaissance pour juger tout cela. Il faudrait leur joindre des compétences particulières pour juger les indemnités réclamées.

M. Moutet. — Je mets aux voix le premier vœu relatif à la réparation intégrale.

M. Boutarel. — Je demande la division avant le mot
« intégrale ».

M. Rousseau. — Nous demandons un vote spécial
sur le mot « intégrale ».

M. Gouguenheim. — La rédaction, sans le mot « intégrale », est refusée par le Comité Central.

M. Moutet. — Pour la deuxième partie nous tiendrons
compte de l'avis du rapporteur, mais pour la première
partie nous sommes tous d'accord. Je la mets aux voix.

(*Adopté à l'unanimité.*)

Je mets aux voix la réparation *intégrale* des dommages causés par la guerre.

(*La proposition du Comité Central est adoptée.*)

Je mets aux voix : « Que les tribunaux de droit
commun aient compétence pour, etc...)

(*Adopté.*)

Je mets aux voix l'ensemble, dont voici le texte :

PROJET DE RÉSOLUTION SUR LES VICTIMES DE LA GUERRE (1)

1° *Les pensions aux familles des soldats morts à la guerre*

I

**Le Congrès émet le vœu que, par des modifications
aux articles 19 et suivants de la loi du 11 avril 1831,
le législateur :**

---

(1) Nous ne donnons ici que les conclusions des projets de
résolution adoptés sur les « Victimes de la guerre ».

On trouvera les considérants de ces divers projets dans
notre *Bulletin officiel* :

1° Les pensions aux familles des soldats morts à la guerre
(*B. O.* 1915, p. 209) ;

2° Les pensions aux soldats victimes de la guerre (*B. O.* 1915,
p. 408) ;

3° La réparation des dommages matériels causés par la
guerre (*B. O.*, 1915, p. 405).

Le projet de résolution sur les « Orphelins de la guerre »
a paru dans notre *Bulletin officiel* (1915, p. 212). Il a été
adopté sans modifications par le Congrès.

1° Reconnaisse non seulement à la veuve, mais encore à chaque enfant légitime ou reconnu, un droit à pension, distinct de celui de la mère, et prenant naissance au jour même de la mort du mobilisé ;

2° Qu'il attribue également une pension aux parents nécessiteux, dont le mobilisé était déjà ou était appelé à être le soutien légal ;

3° Que la compagne non mariée, justifiant d'un assez long temps de vie commune, puisse être en certains cas et sous certaines garanties assimilée à la veuve ;

4° Que la pension accordée à la veuve ne garde son caractère viager qu'en cas de non remariage ; qu'en cas de remariage, le bénéfice de la pension soit reversé sur les enfants nés du précédent mariage jusqu'à leur majorité ; s'il n'y a pas d'enfant, né du précédent mariage, que la pension viagère soit remplacée par un capital.

<h2 style="text-align:center">II</h2>

Le Congrès émet les vœux :

1° Que la mort du mobilisé confère un droit à pension, qu'elle soit causée directement ou indirectement par la guerre, si elle est survenue par le fait ou seulement à l'occasion du service militaire.

2° Que le droit à pension, ainsi défini, soit accordé aux ayants-droit des employés de chemins de fer ou des ouvriers d'usines de guerre qui, par suite de surmenage, manque de soins ou de nourriture, auraient trouvé la mort dans l'accomplissement de leur devoir.

<h2 style="text-align:center">III</h2>

Le Congrès émet les vœux :

1° Que des taux uniformes de pension soient établis sans tenir compte de la situation de fortune du soldat ou des gains du mobilisé ;

2° Que le taux des pensions, accordées aux

soldats ou aux gradés jusqu'au grade de capitaine,
soit majoré ;

3° Qu'une indemnité familiale annuelle, d'au
moins 60 francs par enfant âgé de moins de
16 ans, soit accordée au titulaire de la pension,

2° *Les pensions aux soldats victimes de la guerre*

Le Congrès émet les vœux :

1° Que toute blessure reçue, toute maladie, toute
infirmité contractée à la guerre donne droit à une
pension proportionnelle à sa gravité ;

2° Que, conformément à l'amendement déposé
par M. Marius Moutet et déjà adopté, occasion-
nellement, par la Chambre des Députés, toute
blessure ou maladie, survenue au cours du service, soit présumée avoir pour cause le service,
sous réserve de la preuve contraire à la charge
de l'Administration ;

3° Que, devant les Commissions militaires chargées d'émettre un avis sur le cas du mobilisé,
l'intéressé puisse être assisté de médecins civils
ou d'experts professionnels de son choix chargés
de faire valoir ses droits ;

4° Que le taux des pensions accordées soit aug-
menté, en ce qui concerne les militaires et les
gradés, jusqu'au grade de capitaine ;

5° Qu'il ne soit pas tenu compte des revenus
ordinaires du mobilisé, mais seulement du degré
de gravité de sa blessure, de sa maladie ou de son
infirmité et aussi des difficultés qu'il rencontrera
pour continuer l'exercice de sa profession, pour la
fixation du taux des pensions ;

6° Que toutes les pensions militaires inférieures
à 1.000 francs soient majorées d'une indemnité
familiale annuelle d'au moins 60 francs par enfant
âgé de moins de seize ans à la charge du titulaire ;

7° Que le droit à la pension ainsi défini soit accordé
aux employés de chemins de fer ou aux ouvriers

des usines de guerre qui, par suite de surmenage, manque de soins ou de nourriture, auraient contracté une maladie ou reçu une blessure pendant la durée de la guerre et au cours de l'accomplissement de leur devoir.

3° La réparation des dommages matériels causés par la guerre

Le Congrès émet les vœux :

1° Qu'une loi proclame dette nationale la réparation intégrale des dommages causés par la guerre ;

2° Que les tribunaux de droit commun aient compétence pour fixer les indemnités dues aux sinistrés.

(Adopté à l'unanimité.)

Mlle Melin. — La question des réfugiés n'a pas été abordée.

M. Moutet. — Je le regrette, elle n'est pas à l'ordre du jour.

Mlle Melin. — Elle doit se rattacher au rapport des victimes de la guerre et se trouve d'actualité.

M. Moutet. — Voici la proposition de Mlle Melin :

Le Congrès, ému de la situation pénible des réfugiés à l'entrée d'un troisième hiver de guerre, en présence des nombreuses difficutés, même des mauvaises volontés qu'ils rencontrent pour se loger, exprime le vœu très pressant de voir le Gouvernement français leur assurer un logement sain et décent ou, si impossible, une indemnité suffisante.

Je la mets aux voix.

(Le vœu est adopté.)

Mlle Melin. — L'autre jour, sur l'initiative du Comité Central, nous avons eu dans le restaurant de la Cuisine coopérative des réfugiés une réunion où nous avons été convoqués. Nous avons voté un ordre du jour dans ce sens. Le Congrès de la Ligue des Droits de l'Homme ne pouvait se clôturer sans avoir voté le même ordre du jour.

M. Moutet. — Il n'y a pas d'opposition. Ce vœu est adopté à l'unanimité.

M. Baudouin. — Je ne connais pas les milieux parisiens et je ne sais pas si les réfugiés sont désemparés. Mais si vraiment il y a des misères parmi eux, je peux vous indiquer que, dans la région de la Seine-Inférieure, il y a partout des demandes de main-d'œuvre dans toutes sortes de commerces et d'industries.

Mlle Melin. — Nous avons des vieillards, des femmes et des enfants qui ne peuvent pas travailler.

M. Moutet. — La question est close. Nous passons à la question de l'alcoolisme. La parole est à M. Schmidt.

L'Alcoolisme

Allocution de M. Schmidt

M. Schmidt. — Mesdames, Messieurs, en raison de l'heure avancée, mes explications seront brèves.

Je ne reviendrai pas sur tout ce qui a été dit relativement à la question de l'alcoolisme. Dans nos précédents Congrès, nous avons examiné cette question, nous l'avons presque complètement épuisée, et nous sommes unanimes à reconnaître que l'alcoolisme qui répand partout la tuberculose, la folie, la misère, est un des plus grands maux dont souffre notre pays. L'alcoolisme n'a fait que s'accroître au cours de cette guerre. Dans les régions de l'intérieur, il faut le déplorer, l'alcoolisme féminin surtout s'est considérablement développé ; de même il faut le reconnaître également, l'alcoolisme s'est accru aux armées. Des hommes, jusqu'alors sobres, ont pris des habitudes d'intempérance. Si les nombreux prisonniers qui reviendront des camps d'Allemagne, anémiés par une vie de privations et de souffrances, retrouvent à leur retour les mêmes conditions de vie, si l'alcool par ses multiples tentations continue à s'imposer à eux, si ces hommes reprennent leur quotidienne alcoolisation, leur organisme, déjà épuisé par la misère, ne pourra résister à la tuberculose. Une vie saine et reconfortante les sauvera, mais l'intoxication alcoolique amènera leur fin rapide. Il est donc nécessaire, c'est pour nous un devoir impérieux, que, pendant cette guerre, nous prenions des mesures énergiques pour réduire complètement l'alcoolisme.

Eh bien! pour cela, que faut-il faire?

L'éducation hygiénique du peuple est, certes, à encourager et à développer ; il faut l'intensifier sans aucun arrêt. Mais, c'est une mesure à échéance lointaine et qui ne peut suffire.

La solution du problème de l'alcoolisme réside tout entière dans des mesures législatives qui peuvent du jour au lendemain sauver notre pays. On s'en est enfin rendu compte, et pourtant ce n'est qu'avec une timidité regrettable qu'on s'est lancé dans cette voie. Nous ne saurons jamais assez regretter que le gouvernement qui avait, pendant les six premiers mois de la guerre, la pleine puissance de direction et d'action, n'ait pas mis à profit son pouvoir pour prendre des mesures décisives à l'égard de l'alcool. (*Applaudissements.*)

Quand le gouvernement était à Bordeaux, il avait le temps de prendre des mesures avant que le Parlement ne revienne ; il lui appartenait alors de prendre tous les décrets utiles. Il a fallu que je vienne à Paris demander instamment au gouvernement que ces timides arrêtés préfectoraux tendant à l'interdiction de l'absinthe soient remplacés par une loi.

Un Délégué. — Et pendant la guerre seulement?

M. Schmidt. — Ah! non, c'est une loi définitive.

Un Délégué. — Et l'amer Picon?

M. Schmidt. — Son tour viendra. Il y a une majorité à la Chambre pour prononcer l'interdiction de tous les apéritifs à base d'alcool. Les fabricants d'absinthe ont une clientèle que la loi les a obligés d'abandonner. Eh bien! ils se préparent, demain, après la guerre, s'ils ne peuvent obtenir que l'on revienne sur l'interdiction de l'absinthe, ils se préparent à fabriquer de nouveaux apéritifs qui ne tomberont pas sous le coup de cette interdiction mais qui, par leur action nocive sur le système nerveux, n'en conduiront pas moins les buveurs vers la folie et vers le crime.

Nous devons empêcher cela en étendant l'interdiction non pas seulement aux amers, mais à tous les apéritifs à base d'alcool. (*Vifs applaudissements.*)

Nous avons fait, jusqu'alors contre l'alcool, trois efforts qui ont abouti :

1° L'interdiction de la fabrication et la vente de l'absinthe ; 2° L'interdiction d'ouvrir de nouveaux débits d'alcool, barrière bien fragile, mais indispensable pour le développement de la législation sur les débits, et enfin, en troisième lieu, nous avons presque complètement supprimé le privilège des bouilleurs de cru. Oh ! je sais que nous n'avons pu obtenir la disparition totale de ce privilège ; on nous le reproche assez ! Voici pourquoi nous n'avons pas complètement réussi. Il s'agissait d'insérer cette suppression dans la loi de finances. Nous avions pour cette opération quinze jours pendant lesquels il fallait mettre d'accord la Chambre et le Sénat. Vous savez combien cette question est passionnante au point de vue électoral et les oppositions ardentes qu'elle soulève. (*Approbations. Mouvements divers.*) Il y a des représentants de milieux ruraux qui sont des défenseurs passionnés du privilège des bouilleurs de cru. Il fallait aller vite pour que cette suppression fût insérée dans la loi de finances et, pour y arriver, il a fallu accepter une transaction. Elle vaut ce que valent toutes les transactions, aucune des deux parties n'a reçu complète satisfaction ; mais il faut que vous sachiez que cette transaction a donné un résultat meilleur que toutes les lois de suppression de bouilleurs de cru votées jusqu'alors. La loi de 1872 accordait aux bouilleurs 40 litres de consommation en franchise, celle de 1903 en accordait encore 20 ; aujourd'hui nous n'en accordons plus que 10. Et ils ne sont pas accordés définitivement et à perpétuité ; ne peuvent profiter de cette exemption de droits que les propriétaires actuels ou leurs conjoints survivants.

Si, demain, le propriétaire aliène sa propriété, le nouvel acquéreur n'a pas le droit à ses dix litres de franchise. C'est ainsi que, dès maintenant, il y a des propriétaires de vergers, acquis soit par un héritage, soit par un achat, qui n'ont pas droit à l'exemption et pour qui la suppression du privilège est devenue complète. Ne peuvent, en outre, bénéficier de la franchise que les propriétaires bouilleurs déclarés depuis le 1er janvier 1910. Ainsi, tous les petits bouilleurs qui distillaient sans déclaration et qui faisaient la fraude que vous connaissez, ne pourront prétendre à l'exemption de droit de dix litres.

Enfin, pour la première fois, dans l'histoire de notre pays, nous avons fait sortir l'alambic du domicile de près de 80 % des bouilleurs de cru. Ceux qui distillent plus de 200 litres par jour, pourront seuls distiller chez eux, mais toujours en présence d'un représentant de la régie ; les autres devront porter leurs produits à distiller soit dans un atelier communal, soit dans un atelier coopératif, soit chez un bouilleur ambulant, et toujours la distillation sera opérée en présence d'un agent de la régie, et les quantités d'alcool produites seront donc intégralement enregistrées et la fraude ainsi sera réduite au minimum.

Le Parlement a voté en même temps l'élévation du droit de consommation de l'alcool, de 220 à 400 francs, mesure qui contribuera certainement à réduire sensiblement les quantités consommées.

Ces deux réformes formaient l'essentiel du projet de loi modifiant le régime de l'alcool, déposé par le Gouvernement. Ce projet comprenait une troisième partie non moins importante qui établissait un monopole de dénaturation de l'alcool.

On a demandé avec raison la suppression de la consommation de l'alcool : nul ne pourra demander l'interdiction de le fabriquer. L'alcool est un débouché nécessaire pour l'agriculture. Le développement de la culture du blé est intimement lié à celui de la culture de la betterave. Mais, tout cet alcool doit être orienté vers des usages industriels, qui seront développés par la création de débouchés nouveaux.

Jusqu'alors le plus gros obstacle à l'emploi industriel de l'alcool a été la spéculation dont l'alcool est l'objet. Vous avez eu à ce sujet, à Paris, un exemple très intéressant. Quand la Compagnie Générale des Omnibus a lancé ses nouveaux autobus, les moteurs marchaient tous à l'alcool benzolé. La Compagnie a dû bientôt renoncer à utiliser l'alcool, parce que l'alcool, comme le sucre et comme beaucoup d'autres matières industrielles, est soumis à la spéculation. L'alcool qui, au début de l'exploitation des autobus, était coté 45 francs s'est rapidement élevé à 65 francs. Il est absolument impossible de faire marcher une exploitation industrielle.

L'Allemagne, qui a fait tant de choses intéressantes et pratiques, avait établi une Centrale qui à la fois réglait la production et stabilisait les cours. Le gouvernement français, pour atteindre le même résultat, a proposé un monopole de dénaturation de l'alcool dont la conséquence serait d'établir la fixité du prix de vente de l'alcool pour les usages industriels.

La commission de législation fiscale qui a examiné ce projet s'est rendu compte qu'il ne répondait pas complètement aux désirs de la majorité du Parlement. Il s'est produit au sein de cette commission la même opposition d'intérêt qui se manifeste chaque fois que l'on essaie de résoudre dans son ensemble la question de l'alcool.

Car le problème qu'il s'agit de résoudre est très complexe ; on distille de l'alcool partout où il y a des fruits qui fermentent, on peut produire de l'alcool avec des matières très différentes. Dans le Nord, il y a de grandes distilleries qui distillent, après fermentation, la betterave et les grains ; dans les régions viticoles, chaque petit viticulteur distille ses marcs; dans le reste de la France, chaque agriculteur distille les fruits de son verger ou de son jardin. Une foule d'intérêts différents suivant la région ou suivant les personnes s'opposent ainsi les uns aux autres. Chaque fois qu'on traite cette question dans son ensemble, on se trouve entraîné dans une lutte tellement violente que l'on a beaucoup de peine à aboutir. En 1903, on a fait une grande commission de l'alcool, d'où il devait surgir une grande réforme fiscale, économique et hygiénique ; elle a abouti au néant. Espérons que cette fois il n'en sera pas de même.

. La commission d'hygiène m'avait délégué pour suivre les travaux de la commission de législation fiscale. Je suis intervenu avec énergie pour qu'on n'oublie pas le point de vue hygiénique qui doit prédominer en cette matière. On peut faire un équilibre entre des intérêts personnels ou régionaux. Mais le salut de la race ne peut leur être sacrifié, il doit passer par-dessus tout. (*Applaudissements.*)

Eh bien ! la commission n'a pas voulu se ranger complètement à notre thèse. Elle a mis sur pied une réforme qui se ressent de la lutte des intérêts régionaux et qui ne satisfait que très insuffisamment l'intérêt supérieur du pays. Ce projet consiste à établir un monopole de fabrication de l'alcool d'industrie, à réglementer et à surtaxer timidement les divers apéritifs.

Après le dépôt du rapport de mon collègue Tournan, je me suis efforcé de préparer une réforme plus complète, et m'inspirant des exemples de l'étranger et des décisions de la Ligue des Droits de l'Homme, j'ai déposé un contre-projet dont je vais me permettre de vous faire connaître les grandes lignes.

Le monopole de fabrication de l'alcool d'industrie, présente peu d'intérêt pour la santé publique. Que ce soit l'État ou un particulier qui distille l'alcool, cela nous est à peu près égal; ce que nous demandons, nous autres hygiénistes, c'est qu'on n'en boive pas ou, du moins, le moins possible. Nous voulons bien accepter de voter le monopole de fabrication, mais à la condition que le monopole soit étendu à la vente de tous les alcools. C'est ce que demande mon contre-projet. S'il est voté, nous n'aurons plus en France qu'un seul marchand d'alcool : l'État.

Le monopole de vente est le seul qui rapporte vraiment d'importantes ressources au budget. L'exploitation de l'État en matière industrielle est toujours plus chère que l'exploitation privée. Le monopole de fabrication nous fera réaliser à peine 5 ou 6 millions de bénéfices. Le monopole de vente arrivera à mettre entre les mains de l'Etat les bénéfices considérables que la vente de l'alcool laisse actuellement aux marchands de gros et de détail. Mais ce monopole d'Etat, je ne veux pas qu'il s'exerce en maintenant des boutiques de marchands d'alcool à tous les coins de rue.

Quelle pénible impression on éprouve quand, au retour d'un voyage à l'étranger, on retrouve en France quatre débits à chaque coin de rue.

Un Délégué. — Et à Paris ?

M. Schmidt. — A Paris ou ailleurs, vous trouvez souvent des débits en si grand nombre qu'il y en a presque dans chaque maison. Dans le Nord de la France, certaines communes comptent 1 débit pour 11 habitants ! Mon projet demande que les débits d'alcool qui sont actuellement en France au nombre de 480.000 soient réduits à 100.000 au maximum.

On fait à ce monopole de grosses objections.

La première consiste à dire que nous allons augmenter le nombre de fonctionnaires. Je voudrais que ce ne soit pas toujours l'Etat qui se charge de la vente au détail de l'alcool ; m'inspirant de ce qui se fait dans les pays du Nord, je demande que l'Etat soit autorisé à donner la gestion de ces débits d'alcool à des sociétés particulières, sociétés qui ne seraient pas intéressées à la vente comme l'Etat, et n'auraient pas la tentation de chercher à augmenter la consommation.

On m'objecte aussi que le monopole de l'alcool apportera à l'Etat de si importantes ressources que les pouvoirs publics s'opposeront à toutes les tentatives de suppression de l'alcool, dont ils chercheront même à développer la consommation. Je répondrai simplement qu'aujourd'hui déjà, l'Etat, par le droit élevé qu'il impose, tire bénéfice de l'alcool. Mais il est facile de se prémunir contre le danger que pourrait présenter l'opposition de l'Etat aux progrès hygiéniques de la nation.

Il suffit, comme le propose mon contre-projet, d'établir un régime d'option locale qui permettra à la population d'une commune, au moyen d'un referendum auquel prendront part non seulement les hommes mais les femmes de plus de 25 ans (*Applaudissements*), d'assurer la fermeture des débits d'alcool du monopole. L'intervention des femmes nous aidera à nous libérer de l'alcool. Les ligues antialcooliques, les sociétés de toute nature, s'occupant de questions sociales auront à déployer une grande activité pour faire l'éducation de l'opinion publique. Mais au fur et à mesure que se fera l'éducation hygiénique de la population, le referendum les enregistrera et, sans qu'une intervention nouvelle des pouvoirs publics soit nécessaire, l'alcoolisme peu à peu disparaîtra.

L'organisation de l'option locale fera sourire quelques uns, d'autres diront aussi que ce referendum peut présenter de graves inconvénients politiques, qu'il rappelle de mauvais jours de l'histoire de notre pays; mais la guerre a changé bien des choses et le pays, me semble-t-il, sera très heureux d'accepter ce mécanisme pratique dont il saura vite se servir pour se débarrasser de l'alcool.

Quel sera l'équilibre financier de ce projet, car vous pensez bien que si j'interdis la vente de l'alcool, je veux accorder certaines indemnités à ceux qui seront lésés. Pour se débarrasser de l'alcoolisme, il ne faut pas avoir peur de payer. Nous sommes engagés, en ce moment, dans de telles dépenses, que celles qu'imposera ce projet passeront facilement inaperçues.

Les indemnités d'expropriation seront réglées par un emprunt amortissable en 30 ans; chaque annuité d'amortissement entrera dans les frais généraux d'exploitation du monopole, c'est-à-dire, sera payée par les buveurs d'alcool eux-mêmes. Quelqu'élevé que soit le coût de cette réforme, ce sont les buveurs d'alcool qui seuls le supporteront.

Ajoutons encore que le contre-projet établit la suppression complète des apéritifs à base d'alcool et ne laisse consommer que les apéritifs à base de vin; mais comme il ne faut pas manifester une particulière bienveillance à ces boissons, dont la consommation n'est pas à encourager, une surtaxe leur sera imposée, ainsi qu'aux liqueurs sucrées.

Voici donc les grandes lignes de ce projet déposé à la Chambre. Il a l'approbation unanime de la commission d'hygiène. La Commission de législation fiscale et celle du budget l'examinent en ce moment. L'administration des contributions indirectes manifeste quelque hésitation devant le travail que lui imposera la gérance de 100.000 débits d'alcool, et la direction de ce nouveau service, mais le gouvernement doit se rendre compte que, s'il ne veut pas entrer dans la voie que nous lui proposons, il sera aux prises avec de grosses difficultés. Nous reviendrons tous les ans à la charge, jusqu'à ce que nous obtenions contre l'alcool des mesures énergiques et décisives.

On nous dira aussi : certaines parties de ce projet peuvent être seules acceptées; prenons l'établissement du referendum et de l'option locale sans organiser le monopole de vente. Une difficulté se présente aussitôt: si vous exigez la fermeture des débits privés d'alcool, il faut donner des indemnités. Qui les paiera ? Avec un régime de monopole, la question financière est réglée tout d'un coup pour toute la France et le peuple a le moyen de se prononcer en toute liberté, les résultats du referendum venant enregistrer, dans chaque commune, les progrès de l'opinion publique, en matière d'hygiène.

Chaque fois que nous avons voulu accomplir en France une réforme contre l'alcool, nous nous sommes heurtés à une puissance, qui exerce une influence néfaste sur le développement de notre pays. Les marchands d'alcool interviennent dans toutes les élections et, par la crainte de leur force électorale, tiennent sous leur joug, Parlement et Gouvernement. Par mon contre-projet, j'offre au pays le moyen de se libérer de cette servitude. Si le monopole de vente est établi, vous dissociez les intérêts jusqu'alors intimement liés du marchand de vin et du marchand d'alcool. Vous délivrez le débitant de l'emprise du distillateur et du marchand en gros. Les marchands de vin demandent à gagner librement leur vie, et cela leur est égal de vendre telle ou telle boisson. (*Très bien!*) Ils ne demandent pas mieux que de vendre des boissons qui ne soient pas nuisibles, pourvu qu'ils y trouvent un légitime bénéfice.

Dans mon projet, les débits d'Etat ne vendront aucune autre boisson que l'alcool, ils ne feront donc pas concurrence aux autres débitants et il n'y aura entre eux aucun conflit.

Si les débitants considèrent leur réel intérêt, ils accepteront le régime que je leur propose. Si ce projet n'est pas voté, on essaierait alors, pour lutter contre l'alcool, d'adopter le système anglais des licences élevées et ce seront les débitants qui supporteront tout le poids de la réforme sans avoir aucune indemnité à espérer.

Je m'excuse de cette longue intervention, mais j'espère que mes collègues auront retrouvé dans mon projet les vœux émis par les précédents Congrès de la Ligue et j'espère que le présent Congrès ne se déjugera pas.

Je veux, en terminant, faire un dernier appel à mes collègues. La question va être discutée à la Chambre en janvier ou le mois suivant. Si nous voulons réussir, il faut que nous soyions soutenus par un fort courant d'opinion publique. (*Assentiments.*) Le Parlement ne fera que ce qu'on exigera qu'il fasse. (*Très bien !*)

A vous ligueurs, qui avez souci des ravages que cause l'alcoolisme dans notre pays, il vous appartient de nous aider. Quand vous serez revenus dans vos sections, vous ferez pression sur vos parlementaires pour qu'ils comprennent leur devoir. Vous leur ferez aussi comprendre qu'ils trouveront autour d'eux, dans leur circonscription, des hommes énergiques et dévoués qui sauront les défendre quand ils auront pris à la Chambre leur responsabilité, et auront accompli leur devoir en libérant la France de l'alcool. (*Salves répétées d'applaudissements.*)

M. Painlevé, Ministre de l'Instruction publique, prend ensuite la parole.

Discours de M. Paul Painlevé.

M. Paul Painlevé, ministre de l'Instruction publique et des Inventions. — Citoyens, chers collègues, je ne puis vous dire que quelques mots.

Tout d'abord, je me permets de vous féliciter de la tenue de votre Assemblée, de la fermeté et de la méthode de vos discussions.

Ce n'est pas, vous le savez, comme membre du Gouvernement que je puis être ici ; je n'en aurais pas le droit. Celui qui se réjouit d'être parmi vous, c'est l'homme, c'est l'ami, c'est le compagnon de combat des bons et des mauvais jours, qui s'efforce en toutes circonstances d'être fidèle à lui-même et à ses concitoyens. (*Applaudissements*)

Vous avez montré par votre action si efficace dans tous les coins de la France que votre amour de la justice était inséparable, pour vous, du patriotisme, c'est-à-dire de l'amour de la France, terre de la Justice. Vous avez ainsi confondu vos calomniateurs de jadis. En même temps que vous voulez que la France atteigne la victoire militaire, qui sera la victoire du Droit, vous

voulez qu'à l'intérieur, elle sache vaincre les fléaux qui
la menacent, qu'elle lutte contre l'ignorance et le fana-
tisme, ces forces barbares du dedans, vous voulez
qu'elle lutte contre l'alcoolisme, cet empoisonnement
de notre race.

Tout à l'heure, dans ce rapport, si beau dans sa sim-
plicité et qui résume ces courageux efforts, notre collègue Schmidt adressait un blâme assez sévère au Gouvernement depuis le début de la guerre. Si nous étions
à un an et quelques jours en arrière, peut-être aurais-je
le droit d'abonder dans son sens. Je ne le peux pas et
je me réduis à considérer le présent et à envisager
l'avenir.

Je crois que cet effort, trop faible encore, contre les
bouilleurs de cru, sera efficace; j'ai le ferme espoir
qu'un projet aussi raisonnable que celui qui vient
d'être exposé trouvera au Parlement des appuis et une
forte majorité.

Je me suis efforcé, bien modestement, dans un cadre
étroit, de prêter la main aux tentatives de notre collègue Schmidt. Dans nos campagnes, n'est-ce pas l'enfance elle-même qui est atteinte? J'ai donc appelé à
l'aide ces vaillants instituteurs qui, en toutes circonstances, ont fait montre de tant de patriotisme. (*Vifs applaudissements*) Ils savent très bien qu'en répondant à
mon appel, ils s'exposent à des récriminations, à des
reproches locaux qui, parfois, ne sont pas sans danger,
mais ils font leur devoir, ils continueront à le faire.
J'espère pouvoir compléter cette œuvre modeste, mais
qui, pourtant, peut être féconde. En Belgique, l'alcoolisme a presque été vaincu par l'école, par les associations d'enfants; ce sont les enfants qui ont fait la leçon
aux pères et mères, qui ont chassé l'alcool du foyer.
Nous appelons, nous aussi, l'école à notre secours;
nous sommes sûrs qu'elle répondra à notre appel. Je
ferai de mon mieux pour que ce modeste effort porte
ses fruits.

J'apporte à notre collègue Schmidt toute l'autorité
dont je puis disposer; s'il n'est besoin que de courage,

j'essaierai d'en avoir autant que lui-même et d'agir. (*Vifs applaudissements.*)

M. Moutet. — Je remercie M. Painlevé des paroles qu'il vient de prononcer. Nous avons tout à l'heure demandé que le Congrès transmette au Gouvernement le résultat de ses délibérations. Nous savons d'ores et déjà que la démarche que le Comité Central fera, sera appuyée au sein même du Gouvernement par un avocat dont vous avez apprécié les paroles éloquentes, et dont vous savez l'autorité dans toutes les assemblées et tous les conseils où il se trouve. (*Applaudissements.*)

M. Fabien-Thibault. — Je serai très bref, et mon premier mot sera pour remercier M. Schmidt. On n'a, en effet, jamais fait de projet de loi qui se rapprochât du sien.

J'ai la prétention de connaître quelque peu les questions de fraude, et j'estime qu'il y aura peu de fraudes avec le projet dont il a été rapporteur.

Le meilleur moyen de lutter contre l'alcoolisme, c'est de rendre l'alcool cher aux consommateurs ; il faut que l'alcool soit vendu très cher pour que ses amateurs en boivent peu. A ce point de vue, les mesures fiscales sont exactement des mesures d'hygiène.

Je voudrais simplement appeler l'attention de M. Schmidt et du Congrès, sur quelques mesures de détail très importantes et très caractéristiques.

Comme l'a dit fort justement M. Schmidt, quand on combat l'alcool, on se heurte à une puissance considérable, quelquefois occulte. Je vais vous montrer deux exemples précis qui permettront au Congrès, s'il veut bien adopter mes conclusions, qui ne sont pas en opposition avec le projet de résolution, de préciser les points où l'action de la Ligue peut s'exercer et forcer la main au Gouvernement, dont il faut toujours forcer la main quand on attaque l'alcool.

Voici un exemple : la loi du 25 avril 1816, dispose que le transport des boissons enlevées pour l'étranger ou les colonies françaises est affranchi de droit. On ne peut faire payer de droit sur l'alcool qu'on envoie en

Amérique. L'administration des contributions indirectes a fait juger, il y a six ans, que l'alcool, envoyé à
l'étranger ou aux colonies, a seul droit à l'exemption,
et que celui qu'on embarque sur les bateaux pêcheurs
n'a pas droit à l'exemption.

Alors que la loi ne permet pas d'embarquer, en exemption de droit, l'alcool sur des bateaux pêcheurs, les rè-
glements de douane et de contributions indirectes pres-
crivent d'exempter de droit, l'alcool embarqué sur les
bateaux pêcheurs autres que ceux qui font les pêches
côtières. Non seulement les pêcheurs s'alcoolisent en
mer, mais au retour ils débarquent clandestinement
leurs restes de provisions.

Un député en a parlé à la tribune ; on l'a remercié,
mais on s'est appliqué à conserver cette exemption illé-
gale, accordée par ordre de l'administration des finances, parce que l'alcool est le meilleur moyen de corrup-
tion électorale.

Je serais désireux que le Congrès veuille bien adopter
ce petit vœu : « Que l'administration des Contributions
indirectes cesse d'exempter d'impôt, en violation de la
loi, les alcools embarqués comme provisions de port
sur les bateaux pêcheurs. » Ainsi nous aurons fait
quelque chose pour diminuer l'alcoolisme dans les populations maritimes.

M. Pillet. — Nous sommes tous d'accord ; il est inutile que tout le monde apporte des détails ; passons à
l'examen des amendements.

M. Fabien-Thibault. — J'avais à présenter une autre motion du même ordre. On a institué en Corse, depuis 1898, l'exercice des bouilleurs de cru. Le ministre
des finances qui cependant est antialcoolique, est venu
dire à ce sujet des choses contraires à la vérité, sans
intention, parce qu'il est venu lire les papiers que lui
avaient donné les bureaux. Il a dit que la taxe sur les
alcools en Corse, était un impôt de douane. C'est
inexact, il s'agit d'un impôt de consommation inférieur
à 90 francs l'hectolitre. Eh bien, lorsqu'il y a 3 ou 4 ans,

on a égalisé les impôts de consommation en Corse avec ceux de la métropole, on a conservé un tour de faveur pour l'alcool, et cependant on a imposé en Corse les mêmes droits pour les autres produits frappés de taxe de consommation, pour le sucre par exemple. Je crois qu'il ne serait pas excessif de demander que l'alcoolisme ne soit pas favorisé dans ce département. (*Cris : Clôture ! Clôture !*)

M. Moutet. — La parole est à M. Ferdinand Buisson.

M. Ferdinand Buisson. — Je remercie M. le Président de vouloir bien me donner la parole, après m'avoir révoqué de mes fonctions de rapporteur. (*Sourires*). Il a donné à l'Assemblée, il est vrai, un rapporteur qui vaut beaucoup mieux. Je reprends donc, avec l'assentiment de M. Schmidt, ma fonction. Et je réponds à M. Rousseau que les deux vœux qu'il a présentés n'ont rien à voir avec le projet de réglementation organique qu'il a proposé. Ce n'est pas dire que nous rejetions ces deux vœux ; au contraire, le Comité Central leur prêtera son appui, seulement ne mêlons pas tout. C'est du texte de la Commission qu'il s'agit et non pas des différentes réclamations que le Comité Central a pour mandat de transmettre en votre nom.

M. Moutet. — Je suis saisi d'une proposition de clôture. Je mets aux voix la clôture de la discussion générale après les orateurs inscrits.

(*Adopté à une grosse majorité.*)

Je vais donc donner lecture du projet de résolution et des amendements, le droit des orateurs étant réservé.

Voici le projet de résolution du Comité Central :

Le Congrès

Rappelle et confirme les résolutions de ses Congrès de 1910 et 1912 relatives à l'alcoolisme ;

Convaincu d'ailleurs que jamais le Parlement ni le pays ne pourront mieux que pendant cette guerre se rendre compte des immenses dangers de l'alcoolisme et s'imposer l'effort patriotique indispensable pour conjurer le mal,

Le Congrès émet le vœu :

Que le Parlement aborde le plus tôt possible l'examen des projets et propositions sur le monopole de l'alcool, et qu'il en accepte le principe en l'appliquant à la fabrication et à la vente ;

Qu'il prononce la réduction du nombre des débits d'alcool, et autorise l'Etat à en confier la gestion en partie à des sociétés philanthropiques ;

Qu'il institue le referendum communal (hommes et femmes) permettant l'interdiction locale de la vente des spiritueux ;

Que le Gouvernement fasse effectivement appliquer les lois sur la répression de l'ivresse ; qu'il renouvelle l'interdiction de la vente de liqueurs aux enfants et aux femmes ;

Le Congrès estime en outre que l'on ne saurait trop encourager les efforts des éducateurs de tout ordre et de tout caractère, ainsi que ceux des Ligues et des Sociétés antialcooliques pour prémunir la jeunesse contre les périls de l'alcoolisme.

Le Congrès affirme enfin que, plus que par la loi, plus que par tous les enseignements et toutes les prédications, la vraie propagande de l'alcoolisme se fera par les réformes sociales et par les institutions démocratiques : si la société, relevant la condition matérielle et morale du travailleur, met à sa portée une habitation où il puisse se plaire, une alimentation saine, le minimum de loisirs et de relations sociales nécessaire à l'homme pour vivre en homme, il ne sera plus tenté d'aller s'étourdir au cabaret, il n'aura plus besoin de personne pour se déprendre de l'alcool.

Je suis saisi d'un amendement Pillet, qui demande « *que l'Etat fasse les efforts nécessaires pour organiser et développer l'emploi industriel de l'alcool* ».

M. Dispan de Floran (Section de l'Haÿ-les-Roses). — Je voudrais brièvement attirer l'attention du Congrès sur la pétition de l'Enseignement secondaire contre l'alcoolisme. Quelques-uns des maîtres de cet enseignement se sont dit que l'Université se devait à elle-même de combattre au premier rang dans la lutte engagée contre le fléau. Ils ont rédigé la pétition dont il s'agit ; ils l'ont adressée à la Fédération Nationale des Instituteurs, aux Amicales des Lycées et Collèges de Paris

-et de la province ; ils ont demandé à leurs collègues de
la signer, de la répandre autour d'eux, de faire ainsi
de chaque établissement universitaire un centre d'action et de propagande anti-alcoolique. Les résultats
qu'ils ont obtenus jusqu'ici ne sont certes pas négli-
geables, mais leur effort est loin d'avoir produit tout ce
qu'ils étaient en droit d'en espérer. Je demande donc à
la Ligue, en leur nom, de vouloir bien s'intéresser à
leur initiative, de la recommander dans tous les milieux
où s'exerce son influence. Les sympathies d'une partie
tout au moins de la Presse ne leur ont pas fait défaut.
Si certains journaux, sur l'appui desquels ils croyaient
pouvoir spécialement compter, leur ont prouvé leur
erreur par un silence gros de réprobation, beaucoup
d'autres, en revanche, se sont fait un devoir de signaler
leur pétition au public. Aucun n'en a parlé en termes
plus chaleureux que le *Bulletin* de la Ligue, et je tiens
à l'en remercier ici. Mais, hélas ! si pressant qu'ait été
son appel aux sections, deux seulement, jusqu'à ce
jour, y ont répondu, et vous conviendrez, sans doute,
avec moi, que ce n'est pas assez. Je vous prie instamment de nous aider de façon plus active et plus efficace.
Il est bien évident que si nous devions nous contenter
des quelques milliers de signatures déjà recueillies,
notre geste aurait été vain, et nous n'aurions jamais
prouvé qu'une chose : l'indifférence du public à l'égard
de ce qui est pour le pays une question de vie et de
mort. Mais il n'en sera pas ainsi, on peut l'affirmer, si
vous secondez, comme il vous appartient de le faire,
notre effort, si vous voulez bien travailler avec nous à
créer un mouvement d'opinion assez vaste pour impres-
sionner ou, si vous aimez mieux, pour intimider le
Parlement.

Voici quel est le texte de notre pétition qui lui est
naturellement adressée :

*Nous demandons au Parlement de combattre l'alcoolisme
autrement que par des mesures dérisoires.*

*Nous lui rappelons qu'il y va du salut de la nation et de la
race.*

Nous le supplions de considérer que le temps presse, que l'heure n'est plus aux atermoiements, et qu'au-dessus des fabricants et des marchands d'alcool il y a la France qui ne veut pas et ne doit pas périr.

(*Applaudissements.*)

Le bureau de l'Amicale du lycée Lakanal sera heureux de mettre à votre disposition autant de feuilles imprimées qu'il vous en faudra. Le péril est trop grand, la réponse trop urgente pour que nous ayons, les uns et les autres, le droit de ne rien négliger de ce qui peut la faire aboutir. Il faut en finir une bonne fois avec cet abominable fléau de l'alcoolisme. Ce n'est qu'à cette condition — personne ici n'en doute — qu'on parviendra à remettre debout la France épuisée, exsangue d'après la guerre, et à donner à la classe ouvrière la force et l'élan dont elle aura besoin pour réaliser son destin. (*Vifs applaudissements.*)

M. Moutet. — Je mets aux voix l'amendement Pillet. (*Adopté.*)

Il y a un amendement Hadamard, qui demande au Congrès de faire sien le projet Schmidt.

M. Hadamard. — Je m'excuse de retenir encore l'attention du Congrès à un moment où l'heure est si avancée. N'oublions pas, cependant, que les quelques minutes que nous venons consacrer à cette dernière question représentent le plus clair, à un certain point de vue, de notre activité de deux jours ; cela représente le résultat le plus important pour lequel vous vous êtes imposé ces déplacements. Certes, nous avons eu hautement conscience de l'utilité de notre travail quand nous avons discuté la question de la paix durable, mais, il faut bien l'avouer, les résolutions auxquelles nous avons abouti, si importantes qu'elles soient, peuvent longtemps rester sans sanction pratique, tandis qu'ici, dans la question de l'alcoolisme, ces sanctions peuvent, si nous le voulons, être immédiatement obtenues.

Pour la première fois, avec le projet Schmidt.....

Un Délégué. — Mais le rapporteur, c'est M. Ferdinand Buisson.

M. Hadamard. — Pour la première fois, avec le projet Schmidt, un effort véritablement complet, une mesure radicale sont proposés contre le grave danger intérieur qui nous menace tous. Or, pour des raisons que nous n'avons guère le temps de mentionner ici, en fait d'anti-alcoolisme, les mesures très radicales sont les seules non seulement qui soient efficaces, mais qui soient viables.

Donc, il *faut* soutenir le projet Schmidt. Or, ceci est une œuvre actuelle, immédiate, car le projet Schmidt vient en discussion très prochainement (en janvier, d'après ce qui nous a été dit). Certes, ici-même, vous allez l'accueillir de vos acclamations triomphales, mais ce n'est pas assez. Vous allez retrouver vos sections ; eh bien ! ce sera le moment de soutenir devant elles ce que vous avez élaboré ici : il faudra les rallier à ce projet Schmidt, qui vient de vous être exposé et dont vous avez entendu l'admirable et splendide exposé. Il faudra organiser par elles une propagande énergique en sa faveur.

M. Ferdinand Buisson. — Je réponds à notre ami Hadamard par les lignes mêmes du rapport que vous avez sous vos yeux : « Les réformes que M. Schmidt recommande au Parlement sont précisément celles que la Ligue avait, dès le début, envisagées comme les seules efficaces et comme la solution finale à laquelle doit tendre la démocratie française.

« Nous n'avons donc ni à en faire ici un nouvel exposé, ni à en démontrer la nécessité. Mais nous ne saurions nous dispenser d'appuyer de toute l'autorité de la Ligue l'initiative parlementaire de notre collègue. » (*Applaudissements.*)

M. Moutet. — Je mets aux voix le projet du Comité Central.

M. Rousseau. — Laissez-moi vous soumettre des amendements essentiels et précis. (*Bruits, exclama-*

tions.) Mais on a bien le droit d'apporter des amendements ! — Je propose de remplacer les paragraphes 2 et 3 du projet de résolution de M. F. Buisson par des vœux rédigés, avant d'entendre M. Schmidt, vœux qui, précisément, incorporeront au texte du Comité Central certaines mesures préconisées précédemment par M. le député des Vosges et d'autres antialcoolistes compétents.

A la fin du premier paragraphe, après « ventes », ajouter « en gros », puis remplacer les paragraphes 2 et 3 — qui me paraissent trop vagues — par les dispositions suivantes :

1° Que le Parlement interdise la fabrication et la vente des amers, des spiritueux et des liqueurs reconnus nocifs par l'Académie de Médecine ;

2° Qu'il favorise l'utilisation de l'alcool pour le chauffage, la force motrice, l'éclairage, et qu'il empêche toute spéculation sur ce produit en attendant le monopole de distillation et de vente en gros ;

8° Que la vente au détail des liqueurs et des boissons alcooliques autorisées et titrant plus de 20 degrés par exemple, et la distribution de l'alcool de bouche ne soient permises que dans les pharmacies et leurs dépôts et sur présentation d'ordonnances médicales, ou, pour les boissons fermentées très alcooliques, dans les comptoirs spéciaux gérés coopérativement par délégation de l'Etat et sous la surveillance du personnel de la régie des contributions indirectes ;

4° Que le Parlement, s'il maintient la liberté de vente au détail des boissons fermentées contenant moins de 20 pour cent d'alcool, limite et reduise le nombre des « cafés », bars et débits de boissons, en étendant la zone d'interdiction autour des établissements publics, en supprimant ces commerces au décès de leurs titulaires et en empêchant l'ouverture de tout nouveau débit, de tout nouveau « café » non accepté par la majorité des hommes et des femmes majeurs domiciliés dans un rayon de 3 kilomètres de l'établissement projeté ;

5° Que les hôteliers, les restaurateurs, les cafetiers et débitants ne puissent vendre que des boissons fermentées peu alcooliques, des limonades, des infusions et d'autres liquides dont l'usage modéré n'aura pas été reconnu nuisible à la santé par l'Académie de Médecine.

M. F. Buisson. — C'est dit.

M. Moutet. — Est-ce que vous voulez que nous fassions des projets de loi ?

M. Schmidt. — Vous dites des choses inexactes et dangereuses que je ne puis accepter.

M. Rousseau. — C'est reconnu par l'Académie de Médecine.

M. Schmidt. — Mais quand on a demandé à l'Académie de Médecine de se prononcer pour désigner les essences nocives qui devaient être interdites, elle s'y est refusée et s'est contentée de les condamner toutes ensemble. Ne chargeons plus l'Académie de désigner les boissons dangereuses. Désignons-les nous-mêmes et prononçons directement les interdictions nécessaires. (*Cris : aux voix.*)

M. Baudouin. — Je demande la parole sur mon amendement.

M. Moutet. — Il n'est pas arrivé jusqu'à moi.

M. Baudouin. — Si la séance peut se continuer, si la discussion n'est pas close, je demande à dire quelques mots.

J'ai remis sur le bureau un amendement qui a disparu.

Aurais-je eu tort d'être discret ? J'ai renoncé à la parole au cours de la discussion générale, sur l'assurance de pouvoir parler dans celle des amendements.

S'il vous faut un texte, je le referai. Faites moi crédit.

La substance, car j'en ai oublié la forme, indiquait ceci : nous reprenons tout ce qui était dit dans le rapport Buisson, lequel nous ne pouvons que féliciter. Nous estimons, nous qui jugeons les choses, non comme les hygiénistes et les professeurs, non comme l'Académie de Médecine, mais comme jugent ceux qui vivent dans les milieux populaires où nous vivons, que ce qui importe pour lutter efficacement contre l'alcoolisme, c'est de s'attacher à des mesures vraiment pra-

tiques. Aussi, nous disons qu'avec l'option locale, nous
allons au devant d'un danger qui se présente sous deux
formes.

Tous les intérêts qui se liguent contre les mesures
propres à restreindre l'usage de l'alcool, agiront sur les
municipalités. Je vous dis donc : prenez garde, vous
désarmez des municipalités qui, pour des questions
d'assistance, par exemple, ou pour gager des opérations
d'emprunt, comptent sur les ressources que produisent
les taxes sur l'alcool. Ces municipalités diront : nous
sommes antialcooliques, mais est-ce que ces ressources
qui vont nous manquer seront remplacées ?

Un deuxième point : dans les milieux intellectuels,
et c'est un hommage à leur rendre, on compte un peu
trop sur l'éducation de l'école. On sait très bien ce qui
se passe dans les milieux populaires. Un enfant va passer 4 heures par jour dans une école, tout ce qu'il y
aura appris de morale sera détruit en une heure dans
la famille.

Ah ! on disait qu'en Belgique, les enfants avaient eu
une influence considérable pour la lutte contre l'alcoolisme. Mais sommes-nous exactement dans les conditions paisibles de ce pays où la vie était à bon marché,
riche nature et salaire modique. Non ! dans les villes
de France, on vit une vie de fièvre et l'enfant subit l'influence du milieu ambiant ; c'est ce milieu que je vous
supplie de modifier pour faire disparaître l'influence.

Enfin, j'appartiens à des groupements divers, de toutes
sortes ; ils se sont pleinement donnés à cette œuvre
antialcoolique. Nous avons essayé de faire quelque
chose ; c'était au début de la guerre, à ce moment-là,
dans la ville de Rouen... (*Bruit, interruptions.*) ...Vous
m'entendrez, car ce que j'ai à dire, personne ici n'en a
parlé. On a parlé ici des préfets qui ont pris des arrêtés
restrictifs. Je veux vous parler, moi, des préfets qui ont
retiré leurs arrêtés ! J'ai eu un général en face de moi
comme je vous parle. Nous sommes allés le voir ainsi
que le Préfet avec des commerçants et des industriels.
Le Préfet nous a dit : « Messieurs, je suis pleinement

de votre avis : ce matin même, je recevais une lettre
d'un entrepreneur du port me disant : nous ne trouvons
plus de main-d'œuvre ». (*Nouvelles interruptions. On
crie : Ce n'est pas le moment de parler de cela ! Assez !
Clôture !*) Oh ! j'ai peut-être eu tort d'être trop discret,
j'ai eu tort de ne pas avoir réclamé la parole plus tôt.
Dites si vous voulez m'entendre ou si mes paroles vous
gênent ! Donc, le Préfet nous disait : « Nous ne trouvons
plus de main-d'œuvre sur le port. » Et comme nous lui
signalions les efforts déployés par le Préfet de l'Eure,
M. le Préfet de Seine Inférieure nous révéla qu'il avait
dû, *par ordre ministériel,* apporter quelques tempéra-
ments à son arrêté, et que ces dispositions nouvelles
l'avaient rendu tout à fait inopérant.

M. Moutet. — Je vous demande, en présence de ce
fait que beaucoup de nos collègues doivent partir, de
conclure.

M. Baudouin. — Je vais refaire mon amendement.
Ce qu'il nous faut, ce sont des mesures pratiques. Je
voudrais que vous étendiez votre projet de résolution.
Il faudrait, tout de même, que le Gouvernement mette
de la logique dans son attitude ; qu'il ne permette pas
à des soldats russes de se saouler au front, pour leur
refuser à l'intérieur un verre de chartreuse. Refuser aux
soldats anglais ou français un verre d'eau-de-vie, très
bien, mais à la condition de ne pas permettre aux
femmes d'en acheter au litre ! Voilà notre régime dans
la zone des armées. (*Applaudissements.*)

Un autre danger menace sans doute nos propres
régions, et je vous demande également d'y porter
remède. Il devrait y avoir impossibilité de cumuler
la fonction de débitant d'alcool avec celle de propriétaire d'hôtel meublé ou de marchand de tabac, comme
avec la profession de charbonnier, d'épicier, dans les
magasins desquels les ménagères vont prendre de
l'alcool qu'elles emportent comme des carottes ou du
charbon. (*Bruit, applaudissements sur de nombreux
bancs.*)

M. Moutet. — Avec le projet du Comité Central, toutes ces questions sont réglées. Je mets aux voix le projet du Comité.

M. Moutet. — Le projet est adopté.

M. Baudoin. — Et mon amendement ?

M. Moutet. — Je mets aux voix l'amendement de la Section de Rouen réclamant l'incompatibilité du cumul de certaines professions avec celle de débitants de boissons, dans les termes où l'a défini le citoyen Baudouin.

L'amendement est adopté.

M. Ferdinand Buisson. — Ces dames demandent qu'on supprime, dans le paragraphe relatif à l'interdiction de vente des liqueurs aux enfants et aux femmes, les mots « aux femmes ». Ces dames prétendent qu'au point de vue humain et philosophique, elles ne doivent pas être traitées comme des mineures. Je suis, quant à moi, de leur avis. Nous pourrions donc, au lieu de dire « aux femmes », mettre seulement « aux mineurs ».

M. Moutet. — Il n'y a pas d'opposition ?

(*Adopté à l'unanimité.*)

Je mets aux voix l'ensemble du projet de résolution.

(*Adopté à l'unanimité.*)

M. Baudouin. — Mais j'ai mon amendement.

M. Moutet. — Vous demandez qu'on mette aux voix l'interdiction du cumul de tous commerces de détail avec celui de marchand d'alcool ?

Je mets aux voix cette proposition.

(*Adopté à l'unanimité.*)

Le texte du projet adopté est donc le suivant :

PROJET DE RÉSOLUTION
sur les
MESURES PRATIQUES A PRENDRE D'URGENCE CONTRE L'ALCOOLISME

Le Congrès

Rappelle et confirme les résolutions de ses Congrès de 1910 et 1912 relatives à l'alcoolisme;

Convaincu d'ailleurs que jamais le Parlement ni le pays ne pourront mieux que pendant cette guerre se rendre compte des immenses dangers de l'alcoolisme et s'imposer l'effort patriotique indispensable pour conjurer le mal,

Le Congrès émet le vœu :

Que le Parlement aborde le plus tôt possible l'examen des projets et propositions sur le monopole de l'alcool, et qu'il en accepte le principe en l'appliquant à la fabrication et à la vente;

Qu'il prononce : 1º la réduction du nombre des débits d'alcool, et autorise l'Etat à en confier la gestion en partie à des sociétés philanthropiques; 2º l'incompatibilité du commerce des spiritueux non seulement avec l'office de débitant de tabac, mais avec l'exploitation d'hôtel meublé, de fruiterie, charbon au détail, épicerie et commerces similaires;

Qu'il institue le referendum communal (hommes et femmes) permettant l'interdiction locale de la vente des spiritueux;

Que le Gouvernement fasse effectivement appliquer les lois sur la répression de l'ivresse; qu'il renouvelle l'interdiction de la vente de liqueurs aux mineurs, qu'il fasse les efforts nécessaires pour organiser et développer l'emploi industriel de l'alcool.

Le Congrès estime en outre que l'on ne saurait trop encourager les efforts des éducateurs de tout ordre et de tout caractère, ainsi que ceux

des Ligues et des Sociétés antialcooliques pour prémunir la jeunesse contre les périls de l'alcoolisme

Le Congrès affirme enfin que, plus que par la loi, plus que par tous les enseignements et toutes les prédications, la vraie propagande contre l'alcoolisme se fera par les réformes sociales et par les institutions démocratiques : si la société, relevant les conditions matérielle et morale du travailleur, met à sa portée une habitation où il puisse se plaire, une alimentation saine, le minimum de loisirs et de relations sociales nécessaire à l'homme pour vivre en homme, il ne sera plus tenté d'aller s'étourdir au cabaret, il n'aura plus besoin de personne pour se déprendre de l'alcool.

M. Baudouin. — Merci, citoyens !

M. Moutet. — Je vous remercie, citoyennes, citoyens, de la tenue que vous avez donnée à cette Assemblée. Vous avez montré que la Ligue des Droits de l'Homme et du Citoyen était une association parfaitement maîtresse d'elle-même, sachant ce qu'elle voulait, ayant ses opinions fermes, capable de respecter les opinions des autres, puisque, dans des circonstances aussi graves que celles que nous traversons, toutes les opinions, même les plus extrêmes dans tous les sens, ont pu être exposées ici et librement discutées.

J'estime que vous avez donné au pays un grand exemple et je vous en remercie. Vous faites honneur au pays qui vous a envoyés ici ; il montre qu'il est lui aussi, dans son ensemble, parfaitement conscient de ce qu'il veut, qu'il ne se laisse égarer ni dans un sens ni dans l'autre.

L'attitude que vous avez eue ici prouve que la démocratie peut être tranquille pour son avenir et que vous êtes vraiment décidés à sauvegarder, aussi bien contre les atteintes du dehors que contre celles du dedans, les principes pour lesquels vous avez toujours lutté. (*Applaudissements.*)

Je remercie également le Comité Central, grâce auquel ces délibérations ont pu se poursuivre ; on peut dire que, pendant la guerre, il a été à la hauteur des circonstances ; il nous a montré la direction que nous devions suivre ; loin de ralentir son activité, il l'a, au contraire, doublée parce qu'il a senti qu'elle était plus nécessaire que jamais. J'apporte, en particulier, à notre Président le témoignage de notre gratitude à tous (*Vifs applaudissements*), en raison de l'activité et du dévouement qu'il apporte pour maintenir la Ligue à la hauteur à laquelle elle est placée dans l'opinion de notre pays. Je ne veux pas oublier notre Secrétaire général (*Vifs applaudissements*), dont les qualités de travail et le tact s'emploient à faire triompher toutes les revendications des sections et à résoudre entre elles les difficultés de chaque jour.

Voilà les quelques observations que je voulais vous faire en terminant ce Congrès. Je vous donne rendez-vous au prochain Congrès qui se tiendra, je l'espère, dans de meilleures conditions, avec la certitude qu'alors tous les ligueurs de France pourront y prendre part et se réjouir de la victoire du pays, de la victoire du droit, et, espérons-le aussi, de la victoire de la fraternité. (*Vifs applaudissements.*)

M. Ferdinand Buisson. — Dans les éloges qui viennent d'être adressés, un seul a été oublié : c'est le Président qui a dirigé ces débats, pendant deux jours, avec une fermeté dont personne de nous n'a pris ombrage et en même temps avec une impartialité à laquelle tout le monde rend hommage.

Un Congrès comme celui-là ne pouvait avoir, sur le pays, l'effet dont on vient de nous parler qu'en s'astreignant à remplir le mandat difficile d'une Assemblée délibérant dans les conditions où nous sommes encore du fait de la guerre. Dans de telles conditions, il nous fallait un tel Président et nous ne pouvons que nous féliciter de l'avoir mis à notre tête. Le Comité Central est heureux de constater que l'effort un peu hardi peut-être qu'il a tenté dans le moment présent a été, en partie grâce au Président, en partie grâce à vous, mes chers collègues, couronné d'un véritable succès : c'est un résultat qui compte et que la censure elle-même n'empêchera pas au pays de constater. (*Vifs applaudissements.*)

M. H. Guernut. — Nous venons d'apprendre à l'instant que le Gouvernement a interdit la publication du communiqué officiel rendant compte de nos débats ; deux journaux qui ont passé outre : la *Victoire* et la *Bataille* ont été saisis. (*Sensation, protestations.*)

Mme Maria Vérone. — Vive la Russie !

M. H. Guernut. — Nous n'en sommes pas surpris. Rien ne nous étonne de la part d'un gouvernement qui est aussi pusillanime dans la préparation de la paix que dans la conduite de la guerre. (*Applaudissements.*) Nous vous demandons de charger le Comité Central de porter au Gouvernement, en même temps que l'expression de vos vœux, notre véhémente protestation. (*Applaudissements unanimes.*)

M. Moutet. — Je mets aux voix la protestation. Il n'y a pas d'avis contraires ?

(*Adopté à l'unanimité.*)

La séance est levée. Il est 7 h. 35.

Le Congrès est clos.

ANNEXE

(Question des Orphelins de la guerre)

Discours de M. Léon Baylet [1]

Président de la Fédération de la Gironde

M. Baylet — L'heure est tardive et je ne voudrais pas
retenir votre attention longtemps, d'autant plus que je
n'ai pas à critiquer le rapport, mais, au contraire, à m'y
associer pleinement et à en vanter l'esprit généreux.
Mais j'ai comme mandat de la Fédération de Bordeaux
d'appeler votre attention sur les orphelins de la guerre
et je regrette que l'heure m'oblige à résumer en quelques mots le fond de notre pensée : nous constatons
que, depuis la guerre, les orphelins tombent de plus en
plus sous la direction des curés et des bonnes sœurs.
(*Applaudissements.*) C'est une constatation brutale qui
aurait besoin d'être expliquée. (*Une voix : Nous le savons !*)

Dans bien des cas, les pauvres enfants dont le père
républicain, libre-penseur, syndicaliste, a été tué au
champ d'honneur, sont recueillis dans les orphelinats
confessionnels.

Notre devoir à nous, qui n'avons pas été touchés par
l'ordre de mobilisation, réside dans la défense de ceux
qui meurent pour sauvegarder nos foyers et nos liber-
tés ; c'est pour rester fidèles au souvenir de nos chers

---

(1) La sténographie revue de ce discours nous est parvenue
trop tard et nous n'avons pu l'insérer à sa place (page 36 de
ce compte rendu du Congrès). Nous sommes heureux de
pouvoir donner en annexe l'intervention de notre collègue,

camarades disparus que nous devons nous pencher avec
une tendre sollicitude sur leurs enfants devenus orphelins et les enlever aux entreprises et à l'organisation de
l'Eglise.

C'est pour cela que nous demandons la création dans
les grands centres urbains d'orphelinats nationaux
laïques. Ah! je sais à quelles objections on se heurte
quand on parle de la création d'orphelinats.

— Eh! quoi, nous disent nos adversaires et parfois
même nos amis, mal renseignés. Vous voulez enfermer
dans de grands internats les orphelins de la guerre!
Vous voulez les emprisonner dès leur jeune âge, les
arracher au milieu familial où se sont écoulées leurs
premières années! Quelle conception arriérée!... Non,
ce qu'il faut aux orphelins et surtout aux orphelins de
la guerre, c'est la vie de famille... »

Ah! certes, nous savons bien que la vie de famille
est celle qui convient le mieux aux enfants, et notre
désir le plus vif c'est que l'orphelin, dont le père a été
tué au champ d'honneur, soit élevé par sa mère, ou à
défaut de la mère, par ses plus proches parents...

Mais, dans bien des cas, et l'expérience le prouve, le
placement familial n'est pas possible. L'orphelin n'a
plus de père, de mère, plus de grands parents, et il se
trouve seul dans la vie, sans soutien naturel.

A qui confierez-vous cet enfant?

Comment empêcherez vous qu'il soit recueilli dans un
orphelinat confessionnel?

Du reste, le placement familial — tout souhaitable
qu'il soit en principe — ne laisse pas que de présenter
de multiples inconvénients. Si, dans la plupart des
familles, les pauvres petits orphelins seront accueillis
avec affection, entourés des soins les plus délicats,
n'existera-t-il pas des familles où l'enfant sera exposé à
de mauvais exemples, à des dangers de toute nature
que les inspecteurs et les inspectrices pourront mal
discerner? L'exemple de l'Assistance Publique est là
pour nous confirmer dans nos craintes. N'arrivera-t-il
pas aussi qu'une incompatibilité d'humeur absolue se

produira entre l'orphelin et sa famille d'adoption ? Où conduirez-vous alors ce petit? Où placerez-vous les anormaux, les arriérés, tous ceux qui auront besoin de soins spéciaux ?

Un orphelinat sera indispensable. J'ajoute que si cet orphelinat est bien organisé, il rendra aux enfants plus de services que la plupart des familles où vous les placerez.

Un orphelinat national laïque devrait être créé dès maintenant dans la plupart des grandes villes. Entouré d'un vaste parc, il offrirait un refuge à la fois confortable et élégant à ceux qui ont la douleur de n'avoir plus leurs parents. Il serait divisé en deux quartiers bien distincts, celui des garçons, celui des filles ; les services de l'administration et de l'économat seraient communs.

Jusqu'à 13 ans, les garçons et les filles iraient aux Ecoles Communales voisines de l'orphelinat, où ils seraient joyeusement mêlés aux autres enfants de la ville. L'orphelinat ne serait pas pour eux une prison, mais un foyer de famille où ils se trouveraient avec le confort de la vie, la sécurité la plus parfaite.

Les classes finies, ils rentreraient à l'établissement commun pour le repas, les études, le coucher.

A 13 ans, le certificat d'études obtenu, chacun selon ses aptitudes et ses goûts, choisira sa carrière. L'un reçu au concours des Bourses, suivra les cours du Lycée, plus tard ceux de la Faculté ; l'autre ira à l'Ecole professionnelle, à l'Ecole primaire supérieure, à l'Ecole Normale. Ceux qui auront du goût pour l'Agriculture seront placés dans des succursales agricoles de l'Orphelinat National.

Nous voudrions que les orphelins eussent le moyen d'apprendre dans les grands ateliers et dans les grands magasins de la cité leur futur métier de lithographes, de serruriers, de menuisiers, tandis que les orphelines, par le même apprentissage, deviendraient des couturières, des modistes, des tailleuses ou des comptables habiles.

Quelle consolation pour ces jeunes gens, ces jeunes filles sans famille, de retrouver à l'Orphelinat où ils auront grandi, les repas, le logement et une Direction éclairée toujours vigilante...

Est-ce une telle organisation que certains de nos amis voudront encore s'obstiner à combattre ? Je le demande : dans quel village perdu, dans quelle petite ville, quelle que soit la sollicitude de la famille d'adoption, les orphelins pourront-ils trouver autant de facilités pour leurs études, pour leur apprentissage de la vie ?

C'est cette idée que nous avons fait triompher à Bordeaux et c'est sur ce point important que je veux attirer l'attention du Congrès.

Nous avons formé une organisation que nous avons appelée : « *Comité d'Entente républicaine* ». A notre appel ont répondu toutes les forces démocratiques de la cité : les Syndicats ouvriers, le Parti socialiste, le Parti radical et radical socialiste, l'Union démocratique, les Loges maçonniques, l'Amicale des instituteurs, les Patronages scolaires laïques, en un mot toutes les organisations républicaines, depuis les militants de la C. G. T., jusqu'aux sincères républicains modérés.

Avec cet organisme, nous pourrons, quand sera votée la loi sur les orphelins, obtenir de l'Office départemental les fonds nécessaires à la création d'un Orphelinat National Laïque et nous pourrons aussi, — car nos efforts ne se limitent pas à cet objet, pour si important qu'il soit, — nous pourrons défendre la République, car, je vous le déclare, la République n'a jamais été plus attaquée, plus menacée qu'à cette heure, par des adversaires qui, malgré l'union sacrée, n'ont pas désarmé. (*Vifs applaudissements.*) On nous parle d'union sacrée, et nous l'avons, nous libres penseurs, nous républicains, respectée de toute notre conscience ; nous avons été en plein dans l'union sacrée, nous n'avons rien dit qui pût froisser les sentiments de nos adversaires, mais nous constatons que, derrière ce voile de l'union sacrée, l'Eglise, les réactionnaires, les royalistes, tous ceux

qui ont juré de perdre la République, mènent contre
nous une lutte de tous les instants, plus dangereuse
que le croient le Gouvernement et les Pouvoirs publics.
(*Vifs applaudissements.*)

Voulez-vous un exemple? Récemment, devant les
assises de la Gironde, a comparu un citoyen accusé
d'avoir calomnié un homme politique jouissant de l'estime de tout le monde dans la région où il est conseiller
général. Celui-ci était accusé d'avoir vendu des produits cédés par la Préfecture pour l'agriculture et d'en
avoir retiré profit pour son compte, ce qui était un mensonge. Les débats en cour d'assises l'ont démontré, il y
avait diffamation sans aucun doute. L'avocat du conseiller général a été très éloquent, il a fait une plai-
doirie merveilleuse; des députés sont venus témoigner
en faveur du conseiller général; la cause paraissait
entendue; l'avocat du diffamateur se contentait de dire
dans le prétoire: « Nous en avons assez de tous ces
politiciens qui se moquent de nous ». Et les douze jurés
se sont retirés et ils ont condamné le conseiller général
républicain et acquitté le diffamateur.

Une voix. — C'est le jury.

M. Baylet. — Oui, mais c'est le public aussi. Si vous
vous mêlez au public, vous entendez dire : « Qu'est-ce
qu'ils font ces députés? Ils seraient mieux dans les
tranchées ! » Une véritable campagne se mène contre
les parlementaires. Le Parlement, c'est la forme même
de la République à l'heure actuelle. (*Applaudissements.*)

Je vous demande, citoyens, de vous organiser comme
nous l'avons fait à Bordeaux; groupez les forces républicaines. La défense de la République est, à cette
heure, un devoir aussi sacré pour nous, que, pour les
Poilus, la défense de la Patrie. (*Vifs applaudissements.*)

Sections représentées au Congrès

Ain : Bellegarde, Bourg, Culoz, Oyonnax, Pont-d'Ain, Pont-de-Vaux, Saint-Rambert, Tenay, Villars-les-Dombes.
Aisne : Château-Thierry.
Alger : Alger, Médéa, Orléansville.
Allier : Montluçon, Vichy.
Alpes (Hautes-) : Gap.
Alpes-Maritimes : Antibes, Vence.
Ardèche : Joyeuse.
Ariège : Saverdun.
Aube : Troyes.
Aude : Moux.
Aveyron : Decazeville, Millau, Rodez, Villefranche-de-Rouergue.
Belfort (Territoire de) : Beaucourt, Belfort.
Calvados : Caen, Lisieux.
Charente : Angoulême.
Charente-Inférieure : Jonzac, Marennes, Neuvicq, Saintes.
Cher : Bourges.
Constantine : Constantine, Lafayette, Philippeville.
Corrèze : Brive, Tulle.
Creuse : Saint-Yrieix-les-Bois.
Doubs : Pontarlier.
Drôme : Romans-Bourg-de-Péage.
Eure : Lieurey.
Eure-et-Loir : Chartres, Senonches.
Finistère : Brest, Morlaix, Quimper.
Gard : Alais, Nimes.
Garonne (Haute-) : Pech-David, Toulouse.
Gironde : Arcachon, Blaye, Bordeaux-Centre, Bordeaux-Nord, Bordeaux-Sud, Libourne, Pauillac, Saint-Laurent-du-Médoc.
Hérault : Cette, Montpellier, Murvial, Paulhan.
Ille-et-Vilaine : Saint-Servan-Saint-Malo.
Indre : Le Blanc, Châteauroux.
Indre-et-Loire : Tours.
Isère : Charavines, Grenoble, Le Touvet.
Jura : Morez, Saint-Claude.
Landes : Mont-de-Marsan, Morcenx.
Loir-et-Cher : Blois.
Loire : Panissières, Rive-de-Gier, Roanne, Saint-Étienne.

Loire-Inférieure : Indret, Mauves, Nantes, Saint-Nazaire.
Loiret : Pithiviers.
Lot : Figeac.
Lot-et-Garonne : Villeneuve-sur-Lot.
Maine-et-Loire : Cholet.
Manche : Cherbourg, Coutances.
Marne : Épernay, Reims.
Marne (Haute-) : Chaumont.
Meuse : Vigneulles.
Morbihan : Auray, Hennebont, Lorient, Pluvigner, Pontiv
Vannes.
Nièvre : Clamecy, Pouilly-sur-Loire.
Oise : Beauvais, Maignelet.
Oran : Mostaganem, Oran.
Orne : Alençon.
Pas-de-Calais : Auchel.
Puy-de-Dôme : Clermont-Ferrand, Issoire, Montaignt-
Combrailles, Saint-Éloi-les-Mines.
Pyrénées (Basses-) : Bedous, Biarritz, Cambo, Gab
Orthez, Pau-Oloron, Saint-Jean-Pied-de-Port.
Pyrénées (Hautes-) : Sarrancolin.
Pyrénées-Orientales : Elne, Prades.
Rhône : Givors, Lyon, Neuville-sur-Saône, Saint-Fons.
Saône (Haute-) : Gray.
Saône-et-Loire : Le Creusot, Digoin, Marizy, Montce
les-Mines.
Sarthe : Le Mans.
Savoie : Chambéry.
Savoie (Haute-) : Annecy, Monnetier-Mornex, Morzine.
Seine : Arcueil-Cachan, Charenton-Saint-Maurice, Colomb
Courbevoie, L'Hay-les-Roses, Issy-les-Moulineaux, Iv
sur-Seine, Joinville, Levallois-Perret, Neuilly-sur-Sei
Nogent-sur-Marne, Malakoff, Pantin, Parc-Saint-Ma
Plaine-Saint-Denis, Rosny-sous-Bois, Villejuif, Vincenn
Fontenay.
Seine-Paris : I⁰ᵉ arr., II⁰ arr., III⁰ arr., IV⁰ arr., V⁰ a
VI⁰ arr. (Monnaie-Odéon), VI⁰ arr. (Notre-Dame-des-Cham
Saint-Germain-des-Prés), VIII⁰ arr., IX⁰ arr., X⁰ arr. (Sa
Louis), X⁰ arr. (Porte-Saint-Denis), X⁰ arr. (Porte-Sai
Martin), X⁰ arr. (Saint-Vincent-de-Paul), XII⁰ a
XIII⁰ arr., XIV⁰ arr. (Petit-Montrouge-Santé-Montparnas
XIV⁰ arr. (Plaisance), XV⁰ arr., XVI⁰ arr., XVII⁰ a
XVIII⁰ arr. (Grandes-Carrières-Clignancourt), XVIII⁰
(Goutte-d'Or-Chapelle).

Seine-Inférieure : Dieppe, Le Havre, Rouen, Le Tréport.
Seine-et-Marne : Coulommiers, Melun, Moret-sur-Loing.
Seine-et-Oise : Argenteuil, Eaubonne-Ermont, Garches,
Maisons-Laffitte, Pontoise, Saint-Cloud, Saint-Cyr-l'Ecole,
Saint-Germain-en-Laye, Versailles.
Sèvres (Deux-) : Niort, Pamproux, Saint-Maixent, Thouars.
Somme : Amiens, Villers-Bretonneux.
Var : Draguignan, Fréjus, Pignans, Roquebrune, Toulon,
Saint-Tropez.
Vaucluse : Carpentras, Sablet.
Vendée : Chantonnay, La Roche-sur-Yon, Sables-d'Olonne.
Vienne : Châtellerault, Civray, Loudun.
Vosges : Charmes, Epinal.
Yonne : Ancy-le-Franc, Avallon, Saint-Fargeau..

Dahomey : Porto-Novo.
Egypte : Port-Saïd.
Sénégal : Saint-Louis.
Suisse : Genève.
Tunisie : Tunis.
Côte des Somalis : Djibouti.

Noms des Délégués

MM. ABEL, ACCAMBRAY, ALEXANDRE, ARMAND, ARON (G.),
AUGER, AUGÉ, AUSSENARD, AVOYNE, Mme AUTISSIER.

MM. BARBIER, BARLIER (E.), BARQUISSAU, BAUDOIN (G.),
BAYLET (Léon), BÉJAMBES (P.), BENOIT-LÉVY (A.), BENOIT-
LÉVY (Edm.), BÉCAYS (L.), BÉRARD (Victor), BERNARD, BERNAR-
DEAU (P.), BERTRAND, BESNARD (Ed.), BESSON (G.), BIENAIMÉ,
BING (G.), BLOCK-ALCAN, BLOCH (G.), BLOCH (O.), BLUMENTHAL,
BOISDÉ (V.), BONCENNE (E.), BONHEUR, BOURDILLAT (E.), BOU-
TIRON, BOUTAREL (A.) Mme BOUTAREL (A.)., BOUVERI, BOYET,
BRARD (A.), BRAS (G.), BRUHL, Mme BRUNSCHVICG (Léon),
BUDON (A.), BUISSON (F.), BUREAU.

MM. CABANAC, CADI (G.), CAHEN (J.), CAILLAUX, CALMELS,
CAMBON (F.), CATHELINEAU (V.), CAZEVITCH, CHALIFOUR, CHOU-
DEY-MAILLÓN, CLÉMENT (L.-H.), CLÉRISSE, COLONNA (L.), COR-
COS (F.), COUTEAU, COURTEJAIRE, COROMPT (C.).

MM. DAMMANN, DARDET, DAUTECOURT, DELAVAUD, DEL (E.),
DEMARTIAL, DENEEV (J.), DERIES (L.), DESCHAMPS, DEVAUX,

Dispan de Floran, Dobelle, Doublet (Ch.), Drancourt, Dubreuil, Dubreuil-Benoit, Dubuisson, Dumouchel (H.), Dyard (J.).

MM. Epervier, Escurat (B.).

MM. Fabien-Thibault, Finot, Fevrot, Flammant, Fourcade, Froment.

MM. Gauthier, Gibert, Gignoux, Giraud (M.), Girond (A.), Gouguenheim (A.), Gottlieb (J.), Goupy, Gouvine, Graziani (A.), Guernut (H.), Guiet (E.), Guétant, Guyon.

MM. Hadamard, Haick, Huet, Herold (A.-Ferdinand).

MM. Imbert, Isoard-Bonfanti.

MM. Jean. Jehanneuf (L.), Jouenne, Jouveshomme, Jumeau.

MM. Kahn (G.), Kahn (Z.), Mme Kahn (G.), Kahn (E.).

MM. Lacroix (G.), La Chesnais, Lackenbacher, Lagrange, Lauxerois (L.), Lauff (C.), Laune (A.), Lavignon, Lecomte, Lacourbas, Legal (E.), Lenient, Lemercier (C.), Lemercier, Le Traon, Lévy (A.), Lévy (P.), Lhermitte (G.), Lhommas. Leroy (Maxime).

MM. Dʳ Madeuf, Macquet (E.), Maillard (Ch.), Mercier, Mancini, Martinet, Massé (H.), Mauranges, Meniot, Mertz (L.), Mille (P.), Millot (Ch.), Moch (G.), Montillet, Montusès, Mora (G.), Moutet (M.), Murgeon.

MM. Nectoux, Noguier, Nolot (G.).

M. Olivier.

MM. Papillon (E.), Pariselle, Péchaubès, Péquignat, Peron, Petit, Peuret-Hatton, Pillet (R.), Pinson (C.), Piron, Poncet, Porteret, Pourrier, Prudhommeaux, Mme Puech.

Mme Rauze (Marianne), MM. Renard, Raynal (J.), Reeb, Renault, Rey (J.), Richet (Ch.), Roumy, Rousseau, Rousselle, Ruyssen.

MM. Serça (P.), Sarvreux, Serru (V.), Séailles (G.), Mme Séverine.

MM. Tessier, le Général Toutée, Trèves, Tromelin.

MM. Vallet, Mme Vérone (Maria), Veyssière, Vidal (J.), Vieu (Gédéon).

MM. Wagner (F.), Mme Wagner, Westphal (Alfred), Wouters (L.).

Moutet : 7, 11, 12, 13, 14, 16, 17, 18, 19, 20, 22, 44, 45, 50, 67,
69, 84, 87, 88, 89, 90, 104, 109, 113, 114, 115, 133, 134, 137
143, 150, 151, 154, 167, 182, 183, 184, 188, 189, 190, 191, 192,
193, 194, 195, 196, 200, 204, 209, 211, 215, 216, 222, 224, 225,
226, 227, 229, 230, 232, 233, 234, 236, 237, 240, 243, 245, 248,
249, 251, 253, 254, 257, 258, 270, 272, 275, 276, 278, 280, 281,
283, 285.

Murgeon : 130.

Otlet : 211.

Painlevé (Paul) : 268.

Péchadres : 223.

Péron : 129.

Peuret-Hatton : 192.

Pillet : 19, 271.

Raynal (Jean) : 195, 230.

Reeb : 38, 39, 137, 246.

Richet (Charles) : 72.

Rousseau : 245, 251, 254, 276, 278.

Royer : 128.

Ruyssen (Th.) : 22, 49, 51, 188, 192, 214, 236.

Schmidt (Henri) : 258, 259, 260, 264, 278.

Séailles (Gabriel) : 143, 150, 172, 173, 174, 177, 179, 180, 192,
198, 201, 210, 217, 220, 224, 226, 234.

Séverine (Mme) : 99, 105, 108, 214.

Tromelin : 133.

Vérone (Mme Maria) : 104, 117, 121, 178, 191, 285.

Weil (Horace) : 223.

Westphal (Alfred) : 14, 15, 16, 17.

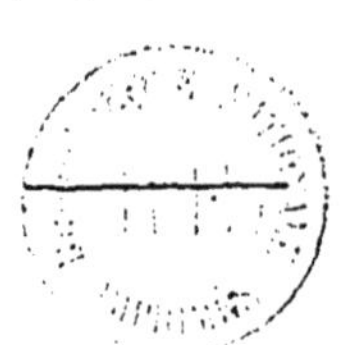

TABLE DES MATIÈRES

TROISIEME SÉANCE

QUATRIÈME SÉANCE

CINQUIÈME SÉANCE

www.ingramcontent.com/pod-product-compliance
Ingram Content Group UK Ltd.
Pitfield, Milton Keynes, MK11 3LW, UK
UKHW020128130726
13696UKWH00001B/252